TRANSLATED

Translated Language Learning

Le Avventure di Pinocchio

The Adventures of Pinocchio

- Carlo Collodi

Italiano / English

Copyright © 2024 Tranzlaty
All rights reserved
Published by Tranzlaty
ISBN: 978-1-83566-257-1
Le Avventure di Pinocchio. Storia di un Burattino
Original text by Carlo Callodi
First published in Italianin 1883
Illustrated By Alice Carsey
www.tranzlaty.com

Il pezzo di legno che rideva e piangeva come un bambino
The Piece of Wood that Laughed and Cried like a Child

Secoli fa c'era...
Centuries ago there lived...
"Un re!" diranno subito i miei piccoli lettori
"A king!" my little readers will say immediately
No, figli, vi sbagliate
No, children, you are mistaken
C'era una volta un pezzo di legno
Once upon a time there was a piece of wood
Il legno era nella bottega di un vecchio falegname
the wood was in the shop of an old carpenter
questo vecchio falegname si chiamava Mastro Antonio
this old carpenter was named Master Antonio
Tutti, però, lo chiamavano Maestro. Ciliegia
Everybody, however, called him Master. Cherry
lo chiamavano Maestro. Ciliegia a causa del suo naso
they called him Master. Cherry on account of his nose
Il suo naso era sempre rosso e lucido come una ciliegia matura
his nose was always as red and polished as a ripe cherry
Mastro Ciliegio posò gli occhi sul pezzo di legno
Master Cherry set eyes upon the piece of wood
Il suo volto si illuminò di gioia quando vide il tronco
his face beamed with delight when he saw the log
Si fregò le mani con soddisfazione
he rubbed his hands together with satisfaction
e il gentile padrone parlò dolcemente a se stesso
and the kind master softly spoke to himself
"Questo legno è venuto da me al momento giusto"
"This wood has come to me at the right moment"
"Sto progettando di fare un nuovo tavolo"
"I have been planning to make a new table"
"E' perfetto per la gamba di un tavolino"
"it is perfect for the leg of a little table"
Uscì immediatamente e trovò un'ascia affilata

He immediately went out to find a sharp axe
Stava per rimuovere prima la corteccia del legno
he was going to remove the bark of the wood first
E poi avrebbe rimosso qualsiasi superficie ruvida
and then he was going to remove any rough surface
e stava per colpire il legno con la sua ascia
and he was just about to strike the wood with his axe
ma poco prima di colpire il legno udì qualcosa
but just before he struck the wood he heard something
"Non colpirmi così forte!" implorò una vocina
"Do not strike me so hard!" a small voice implored
Girò gli occhi terrorizzati in tutta la stanza
He turned his terrified eyes all around the room
Da dove potrebbe essere venuta la vocina?
where could the little voice possibly have come from?
Guardò dappertutto, ma non vide nessuno!
he looked everywhere, but he saw nobody!
Guardò sotto la panchina, ma non c'era nessuno
He looked under the bench, but there was nobody
Guardò in un armadio che era sempre chiuso
he looked into a cupboard that was always shut
ma non c'era nessuno nemmeno dentro l'armadio
but there was nobody inside the cupboard either
Guardò in un cesto dove teneva la segatura
he looked into a basket where he kept sawdust
Non c'era nessuno nemmeno nel cesto di segatura
there was nobody in the basket of sawdust either
Alla fine aprì anche la porta del negozio
at last he even opened the door of the shop
e guardò su e giù per la strada vuota
and he glanced up and down the empty street
Ma non si vedeva nessuno nemmeno per strada
But there was no one to be seen in the street either
«Chi potrebbe essere, allora?» si chiese
"Who, then, could it be?" he asked himself
Alla fine si mise a ridere e si grattò la parrucca
at last he laughed and scratched his wig

«Vedo com'è», si disse divertito
"I see how it is," he said to himself, amused
"Evidentemente la vocina era tutta la mia immaginazione"
"evidently the little voice was all my imagination"
"Rimettiamoci al lavoro", ha concluso
"Let us set to work again," he concluded
Raccolse di nuovo l'ascia e si mise al lavoro
he picked up his axe again and set to work
Sferrò un colpo tremendo al pezzo di legno
he struck a tremendous blow to the piece of wood
"Oh! Oh! Mi hai fatto del male!" gridò la vocina
"Oh! oh! you have hurt me!" cried the little voice
Era esattamente la stessa voce di prima
it was exactly the same voice as it was before
Questa volta Maestro. Ciliegia era pietrificata
This time Master. Cherry was petrified
I suoi occhi gli uscirono dalla testa per lo spavento
His eyes popped out of his head with fright
La sua bocca rimaneva aperta e la sua lingua penzolava
his mouth remained open and his tongue hung out
la sua lingua arrivò quasi alla fine del mento
his tongue almost came to the end of his chin
e sembrava proprio una faccia su una fontana
and he looked just like a face on a fountain
Padrone. Ciliegia dovette prima riprendersi dallo spavento
Master. Cherry first had to recover from his fright
l'uso della sua parola gli tornò
the use of his speech returned to him
e cominciò a parlare balbettando;
and he began to talk in a stutter;
"Da dove diavolo può essere venuta quella vocina?"
"where on earth could that little voice have come from?"
"Possibile che questo pezzo di legno abbia imparato a piangere?"
"could it be that this piece of wood has learned to cry?"
"Non ci posso credere", si disse
"I cannot believe it," he said to himself

"Questo pezzo di legno non è altro che un ceppo da ardere"
"This piece of wood is nothing but a log for fuel"
"è proprio come tutti i tronchi di legno che ho"
"it is just like all the logs of wood I have"
"Basterebbe appena far bollire una casseruola di fagioli"
"it would only just suffice to boil a saucepan of beans"
"Si può nascondere qualcuno dentro questo pezzo di legno?"
"Can anyone be hidden inside this piece of wood?"
"Se c'è qualcuno dentro, tanto peggio per lui"
"If anyone is inside, so much the worse for him"
"Lo finirò subito", minacciò il legno
"I will finish him at once," he threatened the wood
afferrò il povero pezzo di legno e lo batté
he seized the poor piece of wood and beat it
Lo colpì senza pietà contro le pareti della stanza
he mercilessly hit it against the walls of the room
Poi si fermò per vedere se riusciva a sentire la vocina
Then he stopped to see if he could hear the little voice
Aspettò due minuti, niente. Cinque minuti, niente
He waited two minutes, nothing. Five minutes, nothing
Aspettò altri dieci minuti, ancora niente!
he waited another ten minutes, still nothing!
"Vedo com'è", disse allora a se stesso
"I see how it is," he then said to himself
Si costrinse a ridere e si sollevò la parrucca
he forced himself to laugh and pushed up his wig
"Evidentemente la vocina era tutta la mia immaginazione!"
"evidently the little voice was all my imagination!"
"Rimettiamoci al lavoro", decise nervosamente
"Let us set to work again," he decided, nervously
Poi ha iniziato a lucidare il pezzo di legno
next he started to polish the bit of wood
ma mentre lucidava sentì la stessa vocina
but while polishing he heard the same little voice
Questa volta la vocina rideva in modo incontrollabile
this time the little voice was laughing uncontrollably
"Fermati! Mi stai facendo il solletico dappertutto!" diceva

"Stop! you are tickling me all over!" it said
povero Maestro. Ciliegia cadde a terra come se fosse stata colpita da un fulmine
poor Master. Cherry fell down as if struck by lightning
Qualche tempo dopo riaprì gli occhi
sometime later he opened his eyes again
Si ritrovò seduto sul pavimento della sua officina
he found himself seated on the floor of his workshop
Il suo viso era molto cambiato rispetto a prima
His face was very changed from before
e anche l'estremità del suo naso era cambiata
and even the end of his nose had changed
Il suo naso non era del solito colore cremisi brillante
his nose was not its usual bright crimson colour
Il suo naso era diventato blu ghiaccio per lo spavento
his nose had become icy blue from the fright

Padrone. Il Ciliegio tradisce il legno
Master. Cherry Gives the Wood Away

In quel momento qualcuno bussò alla porta
At that moment someone knocked at the door
«Entrate!» disse il falegname al visitatore
"Come in," said the carpenter to the visitor
Non aveva la forza di alzarsi in piedi
he didn't have the strength to rise to his feet
Un vecchietto vivace entrò nel negozio
A lively little old man walked into the shop
questo ometto vivace si chiamava Geppetto
this lively little man was called Geppetto
anche se c'era un altro nome con cui era conosciuto
although there was another name he was known by
C'era un gruppo di ragazzi birichini del quartiere
there was a group of naughty neighbourhood boys
Quando volevano farlo arrabbiare, lo chiamavano budino
when they wished to anger him they called him pudding

c'è un famoso budino giallo a base di mais indiano
there is a famous yellow pudding made from Indian corn
e la parrucca di Geppetto assomiglia proprio a questo famoso budino
and Geppetto's wig looks just like this famous pudding
Geppetto era un vecchietto molto focoso
Geppetto was a very fiery little old man
Guai a chi lo chiamava budino!
Woe to him who called him pudding!
quando era furioso non c'era modo di trattenerlo
when furious there was no holding him back
"Buongiorno, Maestro. Antonio", disse Geppetto
"Good-day, Master. Antonio," said Geppetto
"Che ci fai lì sul pavimento?"
"what are you doing there on the floor?"
"Sto insegnando l'alfabeto alle formiche"
"I am teaching the alphabet to the ants"
"Non riesco a immaginare quanto ti faccia di buono"
"I can't imagine what good it does to you"
"Che cosa ti ha portato da me, vicino Geppetto?"
"What has brought you to me, neighbour Geppetto?"
"Le mie gambe mi hanno portato qui da te"
"My legs have brought me here to you"
"Ma lascia che ti dica la verità, Maestro. Antonio"
"But let me tell you the truth, Master. Antonio"
"il vero motivo per cui sono venuto è per chiederti un favore"
"the real reason I came is to ask a favour of you"
"Eccomi, pronto a servirti", rispose il falegname
"Here I am, ready to serve you," replied the carpenter
e si alzò dal pavimento e si mise in ginocchio
and he got off the floor and onto his knees
"Stamattina mi è venuta in mente un'idea"
"This morning an idea came into my head"
"Facci sentire l'idea che hai avuto"
"Let us hear the idea that you had"
"Pensavo di fare un bellissimo pupazzo di legno"

"I thought I would make a beautiful wooden puppet"
"Un burattino che sapeva ballare e tirare di scherma"
"a puppet that could dance and fence"
"Un burattino che sa saltare come un acrobata"
"a puppet that can leap like an acrobat"
"Con questo burattino potrei viaggiare per il mondo!"
"With this puppet I could travel about the world!"
"Il burattino mi permetterebbe di guadagnare un pezzo di pane"
"the puppet would let me earn a piece of bread"
"E il burattino mi permetteva di guadagnare un bicchiere di vino"
"and the puppet would let me earn a glass of wine"
"Cosa ne pensi della mia idea, Antonio?"
"What do you think of my idea, Antonio?"
"Bravo, budino!" esclamò la vocina
"Bravo, pudding!" exclaimed the little voice
Era impossibile sapere da dove provenisse la voce
it was impossible to know where the voice had came from
A Geppetto non piaceva sentirsi chiamare budino
Geppetto didn't like hearing himself called pudding
Potete immaginare che sia diventato rosso come un tacchino
you can imagine he became as red as a turkey
"Perché mi insulti?" chiese all'amico
"Why do you insult me?" he asked his friend
"Chi ti insulta?" rispose l'amico
"Who insults you?" his friend replied
"Mi hai chiamato budino!" Geppetto lo accusò
"You called me pudding!" Geppetto accused him
"Non sono stato io!" Antonio ha detto onestamente
"It was not I!" Antonio honestly said
"Pensi che mi chiamassi budino?"
"Do you think I called myself pudding?"
"Sei stato tu, dico!", "No!", "Sì!", "No!"
"It was you, I say!", "No!", "Yes!", "No!"
Sempre più arrabbiati, vennero alle mani
becoming more and more angry, they came to blows

volavano l'uno contro l'altro e mordevano, combattevano e graffiavano
they flew at each other and bit and fought and scratched
Con la stessa rapidità con cui era iniziata, la lotta era finita di nuovo
as quickly as it had started the fight was over again
Geppetto aveva tra i denti la parrucca grigia da falegname
Geppetto had the carpenter's grey wig between his teeth
e Maestro. Antonio aveva la parrucca gialla di Geppetto
and Master. Antonio had Geppetto's yellow wig
"Ridammi la mia parrucca" gridò il Maestro. Antonio
"Give me back my wig" screamed Master. Antonio
"E tu mi restituisci la mia parrucca" urlò il Maestro. Ciliegia
"and you give me back my wig" screamed Master. Cherry
"Torniamo ad essere amici" concordarono
"let us be friends again" they agreed
I due vecchi si restituirono le parrucche a vicenda
The two old men gave each other their wigs back
e i vecchi si strinsero la mano
and the old men shook each other's hands
giurarono che tutto era stato perdonato
they swore that all had been forgiven
Sarebbero rimasti amici fino alla fine della loro vita
they would remain friends to the end of their lives
"Ebbene, il vicino Geppetto" disse il falegname
"Well, then, neighbour Geppetto" said the carpenter
Mi chiese: "Qual è il favore che desideri da me?"
he asked "what is the favour that you wish of me?"
Questo dimostrerebbe che la pace è stata fatta
this would prove that peace was made
"Voglio un po' di legno per fare il mio burattino"
"I want a little wood to make my puppet"
"Mi dai un po' di legna?"
"will you give me some wood?"
Padrone. Antonio era felicissimo di sbarazzarsi del legno
Master. Antonio was delighted to get rid of the wood
Andò subito al suo banco di lavoro

he immediately went to his work bench
e riportò il pezzo di legno
and he brought back the piece of wood
il pezzo di legno che gli aveva fatto tanta paura
the piece of wood that had caused him so much fear
Stava portando il pezzo di legno al suo amico
he was bringing the piece of wood to his friend
ma poi il pezzo di legno ha iniziato a tremare!
but then the piece of wood started to shake!
Il pezzo di legno gli sfuggì violentemente dalle mani
the piece of wood wriggled violently out of his hands
Questo pezzo di legno sapeva come creare problemi!
this piece of wood knew how to make trouble!
con tutta la sua forza colpì il povero Geppetto
with all its might it struck against poor Geppetto
e lo colpì proprio sui suoi poveri stinchi secchi
and it hit him right on his poor dried-up shins
potete immaginare il grido che Geppetto lanciò
you can imagine the cry that Geppetto gave
"È questo il modo cortese in cui fai i tuoi regali?"
"is that the courteous way you make your presents?"
"Mi hai quasi zoppo, Maestro. Antonio!"
"You have almost lamed me, Master. Antonio!"
"Ti giuro che non sono stato io!"
"I swear to you that it was not I!"
"Pensi che l'abbia fatto a me stesso?"
"Do you think I did this to myself?"
"La colpa è tutta del legno!"
"The wood is entirely to blame!"
"So che è stato il bosco"
"I know that it was the wood"
"Ma sei stato tu a colpirmi le gambe!"
"but it was you that hit my legs with it!"
"Non ti ho colpito!"
"I did not hit you with it!"
«Bugiardo!» esclamò Geppetto
"Liar!" exclaimed Geppetto

"**Geppetto, non insultarmi o ti chiamerò Budino!**"
"Geppetto, don't insult me or I will call you Pudding!"
"**Fante!**", "**Budino!**", "**Asino!**"
"Knave!", "Pudding!", "Donkey!"
"**Budino!**", "**Babbuino!**", "**Budino!**"
"Pudding!", "Baboon!", "Pudding!"
Geppetto era di nuovo pazzo di rabbia
Geppetto was mad with rage all over again
Era stato chiamato Budino tre volte!
he had been called been called pudding three times!
Cadde sul falegname e combatterono disperatamente
he fell upon the carpenter and they fought desperately
Questa battaglia durò tanto quanto la prima
this battle lasted just as long as the first
Padrone. Antonio aveva altri due graffi sul naso
Master. Antonio had two more scratches on his nose
Il suo avversario aveva perso due bottoni del panciotto
his adversary had lost two buttons off his waistcoat
Essendo i conti così quadrati, si strinsero la mano
Their accounts being thus squared, they shook hands
e giurarono di rimanere buoni amici per il resto della loro vita
and they swore to remain good friends for the rest of their lives
Geppetto portò via il suo bel pezzo di legno
Geppetto carried off his fine piece of wood
ringraziò il Maestro. Antonio e tornò zoppicando a casa sua
he thanked Master. Antonio and limped back to his house

Geppetto chiama il suo burattino Pinocchio
Geppetto Names his Puppet Pinocchio

Geppetto abitava in una piccola stanza al pianterreno
Geppetto lived in a small ground-floor room
La sua stanza era illuminata solo dalla scala
his room was only lighted from the staircase
L'arredamento non avrebbe potuto essere più semplice
The furniture could not have been simpler
una sedia traballante, un letto povero e un tavolo rotto
a rickety chair, a poor bed, and a broken table
In fondo alla stanza c'era un camino
At the end of the room there was a fireplace
ma il fuoco era dipinto e non dava fuoco
but the fire was painted, and gave no fire
e vicino al fuoco dipinto c'era una casseruola dipinta
and by the painted fire was a painted saucepan
e la casseruola dipinta bolliva allegramente
and the painted saucepan was boiling cheerfully
Una nuvola di fumo si alzò esattamente come il fumo vero
a cloud of smoke rose exactly like real smoke
Geppetto raggiunse casa e tirò fuori i suoi attrezzi
Geppetto reached home and took out his tools

e si mise subito al lavoro sul pezzo di legno
and he immediately set to work on the piece of wood
Stava per ritagliare e modellare il suo pupazzo
he was going to cut out and model his puppet
«Che nome gli darò?» si disse
"What name shall I give him?" he said to himself
"Penso che lo chiamerò Pinocchio"
"I think I will call him Pinocchio"
"È un nome che gli porterà fortuna"
"It is a name that will bring him luck"
"Una volta ho conosciuto un'intera famiglia che si chiamava Pinocchio"
"I once knew a whole family called Pinocchio"
"C'era Pinocchio il padre e Pinocchio la madre"
"There was Pinocchio the father and Pinocchio the mother"
"E c'erano Pinocchio i bambini"
"and there were Pinocchio the children"
"E tutti hanno fatto bene nella vita"
"and all of them did well in life"
"Il più ricco di loro era un mendicante"
"The richest of them was a beggar"
Aveva trovato un buon nome per il suo burattino
he had found a good name for his puppet
Così cominciò a lavorare sul serio
so he began to work in good earnest
Si fece prima i capelli e poi la fronte
he first made his hair, and then his forehead
E poi ha lavorato con cura sui suoi occhi
and then he worked carefully on his eyes
Geppetto credette di aver notato la cosa più strana
Geppetto thought he noticed the strangest thing
Era sicuro di aver visto gli occhi muoversi!
he was sure he saw the eyes move!
gli occhi sembravano fissarlo fisso
the eyes seemed to look fixedly at him
Geppetto si arrabbiò per essere stato guardato
Geppetto got angry from being stared at

Gli occhi di legno non lo perdevano di vista
the wooden eyes wouldn't let him out of their sight
"Malvagi occhi di legno, perché mi guardi?"
"Wicked wooden eyes, why do you look at me?"
ma il pezzo di legno non rispose
but the piece of wood made no answer
Ha poi proceduto a intagliare il naso
He then proceeded to carve the nose
ma non appena ebbe fatto il naso, cominciò a crescere
but as soon as he had made the nose it began to grow
E il naso crebbe, e crebbe, e crebbe
And the nose grew, and grew, and grew
in pochi minuti era diventato un naso immenso
in a few minutes it had become an immense nose
Sembrava che non avrebbe mai smesso di crescere
it seemed as if it would never stop growing
Il povero Geppetto si stancò di tagliarlo
Poor Geppetto tired himself out with cutting it off
Ma più tagliava, più il naso cresceva!
but the more he cut, the longer the nose grew!
La bocca non era ancora completa
The mouth was not even completed yet
ma già cominciava a ridere e a deriderlo
but it already began to laugh and deride him
«Smettila di ridere!» esclamò Geppetto, irritato
"Stop laughing!" said Geppetto, provoked
Ma avrebbe potuto anche parlare al muro
but he might as well have spoken to the wall
"Smettila di ridere, ti dico!" ruggì in tono minaccioso
"Stop laughing, I say!" he roared in a threatening tone
La bocca allora smise di ridere
The mouth then ceased laughing
ma la faccia tirò fuori la lingua fin dove poteva spingersi
but the face put out its tongue as far as it would go
Geppetto non voleva rovinare il suo lavoro
Geppetto did not want to spoil his handiwork
Così finse di non vedere e continuò le sue fatiche

so he pretended not to see, and continued his labours
Dopo la bocca modellò il mento
After the mouth he fashioned the chin

poi la gola e poi le spalle
then the throat and then the shoulders
poi scolpì il ventre e fece le braccia mani
then he carved the stomach and made the arms hands
ora Geppetto lavorava a fare le mani per il suo burattino
now Geppetto worked on making hands for his puppet
e in un attimo si sentì strappare la parrucca dalla testa
and in a moment he felt his wig snatched from his head
Si voltò, e che cosa vide?
He turned round, and what did he see?
Vide la sua parrucca gialla nella mano del burattino
He saw his yellow wig in the puppet's hand
"Pinocchio! Ridammi la mia parrucca all'istante!"
"Pinocchio! Give me back my wig instantly!"
Ma Pinocchio non fece altro che restituirgli la parrucca
But Pinocchio did anything but return him his wig
Pinocchio si mise invece la parrucca in testa!
Pinocchio put the wig on his own head instead!
A Geppetto non piaceva questo comportamento insolente e derisorio
Geppetto didn't like this insolent and derisive behaviour

Si sentiva più triste e malinconico di quanto non si fosse mai sentito
he felt sadder and more melancholy than he had ever felt
volgendosi a Pinocchio, disse: "Giovanotto!"
turning to Pinocchio, he said "You young rascal!"
"Non ti ho ancora completato"
"I have not even completed you yet"
"E tu stai già mancando di rispetto a tuo padre!"
"and you are already failing to respect to your father!"
"Questo è brutto, ragazzo mio, molto brutto!"
"That is bad, my boy, very bad!"
E si asciugò una lacrima dalla guancia
And he dried a tear from his cheek
Rimanevano da fare le gambe e i piedi
The legs and the feet remained to be done
ma ben presto si pentì di aver dato i piedi a Pinocchio
but he soon regretted giving Pinocchio feet
Come ringraziamento ricevette un calcio sulla punta del naso
as thanks he received a kick on the point of his nose
"Me lo merito!" si disse
"I deserve it!" he said to himself
"Avrei dovuto pensarci prima!"
"I should have thought of it sooner!"
"Ora è troppo tardi per fare qualcosa al riguardo!"
"Now it is too late to do anything about it!"
Poi prese il burattino sotto le braccia
He then took the puppet under the arms
e lo mise sul pavimento per insegnargli a camminare
and he placed him on the floor to teach him to walk
Le gambe di Pinocchio erano rigide e non riusciva a muoversi
Pinocchio's legs were stiff and he could not move
ma Geppetto lo condusse per mano
but Geppetto led him by the hand
e gli mostrò come mettere un piede davanti all'altro
and he showed him how to put one foot before the other

alla fine le gambe di Pinocchio divennero agili
eventually Pinocchio's legs became limber
e ben presto cominciò a camminare da solo
and soon he began to walk by himself
e cominciò a correre per la stanza
and he began to run about the room
Poi uscì dalla porta di casa
then he got out of the house door
e saltò in strada e fuggì
and he jumped into the street and escaped
il povero Geppetto gli si precipitò dietro
poor Geppetto rushed after him
Naturalmente non è stato in grado di superarlo
of course he was not able to overtake him
perché Pinocchio gli saltava davanti come una lepre
because Pinocchio leaped in front of him like a hare
e batté i piedi di legno contro il selciato
and he knocked his wooden feet against the pavement
Faceva rumore come venti paia di zoccoli da contadino
it made as much clatter as twenty pairs of peasants' clogs
"Fermatelo! fermatelo!" gridò Geppetto
"Stop him! stop him!" shouted Geppetto
Ma la gente per strada rimase immobile per lo stupore
but the people in the street stood still in astonishment
Non avevano mai visto un burattino di legno correre come un cavallo
they had never seen a wooden puppet running like a horse
e ridevano e ridevano della sventura di Geppetto
and they laughed and laughed at Geppetto's misfortune
Finalmente, per fortuna, arrivò un soldato
At last, as good luck would have it, a soldier arrived
Il soldato aveva sentito il tumulto
the soldier had heard the uproar
Immaginò che un puledro fosse sfuggito al suo padrone
he imagined that a colt had escaped from his master
Si piantò in mezzo alla strada
he planted himself in the middle of the road

Aspettò con l'intento deciso di fermarlo
he waited with the determined purpose of stopping him
In questo modo avrebbe evitato la possibilità di disastri peggiori
thus he would prevent the chance of worse disasters
Pinocchio vide il soldato barricare tutta la strada
Pinocchio saw the soldier barricading the whole street
Così cercò di coglierlo di sorpresa
so he endeavoured to take him by surprise
Aveva intenzione di correre tra le sue gambe
he planned to run between his legs
ma il soldato era troppo furbo per Pinocchio
but the soldier was too clever for Pinocchio
Il soldato lo afferrò abilmente per il naso
The soldier caught him cleverly by the nose
e restituì Pinocchio a Geppetto
and he gave Pinocchio back to Geppetto
Volendo punirlo, Geppetto intendeva tirargli le orecchie
Wishing to punish him, Geppetto intended to pull his ears
Ma non riusciva a trovare le orecchie di Pinocchio!
But he could not find Pinocchio's ears!
E sapete perché?
And do you know the reason why?
Aveva dimenticato di fargli le orecchie
he had forgotten to make him any ears
Allora lo prese per il colletto
so then he took him by the collar
"Torneremo subito a casa", lo minacciò
"We will go home at once," he threatened him
"Appena arriveremo sistemeremo i nostri conti"
"as soon as we arrive we will settle our accounts"
A queste informazioni Pinocchio si gettò a terra
At this information Pinocchio threw himself on the ground
Si rifiutò di fare un altro passo
he refused to go another step
Una folla di curiosi cominciò a radunarsi
a crowd of inquisitive people began to assemble

Hanno fatto un anello intorno a loro
they made a ring around them
Alcuni di loro hanno detto una cosa, altri un'altra
Some of them said one thing, some another
«Povero burattino!» esclamarono alcuni degli astanti
"Poor puppet!" said several of the onlookers
"Ha ragione a non voler tornare a casa!"
"he is right not to wish to return home!"
"Chissà come Geppetto lo batterà!"
"Who knows how Geppetto will beat him!"
"Geppetto mi sembra un brav'uomo!"
"Geppetto seems a good man!"
"Ma con i ragazzi è un tiranno regolare!"
"but with boys he is a regular tyrant!"
"Non lasciare quel povero burattino nelle sue mani"
"don't leave that poor puppet in his hands"
"È perfettamente in grado di farlo a pezzi!"
"he is quite capable of tearing him to pieces!"
Da quello che è stato detto il soldato è dovuto intervenire di nuovo
from what was said the soldier had to step in again
il soldato diede a Pinocchio la sua libertà
the soldier gave Pinocchio his freedom
e il soldato condusse Geppetto in prigione
and the soldier led Geppetto to prison
Il pover'uomo non era pronto a difendersi con le parole
The poor man was not ready to defend himself with words
gridò come un vitello: "Miserabile ragazzo!"
he cried like a calf "Wretched boy!"
"Pensare a quanto ho faticato per renderlo un buon burattino!"
"to think how I laboured to make him a good puppet!"
"Ma tutto quello che ho fatto mi serve bene!"
"But all I have done serves me right!"
"Avrei dovuto pensarci prima!"
"I should have thought of it sooner!"

Il grilletto parlante rimprovera Pinocchio
The Talking Little Cricket Scolds Pinocchio

il povero Geppetto veniva portato in carcere
poor Geppetto was being taken to prison
Tutto questo non era colpa sua, ovviamente
all of this was not his fault, of course
Non aveva fatto nulla di male
he had not done anything wrong at all
e quel diavoletto Pinocchio si ritrovò libero
and that little imp Pinocchio found himself free
Era sfuggito alle grinfie del soldato
he had escaped from the clutches of the soldier
e corse via più veloce che le sue gambe poterono portarlo
and he ran off as fast as his legs could carry him
Voleva tornare a casa il più presto possibile
he wanted to reach home as quickly as possible
perciò si precipitò attraverso i campi
therefore he rushed across the fields
Nella sua folle fretta saltò oltre siepi spinose
in his mad hurry he jumped over thorny hedges
e saltò attraverso fossati pieni d'acqua
and he jumped across ditches full of water
Arrivato a casa, trovò la porta socchiusa
Arriving at the house, he found the door ajar
Lo aprì, entrò e fissò il chiavistello
He pushed it open, went in, and fastened the latch
Si gettò sul pavimento di casa
he threw himself on the floor of his house
e fece un gran sospiro di soddisfazione
and he gave a great sigh of satisfaction
Ma presto sentì qualcuno nella stanza
But soon he heard someone in the room
qualcosa emetteva un suono come "Cri-cri-cri!"
something was making a sound like "Cri-cri-cri!"
«Chi mi chiama?» disse Pinocchio spaventato
"Who calls me?" said Pinocchio in a fright

"Sono io!" rispose una voce
"It is I!" answered a voice
Pinocchio si voltò e vide un grilletto
Pinocchio turned round and saw a little cricket
Il grillo stava strisciando lentamente sul muro
the cricket was crawling slowly up the wall
"Dimmi, piccolo grillo, chi sei?"
"Tell me, little cricket, who may you be?"
"quello che sono è il grillo parlante"
"who I am is the talking cricket"
"E ho vissuto in questa stanza cent'anni o più"
"and I have lived in this room a hundred years or more"
"Ora, però, questa stanza è mia", disse il burattino
"Now, however, this room is mine," said the puppet
"Se vuoi farmi il piacere, vattene subito"
"if you would do me the pleasure, go away at once"
"E quando te ne sarai andato, ti prego di non tornare mai più"
"and when you're gone, please never come back"
"Non me ne andrò finché non ti avrò detto una grande verità"
"I will not go until I have told you a great truth"
"Dimmelo, allora, e sii veloce"
"Tell it me, then, and be quick about it"
"Guai a quei ragazzi che si ribellano ai loro genitori"
"Woe to those boys who rebel against their parents"
"E guai ai ragazzi che scappano di casa"
"and woe to boys who run away from home"
"Non arriveranno mai a nulla di buono nel mondo"
"They will never come to any good in the world"
"E prima o poi si pentiranno amaramente"
"and sooner or later they will repent bitterly"
"Canta tutto quello che vuoi, piccolo grillo"
"Sing all you want you little cricket"
"E sentitevi liberi di cantare quanto volete"
"and feel free to sing as long as you please"
"Per quanto mi riguarda, ho deciso di scappare"

"For me, I have made up my mind to run away"
"Domani all'alba scapperò per sempre"
"tomorrow at daybreak I will run away for good"
"se rimango non sfuggirò al mio destino"
"if I remain I shall not escape my fate"
"E' la stessa sorte di tutti gli altri ragazzi"
"it is the same fate as all other boys"
"se rimango sarò mandato a scuola"
"if I stay I shall be sent to school"
"e sarò costretto a studiare con l'amore o con la forza"
"and I shall be made to study by love or by force"
"Te lo dico in confidenza, non ho voglia di imparare"
"I tell you in confidence, I have no wish to learn"
"È molto più divertente correre dietro alle farfalle"
"it is much more amusing to run after butterflies"
"Preferisco arrampicarmi sugli alberi con il mio tempo"
"I prefer climbing trees with my time"
"e mi piace portare i giovani uccelli fuori dai loro nidi"
"and I like taking young birds out of their nests"
«Povera oca» intervenne il grillo parlante
"Poor little goose" interjected the talking cricket
"Non sai che crescerai come un asino perfetto?"
"don't you know you will grow up a perfect donkey?"
"E tutti si prenderanno gioco di te"
"and every one will make fun of you"
Pinocchio non fu contento di quello che sentì
Pinocchio was not pleased with what he heard
"Taci, malvagio e malaugurante ombrinare!"
"Hold your tongue, you wicked, ill-omened croaker!"
Ma il grilletto era paziente e filosofico
But the little cricket was patient and philosophical
Non si arrabbiò per questa impertinenza
he didn't become angry at this impertinence
Continuò con lo stesso tono di prima
he continued in the same tone as he had before
"Forse non vuoi davvero andare a scuola"
"perhaps you really do not wish to go to school"

"E allora perché non imparare almeno un mestiere?"
"so why not at least learn a trade?"
"Un lavoro ti permetterà di guadagnare un pezzo di pane!"
"a job will enable you to earn a piece of bread!"
"Che vuoi che ti dica?" rispose Pinocchio
"What do you want me to tell you?" replied Pinocchio
Cominciava a perdere la pazienza con il grilletto
he was beginning to lose patience with the little cricket
"ci sono molti mestieri al mondo che potrei fare"
"there are many trades in the world I could do"
"Ma solo una chiamata mi piace davvero"
"but only one calling really takes my fancy"
"E qual è la vocazione che ti piace?"
"And what calling is it that takes your fancy?"
"mangiare, bere e dormire"
"to eat, and to drink, and to sleep"
"Sono chiamato a divertirmi tutto il giorno"
"I am called to amuse myself all day"
"condurre una vita vagabonda dalla mattina alla sera"
"to lead a vagabond life from morning to night"
Il grilletto parlante aveva una risposta per questo
the talking little cricket had a reply for this
"La maggior parte di coloro che seguono questo mestiere finiscono in ospedale o in prigione"
"most who follow that trade end in hospital or prison"
"Stai attento, malvagio, malaugurato"
"Take care, you wicked, ill-omened croaker"
"Guai a te se mi lanciassi in una passione!"
"Woe to you if I fly into a passion!"
"Povero Pinocchio, ho proprio pietà di te!"
"Poor Pinocchio I really pity you!"
"Perché hai pietà di me?"
"Why do you pity me?"
"Ti compatisco perché sei un burattino"
"I pity you because you are a puppet"
"e ti compatisco perché hai la testa di legno"
"and I pity you because you have a wooden head"

A queste ultime parole Pinocchio balzò in piedi furioso
At these last words Pinocchio jumped up in a rage
Afferrò un martello di legno dalla panchina
he snatched a wooden hammer from the bench

e lanciò il martello contro il grillo parlante
and he threw the hammer at the talking cricket
Forse non ha mai avuto intenzione di colpirlo
Perhaps he never meant to hit him
ma purtroppo lo colpì proprio in testa
but unfortunately it struck him exactly on the head
il povero Grillo aveva appena il fiato per gridare "Cri-cri-cri!"
the poor Cricket had scarcely breath to cry "Cri-cri-cri!"
Rimase inaridito e appiattito contro il muro
he remained dried up and flattened against the wall

L'uovo volante
The Flying Egg

La notte stava rapidamente raggiungendo Pinocchio
The night was quickly catching up with Pinocchio
Si ricordò di non aver mangiato nulla per tutto il giorno
he remembered that he had eaten nothing all day
Cominciò a sentire un morso allo stomaco

he began to feel a gnawing in his stomach
Il rosicchiamento assomigliava molto all'appetito
the gnawing very much resembled appetite
Dopo pochi minuti il suo appetito era diventato fame
After a few minutes his appetite had become hunger
e in poco tempo la sua fame divenne famelica
and in little time his hunger became ravenous
Il povero Pinocchio corse in fretta al camino
Poor Pinocchio ran quickly to the fireplace
il camino dove bolliva una pentola
the fireplace where a saucepan was boiling
stava per togliere il coperchio
he was going to take off the lid
Poi poté vedere cosa c'era dentro
then he could see what was in it
ma la casseruola era dipinta solo sul muro
but the saucepan was only painted on the wall
Potete immaginare i suoi sentimenti quando lo scoprì
You can imagine his feelings when he discovered this
Il suo naso, che era già lungo, divenne ancora più lungo
His nose, which was already long, became even longer
Deve essere cresciuto di almeno tre pollici
it must have grown by at least three inches
Poi cominciò a correre per la stanza
He then began to run about the room
frugò nei cassetti e in ogni luogo immaginabile
he searched in the drawers and every imaginable place
Sperava di trovare un po' di pane o di crosta
he hoped to find a bit of bread or crust
Forse avrebbe potuto trovare un osso lasciato da un cane
perhaps he could find a bone left by a dog
un po' di budino ammuffito di mais indiano
a little moldy pudding of Indian corn
da qualche parte qualcuno potrebbe aver lasciato una lisca di pesce
somewhere someone might have left a fish bone
basterebbe anche un nocciolo di ciliegia

even a cherry stone would be enough
se solo ci fosse qualcosa che potrebbe rosicchiare
if only there was something that he could gnaw
Ma non riusciva a trovare nulla in cui infilare i denti
But he could find nothing to get his teeth into
E intanto la sua fame cresceva sempre di più
And in the meanwhile his hunger grew and grew
Il povero Pinocchio non ebbe altro sollievo che sbadigliare
Poor Pinocchio had no other relief than yawning
I suoi sbadigli erano così grandi che la sua bocca quasi gli arrivava alle orecchie
his yawns were so big his mouth almost reached his ears
e si sentiva come se stesse per svenire
and felt as if he were going to faint
Poi si mise a piangere disperatamente
Then he began to cry desperately
"Il grilletto parlante aveva ragione"
"The talking little cricket was right"
"Ho fatto male a ribellarmi a mio padre"
"I did wrong to rebel against my papa"
"Non avrei dovuto scappare di casa"
"I should not have ran away from home"
"Se mio padre fosse qui non morirei di sbadigli!"
"If my papa were here I wouldn't be dying of yawning!"
"Oh! Che terribile malattia è la fame!"
"Oh! what a dreadful illness hunger is!"
Proprio in quel momento gli parve di vedere qualcosa nel mucchio di polvere
Just then he thought he saw something in the dust-heap
qualcosa di rotondo e bianco che sembrava un uovo di gallina
something round and white that looked like a hen's egg
Balzò in piedi e afferrò l'uovo
he sprung up to his feet and seized hold of the egg
Era davvero un uovo di gallina, come pensava
It was indeed a hen's egg, as he thought
La gioia di Pinocchio era indescrivibile

Pinocchio's joy was beyond description
Doveva assicurarsi che non stesse solo sognando
he had to make sure that he wasn't just dreaming
Così continuava a rigirare l'uovo tra le mani
so he kept turning the egg over in his hands
Sentì e baciò l'uovo
he felt and kissed the egg
"E ora, come lo cucino?"
"And now, how shall I cook it?"
"Devo fare una frittata?"
"Shall I make an omelet?"
"Sarebbe meglio cuocerlo in un piattino!"
"it would be better to cook it in a saucer!"
"O non sarebbe più salato friggerlo?"
"Or would it not be more savory to fry it?"
"O devo semplicemente far bollire l'uovo?"
"Or shall I simply boil the egg?"
"No, il modo più veloce è cuocerlo in un piattino"
"No, the quickest way is to cook it in a saucer"
"Ho tanta fretta di mangiarlo!"
"I am in such a hurry to eat it!"
Senza perdere tempo si procurò un piattino di terracotta
Without loss of time he got an earthenware saucer
Posò il piattino su un braciere pieno di braci ardenti
he placed the saucer on a brazier full of red-hot embers
Non aveva né olio né burro da usare
he didn't have any oil or butter to use
Così versò un po' d'acqua nel piattino
so he poured a little water into the saucer
E quando l'acqua ha cominciato a fumare, crack!
and when the water began to smoke, crack!
ruppe il guscio d'uovo sopra il piattino
he broke the egg-shell over the saucer
e lasciò cadere il contenuto dell'uovo nel piattino
and he let the contents of the egg drop into the saucer
ma l'uovo non era pieno di albume e tuorlo
but the egg was not full of white and yolk

Invece, una gallina ha tirato fuori l'uovo
instead, a little chicken popped out the egg

Era un piccolo pollo molto allegro ed educato
it was a very gay and polite little chicken
il piccolo pollo ha fatto una bella cortesia
the little chicken made a beautiful courtesy
"Mille grazie, Maestro. Pinocchio"
"A thousand thanks, Master. Pinocchio"
"Mi hai risparmiato la fatica di rompere il guscio"
"you have saved me the trouble of breaking the shell"
"Addio, finché non ci incontreremo di nuovo" disse la gallina
"Adieu, until we meet again" the chicken said

"Stai bene, e i miei migliori complimenti a tutti a casa!"
"Keep well, and my best compliments to all at home!"
La gallina spiegò le sue piccole ali
the little chicken spread its little wings
e la gallina sfrecciava attraverso la finestra aperta
and the little chicken darted through the open window
E poi la gallina volò via dalla vista
and then the little chicken flew out of sight
Il povero burattino stava in piedi come se fosse stato stregato
The poor puppet stood as if he had been bewitched
I suoi occhi erano fissi e la sua bocca era aperta
his eyes were fixed, and his mouth was open
e aveva ancora il guscio d'uovo in mano
and he still had the egg-shell in his hand
lentamente si riprese dal suo torpore
slowly he Recovered from his stupefaction
e poi cominciò a piangere e a gridare
and then he began to cry and scream
Batté i piedi sul pavimento in preda alla disperazione
he stamped his feet on the floor in desperation
Tra i singhiozzi raccolse i suoi pensieri
amidst his sobs he gathered his thoughts
"Ah, davvero, il grilletto parlante aveva ragione"
"Ah, indeed, the talking little cricket was right"
"Non avrei dovuto scappare di casa"
"I should not have run away from home"
"Allora non morirei di fame!"
"then I would not now be dying of hunger!"
"E se il mio papà fosse qui mi darebbe da mangiare"
"and if my papa were here he would feed me"
"Oh! Che terribile malattia è la fame!"
"Oh! what a dreadful illness hunger is!"
il suo stomaco gridava più che mai
his stomach cried out more than ever
e non sapeva come placare la sua fame
and he did not know how to quiet his hunger
Pensò di uscire di casa

he thought about leaving the house
Forse potrebbe fare un'escursione nei dintorni
perhaps he could make an excursion in the neighborhood
Sperava di trovare qualche persona caritatevole
he hoped to find some charitable person
Forse gli avrebbero dato un pezzo di pane
maybe they would give him a piece of bread

I piedi di Pinocchio bruciano fino a ridursi in cenere
Pinocchio's Feet Burn to Cinders

Era una notte particolarmente selvaggia e tempestosa
It was an especially wild and stormy night
Il tuono era tremendamente forte e spaventoso
The thunder was tremendously loud and fearful
Il lampo era così vivido che il cielo sembrava infuocato
the lightning was so vivid that the sky seemed on fire
Pinocchio aveva una gran paura dei tuoni
Pinocchio had a great fear of thunder
Ma la fame può essere più forte della paura
but hunger can be stronger than fear
Così chiuse la porta di casa
so he closed the door of the house
e si precipitò disperatamente verso il villaggio
and he made a desperate rush for the village
Raggiunse il villaggio in un centinaio di passi
he reached the village in a hundred bounds
la lingua gli pendeva dalla bocca
his tongue was hanging out of his mouth
e ansimava come un cane
and he was panting for breath like a dog
Ma trovò il villaggio tutto buio e deserto
But he found the village all dark and deserted
I negozi erano chiusi e le vetrine erano chiuse
The shops were closed and the windows were shut
e non c'era nemmeno un cane per strada

and there was not so much as a dog in the street
Sembrava che fosse arrivato nella terra dei morti
It seemed like he had arrived in the land of the dead
Pinocchio era incitato dalla disperazione e dalla fame
Pinocchio was urged on by desperation and hunger
afferrò il campanello di una casa
he took hold of the bell of a house
e cominciò a suonare la campana con tutte le sue forze
and he began to ring the bell with all his might
"Questo porterà qualcuno", si disse
"That will bring somebody," he said to himself
E ha portato qualcuno!
And it did bring somebody!
Un vecchietto apparve a una finestra
A little old man appeared at a window
Il vecchietto aveva ancora un berretto da notte in testa
the little old man still had a night-cap on his head
lo chiamò con rabbia
he called to him angrily
"Che cosa vuoi a quest'ora?"
"What do you want at such an hour?"
"Saresti così gentile da darmi un po' di pane?"
"Would you be kind enough to give me a little bread?"
Il vecchietto era molto cortese
the little old man was very obliging
"Aspetta lì, tornerò subito"
"Wait there, I will be back directly"
Pensava che fosse uno dei mascalzoni locali
he thought it was one of the local rascals
si divertono a suonare i campanelli di casa di notte
they amuse themselves by ringing the house-bells at night
Dopo mezzo minuto la finestra si aprì di nuovo
After half a minute the window opened again
la voce dello stesso vecchietto gridava a Pinocchio
the voice of the same little old man shouted to Pinocchio
"Vieni sotto e porgi il tuo berretto"
"Come underneath and hold out your cap"

Pinocchio si tolse il berretto e lo tese
Pinocchio pulled off his cap and held it out
ma il berretto di Pinocchio non era pieno di pane o di cibo
but Pinocchio's cap was not filled with bread or food
Un'enorme bacinella d'acqua gli fu versata addosso
an enormous basin of water was poured down on him
l'acqua lo bagnava dalla testa ai piedi
the water soaked him from head to foot
come se fosse stato un vaso di gerani secchi
as if he had been a pot of dried-up geraniums
Tornò a casa come un pollo bagnato
He returned home like a wet chicken
Era esausto per la stanchezza e la fame
he was quite exhausted with fatigue and hunger
non aveva più la forza di stare in piedi
he no longer had the strength to stand
Così si sedette e riposò i piedi umidi e fangosi
so he sat down and rested his damp and muddy feet
Mise i piedi su un braciere pieno di braci ardenti
he put his feet on a brazier full of burning embers
e poi si addormentò, esausto per la giornata
and then he fell asleep, exhausted from the day
sappiamo tutti che Pinocchio ha i piedi di legno
we all know that Pinocchio has wooden feet
e sappiamo cosa succede alla legna sulle braci ardenti
and we know what happens to wood on burning embers
A poco a poco i suoi piedi bruciarono e divennero cenere
little by little his feet burnt away and became cinders
Pinocchio continuava a dormire e a russare
Pinocchio continued to sleep and snore
I suoi piedi avrebbero potuto benissimo appartenere a qualcun altro
his feet might as well have belonged to someone else
Alla fine si svegliò perché qualcuno stava bussando alla porta
At last he awoke because someone was knocking at the door
«Chi c'è?» chiese, sbadigliando e stropicciandosi gli occhi

"Who is there?" he asked, yawning and rubbing his eyes
"Sono io!" rispose una voce
"It is I!" answered a voice
E Pinocchio riconobbe la voce di Geppetto
And Pinocchio recognized Geppetto's voice

Geppetto dà la sua colazione a Pinocchio
Geppetto Gives his own Breakfast to Pinocchio

Gli occhi del povero Pinocchio erano ancora mezzi chiusi dal sonno
Poor Pinocchio's eyes were still half shut from sleep
Non aveva ancora scoperto cosa fosse successo
he had not yet discovered what had happened
i suoi piedi erano stati completamente bruciati
his feet had were completely burnt off
Sentì la voce di suo padre alla porta
he heard the voice of his father at the door
e saltò giù dalla sedia su cui aveva dormito
and he jumped off the chair he had slept on
Voleva correre alla porta e aprirla
he wanted to run to the door and open it
ma inciampò e cadde a terra
but he stumbled around and fell on the floor
Immagina di avere un sacco di mestoli di legno
imagine having a sack of wooden ladles
Immagina di gettare il sacco dal balcone
imagine throwing the sack off the balcony
cioè era il suono di Pinocchio che cadeva a terra
that is was the sound of Pinocchio falling to the floor
«Aprite la porta!» gridò Geppetto dalla strada
"Open the door!" shouted Geppetto from the street
"Caro papà, non posso", rispose il burattino
"Dear papa, I cannot," answered the puppet
e gridò e si rotolò per terra
and he cried and rolled about on the ground

"Perché non riesci ad aprire la porta?"
"Why can't you open the door?"
"Perché i miei piedi sono stati mangiati"
"Because my feet have been eaten"
"E chi ti ha mangiato i piedi?"
"And who has eaten your feet?"
Pinocchio si guardò intorno in cerca di qualcosa da incolpare
Pinocchio looked around for something to blame
Alla fine rispose "il gatto mi ha mangiato i piedi"
eventually he answered "the cat ate my feet"
«Aprite la porta, ve lo dico io!» ripeté Geppetto
"Open the door, I tell you!" repeated Geppetto
"Se non lo apri, avrai il gatto da me!"
"If you don't open it, you shall have the cat from me!"
"Non riesco a stare in piedi, credimi"
"I cannot stand up, believe me"
«Oh, povero me!» si lamentò Pinocchio
"Oh, poor me!" lamented Pinocchio
"Dovrò camminare in ginocchio per il resto della mia vita!"
"I shall have to walk on my knees for the rest of my life!"
Geppetto pensò che questo fosse un altro dei trucchi del burattino
Geppetto thought this was another one of the puppet's tricks
Pensò a un modo per porre fine ai suoi trucchi
he thought of a means of putting an end to his tricks
Si arrampicò sul muro ed entrò dalla finestra
he climbed up the wall and got in through the window
Era molto arrabbiato quando vide Pinocchio per la prima volta
He was very angry when he first saw Pinocchio
e non fece altro che rimproverare il povero burattino
and he did nothing but scold the poor puppet

ma poi vide che Pinocchio era davvero senza piedi
but then he saw Pinocchio really was without feet
E fu di nuovo sopraffatto dalla simpatia
and he was quite overcome with sympathy again
Geppetto prese tra le braccia il suo burattino
Geppetto took his puppet in his arms
e cominciò a baciarlo e ad accarezzarlo
and he began to kiss and caress him
Gli disse mille cose affettuose
he said a thousand endearing things to him
Grosse lacrime scorrevano lungo le sue guance rosee
big tears ran down his rosy cheeks
"Il mio piccolo Pinocchio!" lo consolò
"My little Pinocchio!" he comforted him
"Come hai fatto a bruciarti i piedi?"
"how did you manage to burn your feet?"
"Non so come ho fatto, papà"
"I don't know how I did it, papa"
"Ma è stata una notte così terribile"
"but it has been such a dreadful night"
"Me ne ricorderò finché vivrò"
"I shall remember it as long as I live"
"Ci furono tuoni e fulmini per tutta la notte"
"there was thunder and lightning all night"

"e ho avuto molta fame tutta la notte"
"and I was very hungry all night"
"E poi il grillo parlante mi ha rimproverato"
"and then the talking cricket scolded me"
"Il grillo parlante ha detto 'ti serve bene'"
"the talking cricket said 'it serves you right'"
"Ha detto; ' Sei stato malvagio e te lo meriti'"
"he said; 'you have been wicked and deserve it'"
"E io gli dissi: 'Stai attento, piccolo Grillo!'"
"and I said to him: 'Take care, little Cricket!'"
"Ed egli disse; ' Sei un burattino'"
"and he said; 'You are a puppet'"
"Ed egli disse; ' hai una testa di legno'"
"and he said; 'you have a wooden head'"
"E gli ho tirato addosso il manico di un martello"
"and I threw the handle of a hammer at him"
"E poi il grilletto parlante è morto"
"and then the talking little cricket died"
"Ma è stata colpa sua se è morto"
"but it was his fault that he died"
"perché non volevo ucciderlo"
"because I didn't wish to kill him"
"E ho la prova che non era mia intenzione"
"and I have proof that I didn't mean to"
"Avevo messo un piattino di terracotta sulle braci ardenti"
"I had put an earthenware saucer on burning embers"
"Ma una gallina è volata fuori dall'uovo"
"but a chicken flew out of the egg"
"Disse il pollo; ' Addio, fino a quando ci incontreremo di nuovo'"
"the chicken said; 'Adieu, until we meet again'"
'Manda i miei complimenti a tutti a casa'
'send my compliments to all at home'
"e poi ho avuto ancora più fame"
"and then I got even more hungry"
"Poi c'era quel vecchietto con il berretto da notte"
"then there was that little old man in a night-cap"

"**Ha aperto la finestra sopra di me**"
"he opened the window up above me"
"**E mi ha detto di porgere il cappello**"
"and he told me to hold out my hat"
"**E mi versò addosso una bacinella d'acqua**"
"and he poured a basinful of water on me"
"**Chiedere un po' di pane non è una vergogna, vero?**"
"asking for a little bread isn't a disgrace, is it?"
"**e poi sono tornato subito a casa**"
"and then I returned home at once"
"**Avevo fame, freddo e stanchezza**"
"I was hungry and cold and tired"
"**e metto i piedi sul braciere per asciugarli**"
"and I put my feet on the brazier to dry them"
"**E poi sei tornato la mattina**"
"and then you returned in the morning"
"**e ho scoperto che i miei piedi erano bruciati**"
"and I found my feet were burnt off"
"**e ho ancora fame**"
"and I am still hungry"
"**Ma io non ho più i piedi!**"
"but I no longer have any feet!"
E il povero Pinocchio cominciò a piangere e a ruggire
And poor Pinocchio began to cry and roar
Gridò così forte che fu udito a cinque miglia di distanza
he cried so loudly that he was heard five miles off
Geppetto, da tutto questo ha capito solo una cosa
Geppetto, only understood one thing from all this
Capì che il burattino stava morendo di fame
he understood that the puppet was dying of hunger
Così tirò fuori dalla tasca tre pere
so he drew from his pocket three pears
e diede le pere a Pinocchio
and he gave the pears to Pinocchio
"**Queste tre pere erano destinate alla mia colazione**"
"These three pears were intended for my breakfast"
"**ma io ti darò volentieri le mie pere**"

"but I will give you my pears willingly"
"Mangiali e spero che ti facciano bene"
"Eat them, and I hope they will do you good"
Pinocchio guardò le pere con diffidenza
Pinocchio looked at the pears distrustfully
"Ma non puoi aspettarti che li mangi così"
"but you can't expect me to eat them like that"
"Sii così gentile da sbucciarli per me"
"be kind enough to peel them for me"
«Sbucciarli?» disse Geppetto, stupito
"Peel them?" said Geppetto, astonished
"Non sapevo che fossi così delicato e pignolo"
"I didn't know you were so dainty and fastidious"
"Queste sono cattive abitudini da avere, ragazzo mio!"
"These are bad habits to have, my boy!"
"Dobbiamo abituarci ad amare e mangiare tutto"
"we must accustom ourselves to like and to eat everything"
"Non si sa a che cosa possiamo essere portati"
"there is no knowing to what we may be brought"
"Ci sono così tante possibilità!"
"There are so many chances!"
— Senza dubbio hai ragione, — interruppe Pinocchio
"You are no doubt right," interrupted Pinocchio
"ma non mangerò mai frutta che non sia stata sbucciata"
"but I will never eat fruit that has not been peeled"
"Non sopporto il sapore della scorza"
"I cannot bear the taste of rind"
Così buono Geppetto sbucciò le tre pere
So good Geppetto peeled the three pears
e mise le scorze della pera in un angolo della tavola
and he put the pear's rinds on a corner of the table
Pinocchio aveva mangiato la prima pera
Pinocchio had eaten the first pear
Stava per buttare via il torsolo della pera
he was about to throw away the pear's core
ma Geppetto gli afferrò il braccio
but Geppetto caught hold of his arm

"**Non buttare via il torsolo della pera**"
"Do not throw the core of the pear away"
"**In questo mondo tutto può essere utile**"
"in this world everything may be of use"
Ma Pinocchio si rifiutò di vedervi il senso
But Pinocchio refused to see the sense in it
"**Sono deciso a non mangiare il torsolo della pera**"
"I am determined I will not eat the core of the pear"
e Pinocchio gli si voltò addosso come una vipera
and Pinocchio turned upon him like a viper
«**Chissà!**» **ripeté Geppetto**
"Who knows!" repeated Geppetto
"**Ci sono così tante possibilità**", **ha detto**
"there are so many chances," he said
e Geppetto non perse mai la calma nemmeno una volta
and Geppetto never lost his temper even once
E così i tre torsoli di pera non sono stati buttati via
And so the three pear cores were not thrown out
Erano posti sull'angolo del tavolo con le croste
they were placed on the corner of the table with the rinds
dopo il suo piccolo banchetto Pinocchio sbadigliò tremendamente
after his small feast Pinocchio yawned tremendously
e parlò di nuovo con tono irritato
and he spoke again in a fretful tone
"**Ho fame come sempre!**"
"I am as hungry as ever!"
"**Ma, ragazzo mio, non ho più niente da darti!**"
"But, my boy, I have nothing more to give you!"
"**Non hai niente? Davvero? Niente?**"
"You have nothing? Really? Nothing?"
"**Ho solo la buccia e il torsolo delle pere**"
"I have only the rind and the cores of the pears"
"**Bisogna avere pazienza!**" **disse Pinocchio**
"One must have patience!" said Pinocchio
"**se non c'è nient'altro mangerò la buccia della pera**"
"if there is nothing else I will eat the pear's rind"

E cominciò a masticare la buccia della pera
And he began to chew the rind of the pear
All'inizio fece una smorfia ironica
At first he made a wry face
ma poi, uno dopo l'altro, li mangiò in fretta
but then, one after the other, he quickly ate them
e dopo le bucce della pera mangiava anche i torsoli
and after the pear's rinds he even ate the cores
Quando ebbe mangiato tutto, si strofinò la pancia
when he had eaten everything he rubbed his belly
"Ah! ora mi sento di nuovo a mio agio"
"Ah! now I feel comfortable again"
"Ora vedi che avevo ragione", sorrise Gepetto
"Now you see I was right," smiled Gepetto
"Non è bene abituarsi ai propri gusti"
"it's not good to accustom ourselves to our tastes"
"Non potremo mai sapere, mio caro ragazzo, cosa ci può accadere"
"We can never know, my dear boy, what may happen to us"
"Ci sono così tante possibilità!"
"There are so many chances!"

Geppetto fa a Pinocchio nuovi piedi
Geppetto Makes Pinocchio New Feet

Il burattino aveva saziato la sua fame
the puppet had satisfied his hunger
ma ricominciò a piangere e a brontolare
but he began to cry and grumble again
Si ricordò che voleva un paio di piedi nuovi
he remembered he wanted a pair of new feet
Ma Geppetto lo punì per la sua cattiveria
But Geppetto punished him for his naughtiness
gli permise di piangere e di disperarsi un po'
he allowed him to cry and to despair a little
Pinocchio dovette accettare il suo destino per metà giornata

Pinocchio had to accept his fate for half the day
Alla fine della giornata gli disse:
at the end of the day he said to him:
"Perché dovrei farti dei piedi nuovi?"
"Why should I make you new feet?"
«Per permetterti di fuggire di nuovo da casa?»
"To enable you to escape again from home?"
Pinocchio singhiozzava per la sua situazione
Pinocchio sobbed at his situation
"Ti prometto che per il futuro sarò buono"
"I promise you that for the future I will be good"
ma Geppetto conosceva ormai i trucchi di Pinocchio
but Geppetto knew Pinocchio's tricks by now
"Tutti i ragazzi che vogliono qualcosa dicono la stessa cosa"
"All boys who want something say the same thing"
"Ti prometto che andrò a scuola"
"I promise you that I will go to school"
"e studierò e porterò a casa una buona relazione"
"and I will study and bring home a good report"
"Tutti i ragazzi che vogliono qualcosa ripetono la stessa storia"
"All boys who want something repeat the same story"
"Ma io non sono come gli altri ragazzi!" Pinocchio obiettò
"But I am not like other boys!" Pinocchio objected
"Io sono migliore di tutti loro", ha aggiunto
"I am better than all of them," he added
"E io dico sempre la verità", mentì
"and I always speak the truth," he lied
"Ti prometto, papà, che imparerò un mestiere"
"I promise you, papa, that I will learn a trade"
"Prometto che sarò la consolazione della tua vecchiaia"
"I promise that I will be the consolation of your old age"
Gli occhi di Geppetto si riempirono di lacrime all'udire queste parole
Geppetto's eyes filled with tears on hearing this
Il suo cuore era triste nel vedere suo figlio in quel modo
his heart was sad at seeing his son like this

Pinocchio era in uno stato pietoso
Pinocchio was in such a pitiable state
Non disse un'altra parola a Pinocchio
He did not say another word to Pinocchio
Prese i suoi attrezzi e due pezzettini di legno stagionato
he got his tools and two small pieces of seasoned wood
Si mise all'opera con grande diligenza
he set to work with great diligence
In meno di un'ora i piedi erano finiti
In less than an hour the feet were finished
Potrebbero essere stati modellati da un artista geniale
They might have been modelled by an artist of genius
Geppetto allora parlò al burattino
Geppetto then spoke to the puppet
"Chiudi gli occhi e vai a dormire!"
"Shut your eyes and go to sleep!"
E Pinocchio chiuse gli occhi e finse di dormire
And Pinocchio shut his eyes and pretended to sleep
Geppetto prese un guscio d'uovo e vi sciolse un po' di colla
Geppetto got an egg-shell and melted some glue in it
e mise i piedi di Pinocchio al loro posto
and he fastened Pinocchio's feet in their place
è stato magistralmente fatto da Geppetto
it was masterfully done by Geppetto
Non si vedeva traccia del punto in cui i piedi erano uniti
not a trace could be seen of where the feet were joined
Pinocchio si accorse presto di avere di nuovo i piedi
Pinocchio soon realized that he had feet again
e poi saltò giù dal tavolo
and then he jumped down from the table
Saltò per la stanza con energia e gioia
he jumped around the room with energy and joy
ballava come se fosse impazzito per la gioia
he danced as if he had gone mad with his delight
"Grazie per tutto quello che hai fatto per me"
"thank you for all you have done for me"
"Andrò subito a scuola", promise Pinocchio

"I will go to school at once," Pinocchio promised
"ma per andare a scuola avrò bisogno di qualche vestito"
"but to go to school I shall need some clothes"
ormai sapete che Geppetto era un pover'uomo
by now you know that Geppetto was a poor man
Non aveva nemmeno un centesimo in tasca
he had not so much as a penny in his pocket
Così gli fece un vestitino di carta fiorita
so he made him a little dress of flowered paper
un paio di scarpe dalla corteccia di un albero
a pair of shoes from the bark of a tree
e fece un cappello con il pane
and he made a hat out of the bread

Pinocchio corse a guardarsi in un coccio d'acqua
Pinocchio ran to look at himself in a crock of water
Era sempre così contento del suo aspetto
he was ever so pleased with his appearance
e si pavoneggiava per la stanza come un pavone
and he strutted about the room like a peacock
"Sembro proprio un gentiluomo!"
"I look quite like a gentleman!"
"Sì, certamente", rispose Geppetto
"Yes, indeed," answered Geppetto

"**Non sono i bei vestiti che fanno il gentiluomo**"
"it is not fine clothes that make the gentleman"
"**Piuttosto, sono i vestiti puliti che fanno un gentiluomo**"
"rather, it is clean clothes that make a gentleman"
"**A proposito**", **aggiunse il burattino**
"By the way," added the puppet
"**per andare a scuola c'è ancora qualcosa di cui ho bisogno**"
"to go to school there's still something I need"
"**Sono ancora senza la cosa migliore**"
"I am still without the best thing"
"**È la cosa più importante per uno scolaro**"
"it is the most important thing for a school boy"
«**E che cos'è?**» **chiese Geppetto**
"And what is it?" asked Geppetto
"**Non ho un libro di ortografia**"
"I have no spelling-book"
"**Hai ragione**" **capì Geppetto**
"You are right" realized Geppetto
"**Ma cosa dobbiamo fare per ottenerne uno?**"
"but what shall we do to get one?"
Pinocchio consolò Geppetto, "E' abbastanza facile"
Pinocchio comforted Geppetto, "It is quite easy"
"**Tutto quello che dobbiamo fare è andare in libreria**"
"all we have to do is go to the bookseller's"
"**tutto quello che devo fare è comprare da loro**"
"all I have to do is buy from them"
"**Ma come si fa a comprarlo senza soldi?**"
"but how do we buy it without money?"
— **Non ho danaro,** — **disse Pinocchio**
"I have got no money," said Pinocchio
«**Nemmeno io**» **aggiunse il buon vecchio, molto tristemente**
"Neither have I," added the good old man, very sadly
benché fosse un ragazzo molto allegro, Pinocchio si rattristò
although he was a very merry boy, Pinocchio became sad
La povertà, quando è reale, è compresa da tutti
poverty, when it is real, is understood by everybody
«**Ebbene, pazienza!**» **esclamò Geppetto, alzandosi in piedi**

"Well, patience!" exclaimed Geppetto, rising to his feet
e indossò la sua vecchia giacca di velluto a coste
and he put on his old corduroy jacket
e corse fuori di casa nella neve
and he ran out of the house into the snow
Poco dopo tornò a casa
He returned back to the house soon after
in mano teneva un quaderno di ortografia per Pinocchio
in his hand he held a spelling-book for Pinocchio
ma la vecchia giacca con cui se n'era andato non c'era più
but the old jacket he had left with was gone
Il pover'uomo era in maniche di camicia
The poor man was in his shirt-sleeves
e fuori faceva freddo e nevicava
and outdoors it was cold and snowing
«E la giacca, papà?» chiese Pinocchio
"And your jacket, papa?" asked Pinocchio
«L'ho venduta» confermò il vecchio Geppetto
"I have sold it," confirmed old Geppetto
"Perché l'hai venduta?" chiese Pinocchio
"Why did you sell it?" asked Pinocchio
"Perché ho scoperto che la mia giacca era troppo calda"
"Because I found my jacket was too hot"
Pinocchio capì in un istante questa risposta
Pinocchio understood this answer in an instant
Pinocchio non poté frenare l'impulso del suo cuore
Pinocchio was unable to restrain the impulse of his heart
Perché Pinocchio aveva un buon cuore, dopo tutto
Because Pinocchio did have a good heart after all
balzò in piedi e gettò le braccia al collo di Geppetto
he sprang up and threw his arms around Geppetto's neck
e lo baciò ancora e ancora mille volte
and he kissed him again and again a thousand times

Pinocchio va a vedere uno spettacolo di burattini
Pinocchio Goes to See a Puppet Show

Alla fine ha smesso di nevicare fuori
eventually it stopped snowing outside
e Pinocchio si mise in cammino per andare a scuola
and Pinocchio set out to go to school
e aveva sotto il braccio il suo bel quaderno di ortografia
and he had his fine spelling-book under his arm
Camminava con mille idee in testa
he walked along with a thousand ideas in his head
Il suo piccolo cervello pensava a tutte le possibilità
his little brain thought of all the possibilities
e costruì mille castelli in aria
and he built a thousand castles in the air
ogni castello era più bello dell'altro
each castle was more beautiful than the other
E, parlando tra sé, disse;
And, talking to himself, he said;
"Oggi a scuola imparerò subito a leggere"
"Today at school I will learn to read at once"
"allora domani comincerò a scrivere"
"then tomorrow I will begin to write"
"E dopodomani imparerò i numeri"
"and the day after tomorrow I will learn the numbers"
"Tutte queste cose si riveleranno molto utili"
"all of these things will prove very useful"
"e allora guadagnerò un sacco di soldi"
"and then I will earn a great deal of money"
"So già cosa farò con i primi soldi"
"I already know what I will do with the first money"
"Comprerò subito un bel cappotto di stoffa nuovo"
"I will immediately buy a beautiful new cloth coat"
"Mio padre non dovrà più avere freddo"
"my papa will not have to be cold anymore"
"Ma cosa sto dicendo?" si rese conto
"But what am I saying?" he realized

"Sarà tutto d'oro e d'argento"
"It shall be all made of gold and silver"
"e avrà bottoni di diamante"
"and it shall have diamond buttons"
"Quel pover'uomo se lo merita davvero"
"That poor man really deserves it"
"Mi ha comprato dei libri e mi sta facendo insegnare"
"he bought me books and is having me taught"
"E per farlo è rimasto in camicia"
"and to do so he has remained in a shirt"
"Ha fatto tutto questo per me in un clima così freddo"
"he has done all this for me in such cold weather"
"Solo i papà sono capaci di tali sacrifici!"
"only papas are capable of such sacrifices!"
Disse tutto questo a se stesso con grande emozione
he said all this to himself with great emotion
ma in lontananza gli parve di udire della musica
but in the distance he thought he heard music
Suonava come un piffero e il battito di un grosso tamburo
it sounded like pipes and the beating of a big drum
Si fermò e ascoltò per sentire cosa potesse essere
He stopped and listened to hear what it could be
I suoni provenivano dalla fine di una strada
The sounds came from the end of a street
e la strada conduceva a un piccolo villaggio in riva al mare
and the street led to a little village on the seashore
"Che cosa può essere quella musica?", si chiese
"What can that music be?" he wondered
"Che peccato dover andare a scuola"
"What a pity that I have to go to school"
"se solo non dovessi andare a scuola..."
"if only I didn't have to go to school..."
E rimase irresoluto
And he remained irresolute
Era tuttavia necessario prendere una decisione
It was, however, necessary to come to a decision
"Devo andare a scuola?", si chiese

"Should I go to school?" he asked himself
"O dovrei inseguire la musica?"
"or should I go after the music?"
"Oggi andrò a sentire la musica" decise
"Today I will go and hear the music" he decided
"e domani andrò a scuola"
"and tomorrow I will go to school"
il giovane espiatorio di un ragazzo aveva deciso
the young scapegrace of a boy had decided
e si strinse nelle spalle per la sua scelta
and he shrugged his shoulders at his choice
Più correva, più si avvicinavano i suoni della musica
The more he ran the nearer came the sounds of the music
e il battito del grande tamburo si faceva sempre più forte
and the beating of the big drum became louder and louder
Alla fine si ritrovò nel bel mezzo di una piazza
At last he found himself in the middle of a town square
La piazza era piena di gente
the square was quite full of people
Tutta la gente era ammassata intorno a un edificio
all the people were all crowded round a building
e l'edificio era fatto di legno e tela
and the building was made of wood and canvas
e l'edificio era dipinto di mille colori
and the building was painted a thousand colours
«Che cos'è quell'edificio?» chiese Pinocchio
"What is that building?" asked Pinocchio
e si rivolse a un ragazzino
and he turned to a little boy
"Leggi il cartello", gli disse il ragazzo
"Read the placard," the boy told him
"È tutto scritto lì", ha aggiunto
"it is all written there," he added
"Leggilo e poi lo saprai"
"read it and and then you will know"
— Lo leggerei volentieri, — disse Pinocchio
"I would read it willingly," said Pinocchio

"ma si dà il caso che oggi non so leggere"
"but it so happens that today I don't know how to read"
"Bravo, testa di legno! Poi te lo leggerò"
"Bravo, blockhead! Then I will read it to you"
"Vedi quelle parole rosse come il fuoco?"
"you see those words as red as fire?"
"Il Grande Teatro delle Marionette", gli lesse
"The Great Puppet Theatre," he read to him
«La commedia è già cominciata?»
"Has the play already begun?"
«Comincia adesso» confermò il ragazzo
"It is beginning now," confirmed the boy
"Quanto costa entrare?"
"How much does it cost to go in?"
"Un centesimo è quello che ti costa"
"A dime is what it costs you"
Pinocchio era in preda alla febbre della curiosità
Pinocchio was in a fever of curiosity
Pieno di eccitazione, perse il controllo di se stesso
full of excitement he lost all control of himself
e Pinocchio perse ogni senso di vergogna
and Pinocchio lost all sense of shame
«Mi presterebbe un centesimo fino a domani?»
"Would you lend me a dime until tomorrow?"
"Te lo presterei volentieri", disse il ragazzo
"I would lend it to you willingly," said the boy
"ma purtroppo oggi non posso dartelo"
"but unfortunately today I cannot give it to you"
Pinocchio ebbe un'altra idea per ottenere i soldi
Pinocchio had another idea to get the money
"Ti venderò la mia giacca per un centesimo"
"I will sell you my jacket for a dime"
"ma la tua giacca è fatta di carta fiorita"
"but your jacket is made of flowered paper"
"A cosa mi servirebbe una giacca del genere?"
"what use could I have for such a jacket?"
"Immagina che piova e la giacca si bagna"

"imagine it rained and the jacket got wet"
"Sarebbe impossibile togliermelo di dosso"
"it would be impossible to get it off my back"
«Vuoi comprarmi le scarpe?» provò Pinocchio
"Will you buy my shoes?" tried Pinocchio
"Servirebbero solo per accendere il fuoco"
"They would only be of use to light the fire"
"Quanto mi daresti per il mio berretto?"
"How much will you give me for my cap?"
"Sarebbe davvero un'acquisizione meravigliosa!"
"That would be a wonderful acquisition indeed!"
"Un berretto fatto di mollica di pane!" scherzò il ragazzo
"A cap made of bread crumb!" joked the boy
"Ci sarebbe il rischio che i topi vengano a mangiarlo"
"There would be a risk of the mice coming to eat it"
"Potrebbero mangiarlo mentre è ancora sulla mia testa!"
"they might eat it whilst it was still on my head!"
Pinocchio era in preda alle spine per la sua difficile situazione
Pinocchio was on thorns about his predicament
Era sul punto di fare un'altra offerta
He was on the point of making another offer
ma non ebbe il coraggio di chiederglielo
but he had not the courage to ask him
Esitava, si sentiva irresoluto e pieno di rimorso
He hesitated, felt irresolute and remorseful
Alla fine trovò il coraggio di chiedere
At last he raised the courage to ask
«Mi daresti un centesimo per questo nuovo libro di ortografia?»
"Will you give me a dime for this new spelling-book?"
Ma il ragazzo declinò anche questa offerta
but the boy declined this offer too
"Sono un ragazzo e non compro dai ragazzi"
"I am a boy and I don't buy from boys"
Un venditore ambulante di vecchi vestiti li aveva sentiti
a hawker of old clothes had overheard them

"Comprerò il libro di ortografia per un centesimo"
"I will buy the spelling-book for a dime"
E il libro è stato venduto lì per lì
And the book was sold there and then
il povero Geppetto era rimasto a casa tremante di freddo
poor Geppetto had remained at home trembling with cold
in modo che suo figlio potesse avere un libro di ortografia
in order that his son could have a spelling-book

I burattini riconoscono il loro fratello Pinocchio
The Puppets Recognize their Brother Pinocchio

Pinocchio era nel teatrino dei burattini
Pinocchio was in the little puppet theatre
Accadde un incidente che quasi produsse una rivoluzione
an incident occurred that almost produced a revolution
Il sipario si era alzato e la commedia era già cominciata
The curtain had gone up and the play had already begun
Arlecchino e Punch litigavano tra loro
Harlequin and Punch were quarrelling with each other
ogni momento minacciavano di venire alle mani
every moment they were threatening to come to blows
All'improvviso Arlecchino si fermò e si voltò verso il pubblico
All at once Harlequin stopped and turned to the public
Indicò con la mano qualcuno in fondo alla fossa
he pointed with his hand to someone far down in the pit
ed esclamò in tono drammatico
and he exclaimed in a dramatic tone
"Dei del firmamento!"
"Gods of the firmament!"
"Sogno o sono sveglio?"
"Do I dream or am I awake?"
"Ma quello è Pinocchio!"
"But, surely that is Pinocchio!"
«È proprio Pinocchio!» esclamò Punch

"It is indeed Pinocchio!" cried Punch
E Rose fece capolino da dietro le quinte
And Rose peeped out from behind the scenes
«È proprio lui!» gridò Rose
"It is indeed himself!" screamed Rose
e tutti i burattini gridavano in coro
and all the puppets shouted in chorus
"E' Pinocchio! è Pinocchio!"
"It is Pinocchio! it is Pinocchio!"
e saltarono da tutte le parti sul palco
and they leapt from all sides onto the stage
"E' Pinocchio!" esclamarono tutti i burattini
"It is Pinocchio!" all the puppets exclaimed
"E' nostro fratello Pinocchio!"
"It is our brother Pinocchio!"
«Viva Pinocchio!» esclamarono insieme
"Long live Pinocchio!" they cheered together
"Pinocchio, vieni quassù da me!" gridò Arlecchino
"Pinocchio, come up here to me," cried Harlequin
"Gettati tra le braccia dei tuoi fratelli di legno!"
"throw yourself into the arms of your wooden brothers!"
Pinocchio non poté declinare quell'affettuoso invito
Pinocchio couldn't decline this affectionate invitation
Balzò dall'estremità della fossa nei posti riservati
he leaped from the end of the pit into the reserved seats
Un altro balzo lo fece atterrare sulla testa del tamburino
another leap landed him on the head of the drummer
E poi balzò sul palco
and he then sprang upon the stage
Gli abbracci e i pizzicotti amichevoli
The embraces and the friendly pinches
e le dimostrazioni di caldo affetto fraterno
and the demonstrations of warm brotherly affection
L'accoglienza di Pinocchio da parte dei burattini è stata indescrivibile
Pinocchio reception from the puppets was beyond description
Lo spettacolo era senza dubbio commovente

The sight was doubtless a moving one
Ma il pubblico nella fossa era diventato impaziente
but the public in the pit had become impatient
Cominciarono a gridare: "Siamo venuti a vedere uno spettacolo"
they began to shout, "we came to watch a play"
"Continuate con la commedia!" chiesero
"go on with the play!" they demanded
Ma le marionette non continuarono il recital
but the puppets didn't continue the recital
Le marionette raddoppiarono il loro rumore e le loro grida
the puppets doubled their noise and outcries
si misero Pinocchio sulle spalle
they put Pinocchio on their shoulders
e lo portarono in trionfo davanti ai fanali
and they carried him in triumph before the footlights
In quel momento uscì il direttore del circo
At that moment the ringmaster came out
Era un uomo grande e brutto
He was a big and ugly man
La sua vista era sufficiente a spaventare chiunque
the sight of him was enough to frighten anyone
La sua barba era nera come l'inchiostro e lunga
His beard was as black as ink and long
e la sua barba gli arrivava dal mento fino a terra
and his beard reached from his chin to the ground
e si calpestava la barba quando camminava
and he trod upon his beard when he walked
La sua bocca era grande come un forno
His mouth was as big as an oven
e i suoi occhi erano come due lanterne di vetro rosso acceso
and his eyes were like two lanterns of burning red glass
Portava con sé una grossa frusta di serpenti contorti e code di volpe
He carried a large whip of twisted snakes and foxes' tails
e faceva schioccare la frusta in continuazione
and he cracked his whip constantly

Alla sua inaspettata apparizione ci fu un profondo silenzio
At his unexpected appearance there was a profound silence
Nessuno osava nemmeno respirare
no one dared to even breathe
Si sarebbe potuta udire una mosca nel silenzio
A fly could have been heard in the stillness
I poveri burattini d'ambo i sessi tremavano come foglie
The poor puppets of both sexes trembled like leaves
«Sei venuto a disturbare il mio teatro?»
"have you come to raise a disturbance in my theatre?"
Aveva la voce burbera di un folletto
he had the gruff voice of a goblin
Un goblin che soffre di un forte raffreddore
a goblin suffering from a severe cold
"Mi creda, onorato signore, non è colpa mia!"
"Believe me, honoured sir, it it not my fault!"
«Ti basta!» gridò
"That is enough from you!" he blared
"Stasera sistemeremo i nostri conti"
"Tonight we will settle our accounts"
Presto la commedia finì e gli ospiti se ne andarono
soon the play was over and the guests left
Il direttore del circo andò in cucina
the ringmaster went into the kitchen
Si stava preparando una bella pecora per la sua cena
a fine sheep was being prepared for his supper
girava lentamente sul fuoco
it was turning slowly on the fire
Non c'era abbastanza legna per finire di arrostire l'agnello
there was not enough wood to finish roasting the lamb
così chiamò Arlecchino e Punch
so he called for Harlequin and Punch
"Portate qui quel burattino", ordinò loro
"Bring that puppet here," he ordered them
"Lo troverai appeso a un chiodo"
"you will find him hanging on a nail"
"Mi sembra che sia fatto di legno molto secco"

"It seems to me that he is made of very dry wood"
"Sono sicuro che farebbe una bella fiammata"
"I am sure he would make a beautiful blaze"
All'inizio Arlecchino e Punch esitarono
At first Harlequin and Punch hesitated
ma rimasero sconvolti da uno sguardo severo del loro padrone
but they were appalled by a severe glance from their master
e non avevano altra scelta che obbedire ai suoi desideri
and they had no choice but to obey his wishes
In poco tempo tornarono in cucina
In a short time they returned to the kitchen
questa volta portavano il povero Pinocchio
this time they were carrying poor Pinocchio
Si dimenava come un'anguilla fuori dall'acqua
he was wriggling like an eel out of water
e urlava disperatamente
and he was screaming desperately
"Papà! papà! Salvami! Io non morirò!"
"Papa! papa! save me! I will not die!"

Il mangiafuoco starnutisce e perdona Pinocchio
The Fire-Eater Sneezes and Pardons Pinocchio

Il direttore del circo aveva l'aspetto di un uomo malvagio
The ringmaster looked like a wicked man
ed era conosciuto da tutti come Mangiafuoco
and he was known by all as Fire-eater
La barba nera gli copriva il petto e le gambe
his black beard covered his chest and legs
Era come se indossasse un grembiule
it was like he was wearing an apron
e questo lo faceva sembrare particolarmente malvagio
and this made him look especially wicked
Nel complesso, però, non aveva un cuore cattivo
On the whole, however, he did not have a bad heart
vide il povero Pinocchio condotto davanti a sé

he saw poor Pinocchio brought before him
Vide il burattino che si dibatteva e urlava
he saw the puppet struggling and screaming
"Non morirò, non morirò!"
"I will not die, I will not die!"
E fu molto commosso da ciò che vide
and he was quite moved by what he saw
Si sentiva molto dispiaciuto per il burattino indifeso
he felt very sorry for the helpless puppet
Cercò di trattenere dentro di sé le sue simpatie
he tried to hold his sympathies within himself
ma dopo un po' sono usciti tutti
but after a little they all came out
non riusciva più a contenere la sua simpatia
he could contain his sympathy no longer
ed emise un enorme starnuto violento
and he let out an enormous violent sneeze
fino a quel momento Arlecchino era stato preoccupato
up until that moment Harlequin had been worried
si era inchinato come un salice piangente
he had been bowing down like a weeping willow
ma quando udì lo starnuto si rallegrò
but when he heard the sneeze he became cheerful
si chinò verso Pinocchio e sussurrò;
he leaned towards Pinocchio and whispered;
"Buone notizie, fratello, il direttore del circo ha starnutito"
"Good news, brother, the ringmaster has sneezed"
"Questo è un segno che ha pietà di te"
"that is a sign that he pities you"
"E se ha pietà di te, allora sei salvo"
"and if he pities you, then you are saved"
La maggior parte degli uomini piange quando prova compassione
most men weep when they feel compassion
o almeno fingono di asciugarsi gli occhi
or at least they pretend to dry their eyes
Mangiafuoco, tuttavia, aveva un'abitudine diversa

Fire-Eater, however, had a different habit
quando era mosso dall'emozione, il suo naso gli faceva il solletico
when moved by emotion his nose would tickle him
Il direttore del circo non ha smesso di fare il ruffiano
the ringmaster didn't stop acting the ruffian
"Hai finito di piangere?"
"are you quite done with all your crying?"
"Mi fa male lo stomaco per i tuoi lamenti"
"my stomach hurts from your lamentations"
"Sento uno spasmo che quasi..."
"I feel a spasm that almost..."
e il direttore del circo emise un altro sonoro starnuto
and the ringmaster let out another loud sneeze
— Che vi benedica!» disse Pinocchio, tutto allegramente
"Bless you!" said Pinocchio, quite cheerfully
"Grazie! E il tuo papà e la tua mamma?"
"Thank you! And your papa and your mamma?"
"Sono ancora vivi?" chiese Mangiafuoco
"are they still alive?" asked Fire-Eater
— Mio papà è ancora vivo e vegeto — disse Pinocchio
"My papa is still alive and well," said Pinocchio
"Ma mia madre non l'ho mai conosciuta", ha aggiunto
"but my mamma I have never known," he added
"meno male che non ti ho gettato sul fuoco"
"good thing I did not have you thrown on the fire"
"Tuo padre avrebbe perso tutto quello che ancora aveva"
"your father would have lost all who he still had"
"Povero vecchio! Ho pietà di lui!"
"Poor old man! I pity him!"
"Eccezora! ecchoo! ecchoo!" Mangiafuoco starnutì
"Etchoo! etchoo! etchoo!" Fire-eater sneezed
e starnutì di nuovo tre volte
and he sneezed again three times
«Ti benedico!» diceva ogni volta Pinocchio
"Bless you," said Pinocchio each time
"Grazie! Un po' di compassione mi è dovuta"

"Thank you! Some compassion is due to me"
"come vedi non ho più legna"
"as you can see I have no more wood"
"quindi farò fatica a finire di arrostire il mio montone"
"so I will struggle to finish roasting my mutton"
"Mi saresti stato di grande utilità!"
"you would have been of great use to me!"
"Comunque, ho avuto pietà di te"
"However, I have had pity on you"
"quindi devo avere pazienza con te"
"so I must have patience with you"
"Al posto tuo brucerò un altro burattino"
"Instead of you I will burn another puppet"
A questa chiamata apparvero subito due gendarmi di legno
At this call two wooden gendarmes immediately appeared
Erano marionette molto lunghe e molto sottili
They were very long and very thin puppets
e avevano cappelli traballanti in testa
and they had wonky hats on their heads
e tenevano in mano le spade sguainate
and they held unsheathed swords in their hands
Il direttore del circo disse loro con voce rauca:
The ringmaster said to them in a hoarse voice:
"Prendi Arlecchino e legalo saldamente"
"Take Harlequin and bind him securely"
"E poi gettarlo sul fuoco per bruciare"
"and then throw him on the fire to burn"
"Sono deciso a far sì che il mio montone sia ben arrostito"
"I am determined that my mutton shall be well roasted"
immaginate come deve essersi sentito il povero Arlecchino!
imagine how poor Harlequin must have felt!
Il suo terrore era così grande che le sue gambe si piegarono sotto di lui
His terror was so great that his legs bent under him
e cadde con la faccia a terra
and he fell with his face on the ground
Pinocchio era angosciato da ciò che vedeva

Pinocchio was agonized by what he was seeing
Si gettò ai piedi del direttore del circo
he threw himself at the ringmaster's feet
Si bagnò la lunga barba con le sue lacrime
he bathed his long beard with his tears
e cercò di implorare per la vita di Arlecchino
and he tried to beg for Harlequin's life
"Abbi pietà, Sir Mangiafuoco!" Pinocchio pregò
"Have pity, Sir Fire-Eater!" Pinocchio begged
«Qui non ci sono signori», rispose severamente il direttore del circo
"Here there are no sirs," the ringmaster answered severely
"Abbiate pietà, signor cavaliere!" Pinocchio ci provò
"Have pity, Sir Knight!" Pinocchio tried
"Qui non ci sono cavalieri!" rispose il direttore del circo
"Here there are no knights!" the ringmaster answered
"Abbi pietà, comandante!" Pinocchio ci provò
"Have pity, Commander!" Pinocchio tried
"Qui non ci sono comandanti!"
"Here there are no commanders!"
"Abbi pietà, Eccellenza!" Pinocchio supplicò
"Have pity, Excellence!" Pinocchio pleaded
A Mangiafuoco piacque molto quello che aveva appena sentito
Fire-eater quite liked what he had just heard
L'eccellenza era qualcosa a cui aspirava
Excellence was something he did aspire to
e il direttore del circo ricominciò a sorridere
and the ringmaster began to smile again
e divenne subito più gentile e più trattabile
and he became at once kinder and more tractable
Rivolgendosi a Pinocchio, domandò:
Turning to Pinocchio, he asked:
"Ebbene, cosa vuoi da me?"
"Well, what do you want from me?"
"Ti supplico di perdonare il povero Arlecchino"
"I implore you to pardon poor Harlequin"

"Per lui non ci può essere perdono"
"For him there can be no pardon"
"Ti ho risparmiato, se ti ricordi"
"I have spared you, if you remember"
"Perciò deve essere messo sul fuoco"
"so he must be put on the fire"
"Sono deciso a far sì che il mio montone sia ben arrostito"
"I am determined that my mutton shall be well roasted"
Pinocchio si alzò fiero al direttore del circo
Pinocchio stood up proudly to the ringmaster
e gettò via il suo berretto di mollica di pane
and he threw away his cap of bread crumb
"In questo caso conosco il mio dovere"
"In that case I know my duty"
«Andiamo, gendarmi!» gridò ai soldati
"Come on, gendarmes!" he called the soldiers
"Legami e gettami tra le fiamme"
"Bind me and throw me amongst the flames"
"Non sarebbe giusto che Arlecchino morisse per me!"
"it would not be just for Harlequin to die for me!"
"È stato un vero amico per me"
"he has been a true friend to me"
Pinocchio aveva parlato con voce forte ed eroica
Pinocchio had spoken in a loud, heroic voice
e le sue azioni eroiche fecero piangere tutti i burattini
and his heroic actions made all the puppets cry
Anche se i gendarmi erano di legno
Even though the gendarmes were made of wood
piangevano come due agnelli appena nati
they wept like two newly born lambs
All'inizio il mangiafuoco rimase duro e impassibile come il ghiaccio
Fire-eater at first remained as hard and unmoved as ice
ma a poco a poco cominciò a sciogliersi e a starnutire
but little by little he began to melt and sneeze
starnutì di nuovo quattro o cinque volte
he sneezed again four or five times

e aprì le braccia affettuosamente
and he opened his arms affectionately

"Sei un ragazzo buono e coraggioso!" lodò Pinocchio
"You are a good and brave boy!" he praised Pinocchio

"Vieni qui e dammi un bacio"
"Come here and give me a kiss"

Pinocchio corse subito dal direttore del circo
Pinocchio ran to the ringmaster at once

Si arrampicò sulla barba del direttore del circo come uno scoiattolo
he climbed up the ringmaster's beard like a squirrel

e gli depose un bacio cordiale sulla punta del naso
and he deposited a hearty kiss on the point of his nose

«Allora il perdono è concesso?» chiese il povero Arlecchino
"Then the pardon is granted?" asked poor Harlequin

con una voce debole che era appena udibile
in a faint voice that was scarcely audible

"Il perdono è concesso!" rispose Mangiafuoco
"The pardon is granted!" answered Fire-Eater

Poi aggiunse, sospirando e scuotendo la testa:
he then added, sighing and shaking his head:

"Devo avere pazienza con i miei burattini!"
"I must have patience with my puppets!"

"Stasera dovrò mangiare il montone mezzo crudo;"
"Tonight I shall have to eat the mutton half raw;"

"Ma un'altra volta, guai a chi mi dispiace!"
"but another time, woe to him who displeases me!"

Alla notizia dell'indulto i burattini corsero tutti sul palco
At the news of the pardon the puppets all ran to the stage

Hanno acceso tutte le lampade e i lampadari dello spettacolo
they lit all the lamps and chandeliers of the show

Era come se ci fosse un'esibizione in abito intero
it was as if there was a full-dress performance

Cominciarono a saltare e a ballare allegramente
they began to leap and to dance merrily

Quando giunse l'alba stavano ancora ballando
when dawn had come they were still dancing

Pinocchio riceve cinque monete d'oro
Pinocchio Receives Five Gold Pieces

Il giorno seguente Mangiafuoco chiamò Pinocchio
The following day Fire-eater called Pinocchio over
«Come si chiama tuo padre?» domandò a Pinocchio
"What is your father's name?" he asked Pinocchio
— Mio padre si chiama Geppetto, — rispose Pinocchio
"My father is called Geppetto," Pinocchio answered
«E che mestiere fa?» chiese Mangiafuoco
"And what trade does he follow?" asked Fire-eater
"Non ha mestiere, è un mendicante"
"He has no trade, he is a beggar"
«Guadagna molto?» chiese Mangiafuoco
"Does he earn much?" asked Fire-eater
"No, non ha mai un soldo in tasca"
"No, he has never a penny in his pocket"
"Una volta mi ha comprato un libro di ortografia"
"once he bought me a spelling-book"
"Ma ha dovuto vendere l'unica giacca che aveva"
"but he had to sell the only jacket he had"
"Povero diavolo! Mi dispiace quasi per lui!"
"Poor devil! I feel almost sorry for him!"
"Ecco cinque monete d'oro per lui"
"Here are five gold pieces for him"

"Va' subito a portargli l'oro"
"Go at once and take the gold to him"
Pinocchio era felicissimo del regalo
Pinocchio was overjoyed by the present
Ringraziò mille volte il direttore del circo
he thanked the ringmaster a thousand times
Ha abbracciato tutti i burattini della compagnia
He embraced all the puppets of the company
Ha persino abbracciato la truppa dei gendarmi
he even embraced the troop of gendarmes
E poi si mise in cammino per tornare subito a casa
and then he set out to return straight home
Ma Pinocchio non andò molto lontano
But Pinocchio didn't get very far
per strada incontrò una volpe con un piede zoppo
on the road he met a Fox with a lame foot
e incontrò un gatto cieco in entrambi gli occhi
and he met a Cat blind in both eyes
andavano avanti aiutandosi l'un l'altro
they were going along helping each other
Erano buoni compagni nella loro sventura
they were good companions in their misfortune
La Volpe, che era zoppa, camminava appoggiata al Gatto
The Fox, who was lame, walked leaning on the Cat
e il Gatto, che era cieco, era guidato dalla Volpe
and the Cat, who was blind, was guided by the Fox
la Volpe salutò Pinocchio molto cortesemente
the Fox greeted Pinocchio very politely
— Buongiorno, Pinocchio, — disse la Volpe
"Good-day, Pinocchio," said the Fox
"Come fai a conoscere il mio nome?" chiese il burattino
"How do you come to know my name?" asked the puppet
"Conosco bene tuo padre," disse la volpe
"I know your father well," said the fox
"Dove l'hai visto?" chiese Pinocchio
"Where did you see him?" asked Pinocchio
"L'ho visto ieri, sulla porta di casa sua"

"I saw him yesterday, at the door of his house"
«E che cosa faceva?» domandò Pinocchio
"And what was he doing?" asked Pinocchio
"Era in camicia e tremava di freddo"
"He was in his shirt and shivering with cold"
"Povero papà! Ma la sua sofferenza è finita ora"
"Poor papa! But his suffering is over now"
"In futuro non rabbrividirà più!"
"in the future he shall shiver no more!"
"Perché non rabbrividisce più?" chiese la volpe
"Why will he shiver no more?" asked the fox
— Perché son diventato un gentiluomo, — rispose Pinocchio
"Because I have become a gentleman" replied Pinocchio
«Un gentiluomo, tu!» disse la Volpe
"A gentleman—you!" said the Fox
e cominciò a ridere sgarbatamente e sprezzantemente
and he began to laugh rudely and scornfully
Anche il Gatto si mise a ridere con la volpe
The Cat also began to laugh with the fox
ma faceva meglio a nascondere la sua risata
but she did better at concealing her laughter
e si pettinava i baffi con le zampe anteriori
and she combed her whiskers with her forepaws
— C'è poco da ridere, — esclamò Pinocchio con rabbia
"There is little to laugh at," cried Pinocchio angrily
"Mi dispiace davvero farvi venire l'acquolina in bocca"
"I am really sorry to make your mouth water"
"Se sapete qualcosa, allora sapete cosa sono"
"if you know anything then you know what these are"
"Si vede che sono cinque monete d'oro"
"you can see that they are five pieces of gold"
E tirò fuori i soldi che Mangiafuoco gli aveva dato
And he pulled out the money that Fire-eater had given him
Per un attimo la volpe e il gatto fecero una cosa strana
for a moment the fox and the cat did a strange thing
Il tintinnio dei soldi ha davvero attirato la loro attenzione
the jingling of the money really got their attention

la Volpe allungò la zampa che sembrava storpia
the Fox stretched out the paw that seemed crippled
e la Gatta spalancò i due occhi
and the Cat opened wide her two eyes
I suoi occhi sembravano due lanterne verdi
her eyes looked like two green lanterns

È vero che chiuse di nuovo gli occhi
it is true that she shut her eyes again
fu così svelta che Pinocchio non se ne accorse
she was so quick that Pinocchio didn't notice
la Volpe era molto curiosa di sapere cosa avesse visto
the Fox was very curious about what he had seen
"Che cosa farai con tutti quei soldi?"
"what are you going to do with all that money?"
Pinocchio era fin troppo orgoglioso per raccontare loro i suoi piani
Pinocchio was all too proud to tell them his plans
"Prima di tutto, ho intenzione di comprare una nuova giacca per mio padre"
"First of all, I intend to buy a new jacket for my papa"
"La giacca sarà d'oro e d'argento"
"the jacket will be made of gold and silver"
"E il cappotto arriverà con bottoni di diamanti"
"and the coat will come with diamond buttons"

"E poi mi comprerò un libro di ortografia"
"and then I will buy a spelling-book for myself"
"Ti comprerai un libro di ortografia?"
"You will buy a spelling book for yourself?"
"Sì, perché desidero studiare seriamente"
"Yes indeed, for I wish to study in earnest"
"Guardami!" disse la Volpe
"Look at me!" said the Fox
"A causa della mia folle passione per lo studio ho perso una gamba"
"Through my foolish passion for study I have lost a leg"
"Guardami!" disse il Gatto
"Look at me!" said the Cat
"Per la mia folle passione per lo studio ho perso gli occhi"
"Through my foolish passion for study I have lost my eyes"
In quel momento un merlo bianco cominciò il suo solito canto
At that moment a white Blackbird began his usual song
"Pinocchio, non ascoltare i consigli dei cattivi compagni"
"Pinocchio, don't listen to the advice of bad companions"
"Se ascolti i loro consigli, te ne pentirai!"
"if you listen to their advice you will repent it!"
Povero merlo! Se solo non avesse parlato!
Poor Blackbird! If only he had not spoken!
Il Gatto, con un gran balzo, gli balzò addosso
The Cat, with a great leap, sprang upon him
non gli diede nemmeno il tempo di dire "Oh!"
she didn't even give him time to say "Oh!"
Lo mangiò in un boccone, piume e tutto il resto
she ate him in one mouthful, feathers and all
Dopo averlo mangiato, si pulì la bocca
Having eaten him, she cleaned her mouth
e poi chiuse di nuovo gli occhi
and then she shut her eyes again
e finse cecità come prima
and she feigned blindness just as before
"Povero merlo!" disse Pinocchio al Gatto

"Poor Blackbird!" said Pinocchio to the Cat
"Perché l'hai trattato così male?"
"why did you treat him so badly?"
"L'ho fatto per dargli una lezione"
"I did it to give him a lesson"
"Imparerà a non immischiarsi negli affari altrui"
"He will learn not to meddle in other people's affairs"
Ormai erano quasi a metà strada verso casa
by now they had gone almost half-way home
la Volpe, si fermò di colpo, e parlò al burattino
the Fox, halted suddenly, and spoke to the puppet
"Ti piacerebbe raddoppiare i tuoi soldi?"
"Would you like to double your money?"
"In che modo potrei raddoppiare i miei soldi?"
"In what way could I double my money?"
"Ti piacerebbe moltiplicare le tue cinque misere monete?"
"Would you like to multiply your five miserable coins?"
"Mi piacerebbe molto! ma come?"
"I would like that very much! but how?"
"Il modo per farlo è abbastanza semplice"
"The way to do it is easy enough"
"Invece di tornare a casa devi venire con noi"
"Instead of returning home you must go with us"
"E dove vuoi portarmi?"
"And where do you wish to take me?"
"Ti porteremo nella terra dei Gufi"
"We will take you to the land of the Owls"
Pinocchio rifletté un momento per pensare
Pinocchio reflected a moment to think
e poi disse risolutamente "No, non ci andrò"
and then he said resolutely "No, I will not go"
"Sono già vicino a casa"
"I am already close to the house"
"E tornerò a casa dal mio papà"
"and I will return home to my papa"
"Mi ha aspettato al freddo"
"he has been waiting for me in the cold"

"per tutto il giorno di ieri non sono tornato da lui"
"all day yesterday I did not come back to him"
"Chi può dire quante volte ha sospirato!"
"Who can tell how many times he sighed!"
"Sono stato davvero un cattivo figlio"
"I have indeed been a bad son"
"E il grilletto parlante aveva ragione"
"and the talking little cricket was right"
"I ragazzi disubbidienti non arrivano mai a nulla di buono"
"Disobedient boys never come to any good"
"Quello che ha detto il grilletto parlante è vero"
"what the talking little cricket said is true"
"Mi sono successe molte disgrazie"
"many misfortunes have happened to me"
"Anche ieri a casa del mangiafuoco ho rischiato"
"Even yesterday in fire-eater's house I took a risk"
"Oh! Mi vengono i brividi a pensarci!"
"Oh! it makes me shudder to think of it!"
«Ebbene,» disse la Volpe, «hai deciso di tornare a casa?»
"Well, then," said the Fox, "you've decided to go home?"
"Va', allora, e tanto peggio per te"
"Go, then, and so much the worse for you"
«Tanto peggio per te!» ripeté il Gatto
"So much the worse for you!" repeated the Cat
"Pensaci bene, Pinocchio", gli consigliarono
"Think well of it, Pinocchio," they advised him
"Perché stai dando un calcio alla fortuna"
"because you are giving a kick to fortune"
«Un calcio alla fortuna!» ripeté il Gatto
"a kick to fortune!" repeated the Cat
"Sarebbe bastato un giorno"
"all it would have taken would have been a day"
"Entro domani le tue cinque monete potrebbero essersi moltiplicate"
"by tomorrow your five coins could have multiplied"
"Le tue cinque monete sarebbero potute diventare duemila"
"your five coins could have become two thousand"

«Duemila sovrani!» ripeté il Gatto
"Two thousand sovereigns!" repeated the Cat

"Ma com'è possibile?" chiese Pinocchio
"But how is it possible?" asked Pinocchio

e rimase con la bocca aperta per lo stupore
and he remained with his mouth open from astonishment

"Te lo spiegherò subito," disse la Volpe
"I will explain it to you at once," said the Fox

"nella terra delle Civette c'è un campo sacro"
"in the land of the Owls there is a sacred field"

"Tutti lo chiamano il campo dei miracoli"
"everybody calls it the field of miracles"

"In questo campo devi scavare una piccola buca"
"In this field you must dig a little hole"

"E devi mettere una moneta d'oro nel buco"
"and you must put a gold coin into the hole"

"Allora copri il buco con un po' di terra"
"then you cover up the hole with a little earth"

"Devi prendere l'acqua dalla fontana lì vicino"
"you must get water from the fountain nearby"

"devi innaffiare la buca con due secchi d'acqua"
"you must water they hole with two pails of water"

"poi cospargere il buco con due pizzichi di sale"
"then sprinkle the hole with two pinches of salt"

"E quando arriva la notte puoi andare tranquillamente a letto"
"and when night comes you can go quietly to bed"

"Durante la notte il miracolo accadrà"
"during the night the miracle will happen"

"Le monete d'oro che hai piantato cresceranno e fioriranno"
"the gold pieces you planted will grow and flower"

"E cosa pensi di trovare al mattino?"
"and what do you think you will find in the morning?"

"Troverai un bellissimo albero dove l'hai piantato"
"You will find a beautiful tree where you planted it"

"Saranno carichi di monete d'oro"
"they tree will be laden with gold coins"

Pinocchio si confondeva sempre di più
Pinocchio grew more and more bewildered
"Supponiamo che io seppellisca le mie cinque monete in quel campo"
"let's suppose I bury my five coins in that field"
"Quante monete potrei trovare la mattina dopo?"
"how many coins might I find the following morning?"
"Questo è un calcolo facilissimo," rispose la Volpe
"That is an exceedingly easy calculation," replied the Fox
"Un calcolo che puoi fare con le tue mani"
"a calculation you can make with your hands"
"Ogni moneta ti darà un aumento di cinquecento"
"Every coin will give you an increase of five-hundred"
"Moltiplica cinquecento per cinque e avrai la tua risposta"
"multiply five hundred by five and you have your answer"
"Troverai duemilacinquecento pezzi d'oro splendenti"
"you will find two-thousand-five-hundred shining gold pieces"
"Oh! che delizia!» esclamò Pinocchio, danzando di gioia
"Oh! how delightful!" cried Pinocchio, dancing for joy
"Ne terrò duemila per me"
"I will keep two thousand for myself"
"E gli altri cinquecento te ne darò due"
"and the other five hundred I will give you two"
«Un regalo per noi?» esclamò la Volpe indignata
"A present to us?" cried the Fox with indignation
e sembrava quasi offeso dall'offerta
and he almost appeared offended at the offer
"Che cosa stai sognando?" chiese la Volpe
"What are you dreaming of?" asked the Fox
«Che cosa stai sognando?» ripeté il Gatto
"What are you dreaming of?" repeated the Cat
"Non lavoriamo per accumulare interessi"
"We do not work to accumulate interest"
"Lavoriamo solo per arricchire gli altri"
"we work solely to enrich others"
«Per arricchire gli altri!» ripeté il Gatto

"to enrich others!" repeated the Cat
«Che brava gente!» pensò Pinocchio tra sé
"What good people!" thought Pinocchio to himself
E si dimenticò del suo papà e della giacca nuova
and he forgot all about his papa and the new jacket
e si dimenticò del libro di ortografia
and he forgot about the spelling-book
e dimenticò tutti i suoi buoni propositi
and he forgot all of his good resolutions
"**Andiamocene subito**", **suggerì**
"Let us be off at once" he suggested
"**Andrò con voi due al campo dei gufi**"
"I will go with you two to the field of Owls"

La Locanda dell'Aragosta Rossa
The Inn of the Red Craw-Fish

Camminavano, camminavano e camminavano
They walked, and walked, and walked
Tutti stanchi, arrivarono finalmente in una locanda
all tired out, they finally arrived at an inn
La Locanda dell'Aragosta Rossa
The Inn of The Red Craw-Fish
"**Fermiamoci un po' qui,**" **disse la Volpe**
"Let us stop here a little," said the Fox
"**Dovremmo avere qualcosa da mangiare**", **ha aggiunto**
"we should have something to eat," he added
"**Abbiamo bisogno di riposarci per un'ora o due**"
"we need to rest ourselves for an hour or two"
"**E poi ripartiremo a mezzanotte**"
"and then we will start again at midnight"
"**Arriveremo al Campo dei Miracoli domattina**"
"we'll arrive at the Field of Miracles in the morning"
Anche Pinocchio era stanco per tutto il camminare
Pinocchio was also tired from all the walking
Così si convinse facilmente ad entrare nella locanda

so he was easily convinced to go into the inn
Tutti e tre si sedettero a un tavolo
all three of them sat down at a table
ma nessuno di loro aveva davvero appetito
but none of them really had any appetite

Il gatto soffriva di indigestione
The Cat was suffering from indigestion
e si sentiva seriamente indisposta
and she was feeling seriously indisposed
Poteva mangiare solo trentacinque pesci con salsa di pomodoro
she could only eat thirty-five fish with tomato sauce
e aveva solo quattro porzioni di tagliatelle con parmigiano
and she had just four portions of noodles with Parmesan
Ma pensava che le tagliatelle non fossero abbastanza condite
but she thought the noodles weres not seasoned enough
Così ha chiesto tre volte il burro e il formaggio grattugiato!
so she asked three times for the butter and grated cheese!
La Volpe avrebbe anche potuto stare senza mangiare
The Fox could also have gone without eating
Ma il suo medico gli aveva prescritto una dieta rigorosa
but his doctor had ordered him a strict diet
Così fu costretto ad accontentarsi semplicemente di una lepre

so he was forced to content himself simply with a hare
La lepre era condita con una salsa agrodolce
the hare was dressed with a sweet and sour sauce
Era guarnito leggermente con polli grassi
it was garnished lightly with fat chickens
Poi ordinò un piatto di pernici e conigli
then he ordered a dish of partridges and rabbits
e mangiò anche rane, lucertole e altre prelibatezze
and he also ate some frogs, lizards and other delicacies
Non riusciva davvero a mangiare nient'altro
he really could not eat anything else
Gli importava molto poco del cibo, ha detto
He cared very little for food, he said
E ha detto che ha faticato a portarlo alle labbra
and he said he struggled to put it to his lips
Quello che mangiava di meno era Pinocchio
The one who ate the least was Pinocchio
Chiese delle noci e un po' di pane
He asked for some walnuts and a hunch of bread
e ha lasciato tutto nel piatto
and he left everything on his plate
I pensieri del povero ragazzo non erano rivolti al cibo
The poor boy's thoughts were not with the food
fissava continuamente i suoi pensieri sul Campo dei Miracoli
he continually fixed his thoughts on the Field of Miracles
Quando ebbero cenato, la Volpe parlò con l'oste
When they had supped, the Fox spoke to the host
"Dacci due buone stanze, caro locandiere"
"Give us two good rooms, dear inn-keeper"
"per favore dateci una stanza per il signor Pinocchio"
"please provide us one room for Mr. Pinocchio"
"e dividerò l'altra stanza con il mio compagno"
"and I will share the other room with my companion"
"Ci prenderemo un po' di sonno prima di partire"
"We will snatch a little sleep before we leave"
"Ricordati, però, che vogliamo partire a mezzanotte"

"Remember, however, that we wish to leave at midnight"
"Chiamateci, per favore, per continuare il nostro viaggio"
"so please call us, to continue our journey"
"Sì, signori", rispose l'oste
"Yes, gentlemen," answered the host
e strizzò l'occhio alla Volpe e al Gatto
and he winked at the Fox and the Cat
era come se dicesse "So cosa stai combinando"
it was as if he said "I know what you are up to"
L'occhiolino sembrava dire: "Ci capiamo l'un l'altro!"
the wink seemed to say, "we understand one another!"
Pinocchio era molto stanco da quel giorno
Pinocchio was very tired from the day
Si addormentò non appena si mise a letto
he fell asleep as soon as he got into his bed
E appena ha iniziato a dormire ha iniziato a sognare
and as soon as he started sleeping he started to dream
Sognò di essere in mezzo a un campo
he dreamed that he was in the middle of a field
Il campo era pieno di arbusti a perdita d'occhio
the field was full of shrubs as far as the eye could see
Gli arbusti erano ricoperti da grappoli di monete d'oro
the shrubs were covered with clusters of gold coins
le monete d'oro ondeggiavano al vento e tintinnavano
the gold coins swung in the wind and rattled
E hanno fatto un suono come, "Tzinn, Tzinn, Tzinn"
and they made a sound like, "tzinn, tzinn, tzinn"
sembrava che parlassero a Pinocchio
they sounded as if they were speaking to Pinocchio
"Chi vuole venga e ci prenda"
"Let who whoever wants to come and take us"
Pinocchio stava per allungare la mano
Pinocchio was just about to stretch out his hand
Stava per raccogliere manciate di quei bellissimi pezzi d'oro
he was going to pick handfuls of those beautiful gold pieces
e quasi riusciva a mettersele in tasca
and he almost was able to put them in his pocket

ma fu svegliato all'improvviso da tre colpi alla porta
but he was suddenly awakened by three knocks on the door

Era il padrone di casa che era venuto a svegliarlo
It was the host who had come to wake him up

"Sono venuto a farti sapere che è mezzanotte"
"I have come to let you know it's midnight"

«I miei compagni sono pronti?» chiese il burattino
"Are my companions ready?" asked the puppet

"Pronti! Ebbene, se ne sono andati due ore fa"
"Ready! Why, they left two hours ago"

"Perché avevano tanta fretta?"
"Why were they in such a hurry?"

"Perché il Gatto aveva ricevuto un messaggio"
"Because the Cat had received a message"

"Ha ricevuto la notizia che il suo gattino maggiore era malato"
"she got news that her eldest kitten was ill"

«Hanno pagato la cena?»
"Did they pay for the supper?"

"A cosa stai pensando?"
"What are you thinking of?"

"Sono troppo istruiti per sognarsi di insultarti"
"They are too well educated to dream of insulting you"

"Un gentiluomo come te non lascerebbe pagare ai suoi amici"
"a gentleman like you would not let his friends pay"

"Che peccato!" pensò Pinocchio
"What a pity!" thought Pinocchio

"Un tale insulto mi avrebbe fatto molto piacere!"
"such an insult would have given me much pleasure!"

"E dove hanno detto i miei amici che mi avrebbero aspettato?"
"And where did my friends say they would wait for me?"

"Al Campo dei Miracoli, domani mattina all'alba"
"At the Field of Miracles, tomorrow morning at daybreak"

Pinocchio pagò una moneta per la cena dei suoi compagni
Pinocchio paid a coin for the supper of his companions

e poi partì per il campo dei Miracoli
and then he left for the field of Miracles
Fuori dalla locanda era quasi buio pesto
Outside the inn it was almost pitch black
Pinocchio non poteva progredire se non procedendo a tentoni
Pinocchio could only make progress by groping his way
Era impossibile vedere la sua mano davanti a sé
it was impossible to see his hand's in front of him
Alcuni uccelli notturni volavano dall'altra parte della strada
Some night-birds flew across the road
sfiorarono il naso di Pinocchio con le ali
they brushed Pinocchio's nose with their wings
Gli causò un terribile spavento
it caused him a terrible fright
Balzò indietro, gridò: "Chi va là?"
springing back, he shouted: "who goes there?"
e l'eco tra le colline ripetuta in lontananza
and the echo in the hills repeated in the distance
"Chi ci va?" - "Chi ci va?" - "Chi ci va?"
"Who goes there?" - "Who goes there?" - "Who goes there?"
Sul tronco dell'albero vide una piccola luce
on the trunk of the tree he saw a little light
Era un piccolo insetto che vedeva brillare debolmente
it was a little insect he saw shining dimly
Come una luce notturna in una lampada di porcellana trasparente
like a night-light in a lamp of transparent china
"Chi siete?" chiese Pinocchio
"Who are you?" asked Pinocchio
l'insetto rispose a bassa voce;
the insect answered in a low voice;
"Sono il fantasma del grilletto parlante"
"I am the ghost of the talking little cricket"
La voce era più debole di quanto si possa descrivere
the voice was fainter than can be described
La voce sembrava provenire dall'altro mondo

the voice seemed to come from the other world
"Che cosa vuoi da me?" disse il burattino
"What do you want with me?" said the puppet
"Voglio darti un consiglio"
"I want to give you some advice"
"Torna indietro e prendi le quattro monete che ti sono rimaste"
"Go back and take the four coins that you have left"
"Porta le tue monete al tuo povero padre"
"take your coins to your poor father"
"Piange e si dispera a casa"
"he is weeping and in despair at home"
"Perché non siete tornati a lui"
"because you have not returned to him"
ma a questo ci aveva già pensato Pinocchio
but Pinocchio had already thought of this
"Da domani mio papà sarà un gentiluomo"
"By tomorrow my papa will be a gentleman"
"Queste quattro monete diventeranno duemila"
"these four coins will become two thousand"
"Non fidarti di chi promette di renderti ricco in un giorno"
"Don't trust those who promise to make you rich in a day"
"Di solito o sono pazzi o furfanti!"
"Usually they are either mad or rogues!"
"Ascoltami e torna indietro, ragazzo mio"
"Give ear to me, and go back, my boy"
"Al contrario, sono determinato ad andare avanti"
"On the contrary, I am determined to go on"
«L'ora è tarda!» disse il grillo
"The hour is late!" said the cricket
"Sono determinato ad andare avanti"
"I am determined to go on"
"La notte è buia!" disse il grillo
"The night is dark!" said the cricket
"Sono determinato ad andare avanti"
"I am determined to go on"
"La strada è pericolosa!" disse il grillo

"The road is dangerous!" said the cricket
"Sono determinato ad andare avanti"
"I am determined to go on"
"I ragazzi sono decisi a seguire i loro desideri"
"boys are bent on following their wishes"
"Ma ricorda, prima o poi se ne pentono"
"but remember, sooner or later they repent it"
"Sempre le stesse storie. Buonanotte, grilletto"
"Always the same stories. Good-night, little cricket"
Anche il Grillo augurò la buona notte a Pinocchio
The Cricket wished Pinocchio a good night too
"Che il Cielo vi preservi dai pericoli e dagli assassini"
"may Heaven preserve you from dangers and assassins"
Poi il grilletto parlante svanì all'improvviso
then the talking little cricket vanished suddenly
come una luce che si è spenta
like a light that has been blown out
e la strada divenne più buia che mai
and the road became darker than ever

Pinocchio cade nelle mani degli assassini
Pinocchio Falls into the Hands of the Assassins

Pinocchio riprese il suo cammino e parlò tra sé
Pinocchio resumed his journey and spoke to himself
"Come siamo sfortunati noi poveri ragazzi"
"how unfortunate we poor boys are"
"Tutti ci rimproverano e ci danno buoni consigli"
"Everybody scolds us and gives us good advice"
"ma io non scelgo di ascoltare quel noioso grilletto"
"but I don't choose to listen to that tiresome little cricket"
"Chissà quante disgrazie mi accadranno!"
"who knows how many misfortunes are to happen to me!"
"Non ho ancora incontrato nessun assassino!"
"I haven't even met any assassins yet!"
"Questo, tuttavia, ha poca importanza"

"That is, however, of little consequence"
"perché non credo negli assassini"
"for I don't believe in assassins"
"Non ho mai creduto negli assassini"
"I have never believed in assassins"
"Penso che gli assassini siano stati inventati apposta"
"I think that assassins have been invented purposely"
"I papà li usano per spaventare i ragazzini"
"papas use them to frighten little boys"
"E poi i ragazzini hanno paura di uscire la sera"
"and then little boys are scared of going out at night"
"Comunque, supponiamo che mi imbatta in degli assassini"
"Anyway, let's suppose I was to come across assassins"
"Pensi che mi spaventerebbero?"
"do you imagine they would frighten me?"
"Non mi spaventerebbero minimamente"
"they would not frighten me in the least"
"Andrò loro incontro e li chiamerò a casa"
"I will go to meet them and call to them"
"Signori assassini, che cosa volete da me?"
'Gentlemen assassins, what do you want with me?'
'Ricordati che con me non si scherza'
'Remember that with me there is no joking'
"Perciò, fa' i fatti tuoi e stai zitto!"
'Therefore, go about your business and be quiet!'
"A questo discorso scapperebbero via come il vento"
"At this speech they would run away like the wind"
"Potrebbe essere che siano assassini male istruiti"
"it could be that they are badly educated assassins"
"Allora gli assassini potrebbero non scappare"
"then the assassins might not run away"
"Ma anche questo non è un grosso problema"
"but even that isn't a great problem"
"allora scapperei via anch'io"
"then I would just run away myself"
"E quella sarebbe la fine"
"and that would be the end of that"

Ma Pinocchio non ebbe il tempo di finire il suo ragionamento
But Pinocchio had no time to finish his reasoning
Gli parve di udire un leggero fruscio di foglie
he thought that he heard a slight rustle of leaves
Si voltò per guardare da dove provenisse il rumore
He turned to look where the noise had come from
e vide nell'oscurità due figure nere dall'aspetto malvagio
and he saw in the gloom two evil-looking black figures
Erano completamente avvolti in sacchi di carbone
they were completely enveloped in charcoal sacks
Gli correvano dietro in punta di piedi
They were running after him on their tiptoes
e facevano grandi balzi come due fantasmi
and they were making great leaps like two phantoms
«Eccoli nella realtà!» si disse
"Here they are in reality!" he said to himself
Non aveva un posto dove nascondere le sue monete d'oro
he didn't have anywhere to hide his gold pieces
Così se li mise in bocca, sotto la lingua
so he put them in his mouth, under his tongue
Poi rivolse la sua attenzione alla fuga
Then he turned his attention to escaping
Ma non è riuscito ad andare molto lontano
But he did not manage to get very far
Si sentì afferrare per un braccio
he felt himself seized by the arm

e udì due orribili voci che lo minacciavano
and he heard two horrid voices threatening him
"I tuoi soldi o la tua vita!", hanno minacciato
"Your money or your life!" they threatened
Pinocchio non seppe rispondere a parole
Pinocchio was not able to answer in words
perché si era messo i soldi in bocca
because he had put his money in his mouth
così fece mille bassi inchini
so he made a thousand low bows
e offrì mille pantomime
and he offered a thousand pantomimes
Cercò di far capire alle due figure
He tried to make the two figures understand
Era solo un povero burattino senza soldi
he was just a poor puppet without any money
Non aveva nemmeno un nichelino in tasca
he had not as much as a nickel in his pocket
Ma i due briganti non erano convinti
but the two robbers were not convinced
"Meno sciocchezze e via con i soldi!"
"Less nonsense and out with the money!"
E il burattino fece un gesto con le mani
And the puppet made a gesture with his hands
Fece finta di rivoltarsi le tasche
he pretended to turn his pockets inside out
Naturalmente Pinocchio non aveva tasche
Of course Pinocchio didn't have any pockets
ma stava cercando di significare: "Non ho soldi"
but he was trying to signify, "I have no money"
Lentamente i ladri stavano perdendo la pazienza
slowly the robbers were losing their patience
"Consegna i tuoi soldi o sei morto", disse quello più alto
"Deliver up your money or you are dead," said the taller one
«Morto!» ripeté il più piccolo
"Dead!" repeated the smaller one
"E poi uccideremo anche tuo padre!"

"And then we will also kill your father!"
«Anche tuo padre!» ripeté di nuovo il più piccolo
"Also your father!" repeated the smaller one again
"No, no, no, non il mio povero papà!" gridò Pinocchio disperato
"No, no, no, not my poor papa!" cried Pinocchio in despair
e mentre lo diceva le monete tintinnavano nella sua bocca
and as he said it the coins clinked in his mouth
"Ah! mascalzone!" si resero conto i briganti
"Ah! you rascal!" realized the robbers
"Hai nascosto i tuoi soldi sotto la lingua!"
"you have hidden your money under your tongue!"
"Sputatelo subito!" gli ordinò
"Spit it out at once!" he ordered him
«Sputatelo», ripeté il più piccolo
"spit it out," repeated the smaller one
Pinocchio era ostinato ai loro ordini
Pinocchio was obstinate to their commands
"Ah! Tu fai finta di essere sordo, vero?"
"Ah! you pretend to be deaf, do you?"
"Lascia a noi il compito di trovare un mezzo"
"leave it to us to find a means"
"Troveremo il modo di farti rinunciare ai tuoi soldi"
"we will find a way to make you give up your money"
«Troveremo un modo» ripeté il più piccolo
"We will find a way," repeated the smaller one
E uno di loro afferrò il burattino per il naso
And one of them seized the puppet by his nose
e l'altro lo prese per il mento
and the other took him by the chin
e cominciarono a tirare brutalmente
and they began to pull brutally
uno tirato su e l'altro tirato giù
one pulled up and the other pulled down
Hanno cercato di costringerlo ad aprire la bocca
they tried to force him to open his mouth
Ma è stato tutto inutile

But it was all to no purpose
La bocca di Pinocchio sembrava inchiodata insieme
Pinocchio's mouth seemed to be nailed together
Poi l'assassino più basso tirò fuori un brutto coltello
Then the shorter assassin drew out an ugly knife
e cercò di metterselo tra le labbra
and he tried to put it between his lips
Ma Pinocchio, tosto come un fulmine, gli afferrò la mano
But Pinocchio, as quick as lightning, caught his hand
e lo morse con i denti
and he bit him with his teeth
e con un morso si morse la mano
and with one bite he bit the hand clean off
ma non era una mano che sputava fuori
but it wasn't a hand that he spat out
Era più peloso di una mano e aveva gli artigli
it was hairier than a hand, and had claws
immaginate lo stupore di Pinocchio quando vide la zampa di un gatto
imagine Pinocchio's astonishment when saw a cat's paw
O almeno questo è quello che pensava di vedere
or at least that's what he thought he saw
Pinocchio fu incoraggiato da questa prima vittoria
Pinocchio was encouraged by this first victory
Ora usava le unghie per liberarsi
now he used his fingernails to break free
Riuscì a liberarsi dai suoi assalitori
he succeeded in liberating himself from his assailants
Saltò oltre la siepe sul ciglio della strada
he jumped over the hedge by the roadside
e cominciò a correre per i campi
and began to run across the fields
Gli assassini gli correvano dietro come due cani che inseguono una lepre
The assassins ran after him like two dogs chasing a hare
e quello che aveva perso una zampa correva su una gamba sola

and the one who had lost a paw ran on one leg
e nessuno ha mai saputo come ci fosse riuscito
and no one ever knew how he managed it
Dopo una corsa di qualche chilometro Pinocchio non poté più correre
After a race of some miles Pinocchio could run no more
Pensava che la sua situazione fosse persa
he thought his situation was lost
Si arrampicò sul tronco di un pino molto alto
he climbed the trunk of a very high pine tree
e si sedette sui rami più alti
and he seated himself in the topmost branches
Gli assassini tentarono di inseguirlo
The assassins attempted to climb after him
Quando arrivarono a metà dell'albero, scivolarono di nuovo giù
when they reached half-way up the tree they slid down again
e arrivarono a terra con la pelle sfiorata
and they arrived on the ground with their skin grazed
Ma non si sono arresi così facilmente
But they didn't give up so easily
Accatastarono un po' di legna secca sotto il pino
they piled up some dry wood beneath the pine
e poi diedero fuoco alla legna
and then they set fire to the wood
Molto rapidamente il pino cominciò a bruciare più in alto
very quickly the pine began to burn higher
come una candela soffiata dal vento
like a candle blown by the wind
Pinocchio vide le fiamme salire sempre più in alto
Pinocchio saw the flames rising higher and higher
Non voleva finire la sua vita come un piccione arrosto
he did not wish to end his life like a roasted pigeon
Così fece un salto stupendo dalla cima dell'albero
so he made a stupendous leap from the top of the tree
e correva per i campi e le vigne
and he ran across the fields and vineyards

Gli assassini lo seguirono di nuovo
The assassins followed him again
e lo seguirono senza arrendersi
and they kept behind him without giving up
Il giorno cominciava a spuntare e lo stavano ancora inseguendo
The day began to break and they were still pursuing him
All'improvviso Pinocchio trovò la strada sbarrata da un fosso
Suddenly Pinocchio found his way barred by a ditch
Era pieno di acqua stagnante del colore del caffè
it was full of stagnant water the colour of coffee
Che cosa doveva fare ora il nostro Pinocchio?
What was our Pinocchio to do now?
"Uno! Due! tre!" gridò il burattino
"One! two! three!" cried the puppet
Correndo di corsa, balzò dall'altra parte
making a rush, he sprang to the other side
Gli assassini cercarono anche di saltare il fosso
The assassins also tried to jump over the ditch
ma non avevano misurato la distanza
but they had not measured the distance
Splish splash! caddero in mezzo al fosso
splish splash! they fell into the middle of the ditch

Pinocchio udì il tuffo e lo schizzo
Pinocchio heard the plunge and the splashing
"Un bel bagno a voi, signori assassini"
"A fine bath to you, gentleman assassins"
E si convinse che erano annegati
And he felt convinced that they were drowned
ma è bene che Pinocchio abbia guardato dietro di sé
but it's good that Pinocchio did look behind him
perché i suoi due assassini non erano annegati
because his two assassins had not drowned
I due assassini erano usciti di nuovo dall'acqua
the two assassins had got out the water again
e tutti e due continuavano a corrergli dietro
and they were both still running after him
Erano ancora avvolti nei loro sacchi
they were still enveloped in their sacks

e l'acqua gocciolava da loro
and the water was dripping from them
come se fossero stati due cesti vuoti
as if they had been two hollow baskets

Gli assassini impiccano Pinocchio alla grande quercia
The Assassins Hang Pinocchio to the Big Oak Tree

A questa vista, il coraggio del burattino gli venne meno
At this sight, the puppet's courage failed him
Era sul punto di gettarsi a terra
he was on the point of throwing himself on the ground
e voleva darsi per perduto
and he wanted to give himself over for lost
Volse lo sguardo in ogni direzione
he turned his eyes in every direction
Vide una casetta bianca come la neve
he saw a small house as white as snow
"Se solo avessi fiato per raggiungere quella casa"
"If only I had breath to reach that house"
"forse allora potrei essere salvato"
"perhaps then I might be saved"
Senza indugiare un istante ricominciò a correre
without delaying an instant he recommenced running
il povero Pinocchio correva per salvarsi la vita
poor little Pinocchio was running for his life
Corse attraverso il bosco con gli assassini che lo seguivano
he ran through the wood with the assassins after him
C'è stata una corsa disperata di quasi due ore
there was a desperate race of nearly two hours
e alla fine arrivò tutto trafelato alla porta
and finally he arrived quite breathless at the door
Bussò disperatamente alla porta di casa
he desperately knocked on the door of the house
ma nessuno rispose al bussare di Pinocchio
but no one answered Pinocchio's knock

Bussò di nuovo alla porta con grande violenza
He knocked at the door again with great violence
perché sentì il rumore di passi che si avvicinavano a lui
because he heard the sound of steps approaching him
e udì il pesante ansimare dei suoi persecutori
and he heard the the heavy panting of his persecutors
c'era lo stesso silenzio di prima
there was the same silence as before
Vide che bussare era inutile
he saw that knocking was useless
Così cominciò in preda alla disperazione a prendere a calci e a prendere a pugni la porta
so he began in desperation to kick and pommel the door
La finestra accanto alla porta si aprì
The window next to the door then opened
e un bellissimo Bambino apparve alla finestra
and a beautiful Child appeared at the window
La bella bambina aveva i capelli blu
the beautiful child had blue hair
e il suo viso era bianco come un'immagine di cera
and her face was as white as a waxen image
I suoi occhi erano chiusi come se stesse dormendo
her eyes were closed as if she was asleep
e le sue mani erano incrociate sul petto
and her hands were crossed on her breast
Senza muovere minimamente le labbra, parlò
Without moving her lips in the least, she spoke
"In questa casa non c'è nessuno, sono tutti morti"
"In this house there is no one, they are all dead"
e la sua voce sembrava provenire dall'altro mondo
and her voice seemed to come from the other world
ma Pinocchio gridava e piangeva e implorava
but Pinocchio shouted and cried and implored
"Allora almeno aprimi la porta"
"Then at least open the door for me"
"Anch'io sono morto", disse l'immagine di cera
"I am also dead," said the waxen image

«E allora che ci fai lì alla finestra?»
"Then what are you doing there at the window?"
"Sto aspettando di essere portato via"
"I am waiting to be taken away"
Detto questo, scomparve immediatamente
Having said this she immediately disappeared
e la finestra si richiuse senza il minimo rumore
and the window was closed again without the slightest noise
"Oh! bel Bambino dai capelli azzurri!» esclamò Pinocchio.
"Oh! beautiful Child with blue hair," cried Pinocchio"
"Aprite la porta, per pietà!"
"open the door, for pity's sake!"
"Abbi pietà di un povero ragazzo inseguito..."
"Have compassion on a poor boy pursued..."
Ma non riuscì a finire la frase
But he could not finish the sentence
perché si sentiva afferrato per il colletto
because he felt himself seized by the collar
Le stesse due orribili voci gli dissero minacciosamente:
the same two horrible voices said to him threateningly:
"Non sfuggirai più da noi!"
"You shall not escape from us again!"
"Non sfuggirai", ansimò il piccolo assassino
"You shall not escape," panted the little assassin
Il burattino vide che la morte lo stava fissando in faccia
The puppet saw death was staring him in the face
Fu colto da un violento attacco di tremito
he was taken with a violent fit of trembling
Le giunture delle sue gambe di legno cominciarono a scricchiolare
the joints of his wooden legs began to creak
e le monete nascoste sotto la sua lingua cominciarono a tintinnare
and the coins hidden under his tongue began to clink
«Aprirete la bocca, sì o no?» chiesero gli assassini
"will you open your mouth—yes or no?" demanded the assassins

"Ah! Nessuna risposta? Lascia fare a noi"
"Ah! no answer? Leave it to us"
"Questa volta ti costringeremo ad aprirlo!"
"this time we will force you to open it!"
"Ti costringeremo", ripeté il secondo assassino
"we will force you," repeated the second assassin
E tirarono fuori due lunghi, orribili coltelli
And they drew out two long, horrid knives
e i coltelli erano affilati come rasoi
and the knifes were as sharp as razors
Hanno tentato di pugnalarlo due volte
they attempted to stab him twice
Ma il burattino è stato fortunato sotto un aspetto
but the puppet was lucky in one regard
Era stato fatto di legno molto duro
he had been made from very hard wood
i coltelli si ruppero in mille pezzi
the knives broke into a thousand pieces
E agli assassini sono rimaste solo le maniglie
and the assassins were left with just the handles
Per un attimo poterono solo fissarsi l'un l'altro
for a moment they could only stare at each other
"Capisco cosa dobbiamo fare", disse uno di loro
"I see what we must do," said one of them
"Deve essere impiccato! Impicchiamolo!"
"He must be hung! Let us hang him!"
«Impicchiamolo!» ripeté l'altro
"Let us hang him!" repeated the other
Senza perdere tempo gli legarono le braccia dietro la schiena
Without loss of time they tied his arms behind him
e gli passarono un cappio intorno alla gola
and they passed a running noose round his throat
e lo appesero al ramo della Grande Quercia
and they hung him to the branch of the Big Oak
Poi si sedettero sull'erba a guardare Pinocchio
They then sat down on the grass watching Pinocchio
e aspettavano che la sua lotta finisse

and they waited for his struggle to end
ma erano già passate tre ore
but three hours had already passed
Gli occhi del burattino erano ancora aperti
the puppet's eyes were still open
la sua bocca era chiusa come prima
his mouth was closed just as before
e scalciava più che mai
and he was kicking more than ever
Alla fine avevano perso la pazienza con lui
they had finally lost their patience with him
si volsero a Pinocchio e parlarono in tono scherzoso
they turned to Pinocchio and spoke in a bantering tone
"Addio Pinocchio, ci rivediamo domani"
"Good-bye Pinocchio, see you again tomorrow"
"Spero che tu sia così gentile da essere morto"
"hopefully you'll be kind enough to be dead"
"E spero che tu abbia la bocca spalancata"
"and hopefully you will have your mouth wide open"
E se ne andarono in un'altra direzione
And they walked off in a different direction
Nel frattempo un vento da nord cominciò a soffiare e a ruggire
In the meantime a northerly wind began to blow and roar
e il vento batteva il povero burattino da una parte all'altra
and the wind beat the poor puppet from side to side

il vento lo faceva dondolare violentemente
the wind made him swing about violently
come il tintinnio di una campana che suona per un matrimonio
like the clatter of a bell ringing for a wedding
E l'altalena gli procurava spasmi atroci
And the swinging gave him atrocious spasms
e il cappio si stringeva sempre di più intorno alla sua gola
and the noose became tighter and tighter around his throat
e alla fine gli tolse il respiro
and finally it took away his breath
A poco a poco i suoi occhi cominciarono ad offuscarsi
Little by little his eyes began to grow dim
Sentiva che la morte era vicina
he felt that death was near
ma Pinocchio non perse mai la speranza
but Pinocchio never gave up hope
"Forse qualche persona caritatevole verrà in mio aiuto"
"perhaps some charitable person will come to my assistance"
Ma lui aspettò, aspettò e aspettò
But he waited and waited and waited
E alla fine non è venuto nessuno, assolutamente nessuno
and in the end no one came, absolutely no one
Poi si ricordò del suo povero padre
then he remembered his poor father
Pensando di morire, balbettò
thinking he was dying, he stammered out
"Oh, papà! papà! Se solo tu fossi qui!"
"Oh, papa! papa! if only you were here!"
Gli mancava il respiro e non riusciva a dire altro
His breath failed him and he could say no more
Chiuse gli occhi e aprì la bocca
He shut his eyes and opened his mouth
e stese le braccia e le gambe
and he stretched out his arms and legs
Diede un ultimo lungo brivido

he gave one final long shudder
e poi pendeva rigido e insensibile
and then he hung stiff and insensible

La bella bambina salva il burattino
The Beautiful Child Rescues the Puppet

il povero Pinocchio era ancora appeso alla Quercia Grande
poor Pinocchio was still suspended from the Big Oak tree
ma a quanto pare Pinocchio era più morto che vivo
but apparently Pinocchio was more dead than alive
il bel Bambino dai capelli azzurri si avvicinò di nuovo alla finestra
the beautiful Child with blue hair came to the window again
Vide l'infelice burattino appeso per la gola
she saw the unhappy puppet hanging by his throat
Lo vide danzare su e giù nelle raffiche di vento
she saw him dancing up and down in the gusts of the wind
ed ella fu mossa a compassione per lui
and she was moved by compassion for him
La bella bambina congiunse le mani
the beautiful child struck her hands together
e diede tre piccoli applausi
and she gave three little claps
Si udì un rumore di ali che volavano rapidamente
there came a sound of wings flying rapidly
un grosso Falcon volò sul davanzale della finestra
a large Falcon flew on to the window-sill

"Quali sono i tuoi ordini, graziosa Fata?" chiese
"What are your orders, gracious Fairy?" he asked
e inclinò il becco in segno di riverenza
and he inclined his beak in sign of reverence
"Vedi quel burattino che penzola dall'albero della Grande Quercia?"
"Do you see that puppet dangling from the Big Oak tree?"
«Lo vedo» confermò il falco
"I see him," confirmed the falcon
"Vola subito da lui", gli ordinò
"Fly over to him at once," she ordered him
"Usa il tuo forte becco per rompere il nodo"
"use your strong beak to break the knot"
"Stenderlo dolcemente sull'erba ai piedi dell'albero"
"lay him gently on the grass at the foot of the tree"
Il Falcon volò via per eseguire i suoi ordini
The Falcon flew away to carry out his orders
e dopo due minuti tornò dal bambino
and after two minutes he returned to the child
"Ho fatto come mi hai comandato"
"I have done as you commanded"
"E come l'hai trovato?"
"And how did you find him?"
"quando l'ho visto per la prima volta sembrava morto"
"when I first saw him he appeared dead"
"Ma non poteva essere del tutto morto"

"but he couldn't really have been entirely dead"
"Gli ho allentato il cappio intorno alla gola"
"I loosened the noose around his throat"
"E poi fece un sospiro sommesso"
"and then he gave soft a sigh"
"Mi mormorò con un filo di voce"
"he muttered to me in a faint voice"
"'Ora mi sento meglio!' disse"
"'Now I feel better!' he said"
La Fata allora congiunse le mani due volte
The Fairy then struck her hands together twice
non appena lo fece apparve un magnifico barboncino
as soon as she did this a magnificent Poodle appeared
Il barboncino camminava eretto sulle zampe posteriori
the poodle walked upright on his hind legs
Era esattamente come se fosse stato un uomo
it was exactly as if he had been a man
Indossava la livrea da cocchiere
He was in the full-dress livery of a coachman
In testa aveva un berretto a tre punte intrecciato d'oro
On his head he had a three-cornered cap braided with gold
la sua parrucca bianca e riccia gli scendeva sulle spalle
his curly white wig came down on to his shoulders
Aveva un panciotto con colletto color cioccolato e bottoni di diamanti
he had a chocolate-collared waistcoat with diamond buttons
e aveva due grandi tasche per contenere le ossa
and he had two large pockets to contain bones
le ossa che la sua padrona gli ha regalato a cena
the bones that his mistress gave him at dinner
Aveva anche un paio di calzoni corti di velluto cremisi
he also had a pair of short crimson velvet breeches
e indossava delle calze di seta
and he wore some silk stockings
e indossava eleganti scarpe di pelle italiana
and he wore smart Italian leather shoes
Appeso dietro di lui c'era una specie di custodia per ombrelli

hanging behind him was a species of umbrella case
La custodia dell'ombrello era in raso blu
the umbrella case was made of blue satin
Ci metteva la coda quando pioveva
he put his tail into it when the weather was rainy
"Sbrigati, Medoro, come un buon cane!"
"Be quick, Medoro, like a good dog!"
e la fata diede i comandi al suo barboncino
and the fairy gave her poodle the commands
"Prendi la carrozza più bella imbragata"
"get the most beautiful carriage harnessed"
"E avere la carrozza che aspetta nella mia rimessa"
"and have the carriage waiting in my coach-house"
"E vai lungo la strada per la foresta"
"and go along the road to the forest"
"Quando arriverai alla Grande Quercia troverai un povero burattino"
"When you come to the Big Oak tree you will find a poor puppet"
"Sarà disteso sull'erba mezzo morto"
"he will be stretched on the grass half dead"
"Dovrai prenderlo in braccio con delicatezza"
"you will have to pick him up gently"
"Sdraialo sui cuscini della carrozza"
"lay him flat on the cushions of the carriage"
"Quando avrai fatto questo, portalo qui da me"
"when you have done this bring him here to me"
«Capisci?» chiese un'ultima volta
"Do you understand?" she asked one last time
Il barboncino dimostrò di aver capito
The Poodle showed that he had understood
Scosse tre o quattro volte la cassa di raso blu
he shook the case of blue satin three or four times
e poi corse via come un cavallo da corsa
and then he ran off like a race-horse
Presto una bella carrozza uscì dalla rimessa delle carrozze
soon a beautiful carriage came out of the coach-house

I cuscini erano imbottiti di piume di canarino
The cushions were stuffed with canary feathers
La carrozza era rivestita all'interno di panna montata
the carriage was lined on the inside with whipped cream
e crema pasticcera e cialde alla vaniglia hanno fatto la seduta
and custard and vanilla wafers made the seating
La carrozza era trainata da un centinaio di topi bianchi
The little carriage was drawn by a hundred white mice
e il barboncino era seduto sul cassone della carrozza
and the Poodle was seated on the coach-box
Fece schioccare la frusta da una parte all'altra
he cracked his whip from side to side
come un autista quando ha paura di essere in ritardo
like a driver when he is afraid that he is behind time
Passò meno di un quarto d'ora
less than a quarter of an hour passed
e la carrozza tornò a casa
and the carriage returned to the house
La Fata stava aspettando alla porta di casa
The Fairy was waiting at the door of the house
Prese tra le braccia il povero burattino
she took the poor puppet in her arms
e lo condusse in una stanzetta
and she carried him into a little room
La stanza era rivestita in legno di madreperla
the room was wainscoted with mother-of-pearl
Chiamò i medici più famosi del quartiere
she called for the most famous doctors in the neighbourhood
Arrivarono subito, uno dopo l'altro
They came immediately, one after the other
un corvo, un gufo e un grilletto parlante
a Crow, an Owl, and a talking little cricket
"Vorrei sapere qualcosa da voi, signori," disse la Fata
"I wish to know something from you, gentlemen," said the Fairy
"Questo sfortunato burattino è vivo o morto?"
"is this unfortunate puppet alive or dead?"

il Corvo cominciò a tastare il polso di Pinocchio
the Crow started by feeling Pinocchio's pulse
Poi si toccò il naso e il mignolo
he then felt his nose and his little toe
Fece con cura la sua diagnosi del burattino
he carefully made his diagnosis of the puppet
e poi pronunciò solennemente le seguenti parole:
and then he solemnly pronounced the following words:
"A mio avviso il burattino è già morto"
"To my belief the puppet is already dead"
"Ma c'è sempre la possibilità che sia ancora vivo"
"but there is always the chance he's still alive"
"Mi dispiace," disse il Gufo, "di contraddire il Corvo"
"I regret," said the Owl, "to contradict the Crow"
"Mio illustre amico e collega"
"my illustrious friend and colleague"
"Secondo me il burattino è ancora vivo"
"in my opinion the puppet is still alive"
"Ma c'è sempre la possibilità che sia già morto"
"but there's always a chance he's already dead"
infine la Fata chiese al Grillo parlante
lastly the Fairy asked the talking little Cricket
"E tu, non hai niente da dire?"
"And you, have you nothing to say?"
"Non sempre i medici sono chiamati a parlare"
"doctors are not always called upon to speak"
"A volte la cosa più saggia è tacere"
"sometimes the wisest thing is to be silent"
"ma lascia che ti dica quello che so"
"but let me tell you what I know"
"Quel burattino ha una faccia che non è nuova per me"
"that puppet has a face that is not new to me"
"Lo conosco da un po' di tempo!"
"I have known him for some time!"
Pinocchio era rimasto immobile fino a quel momento
Pinocchio had lain immovable up to that moment
Era proprio come un vero pezzo di legno

he was just like a real piece of wood
ma poi fu colto da un attacco di tremito convulso
but then he was seized with a fit of convulsive trembling
e tutto il letto tremava per il suo tremito
and the whole bed shook from his shaking
il piccolo Grillo parlante continuava a parlare
the talking little Cricket continued talking
"Quel burattino lì è un furfante confermato"
"That puppet there is a confirmed rogue"
Pinocchio aprì gli occhi, ma li richiuse subito
Pinocchio opened his eyes, but shut them again immediately
"È un vagabondo buono a nulla"
"He is a good for nothing ragamuffin vagabond"
Pinocchio nascose il viso sotto i vestiti
Pinocchio hid his face beneath the clothes
"Quel burattino lì è un figlio disubbidiente"
"That puppet there is a disobedient son"
"Farà morire di crepacuore il suo povero padre!"
"he will make his poor father die of a broken heart!"
In quell'istante tutti poterono sentire qualcosa
At that instant everyone could hear something
Si udì un suono soffocato di singhiozzi e pianti
suffocated sound of sobs and crying was heard
I dottori hanno sollevato un po' le lenzuola
the doctors raised the sheets a little
Immaginate il loro stupore quando videro Pinocchio
Imagine their astonishment when they saw Pinocchio
Il Corvo fu il primo a dare il suo parere medico
the crow was the first to give his medical opinion
"Quando un morto piange è sulla via della guarigione"
"When a dead person cries he's on the road to recovery"
Ma il gufo era di un'opinione medica diversa
but the owl was of a different medical opinion
"Mi duole contraddire il mio illustre amico"
"I grieve to contradict my illustrious friend"
"Quando il morto piange vuol dire che gli dispiace morire"
"when the dead person cries it means he's is sorry to die"

Pinocchio si rifiuta di prendere la sua medicina
Pinocchio Refuses to Take his Medicine

I medici avevano fatto tutto il possibile
The doctors had done all that they could
così lasciarono Pinocchio con la fata
so they left Pinocchio with the fairy
la Fata toccò la fronte di Pinocchio
the Fairy touched Pinocchio's forehead
Si vedeva che aveva la febbre alta
she could tell that he had a high fever
la Fata sapeva esattamente cosa regalare a Pinocchio
the Fairy knew exactly what to give Pinocchio
sciolse una polvere bianca in un po' d'acqua
she dissolved a white powder in some water
e offrì a Pinocchio il bicchiere d'acqua
and she offered Pinocchio the tumbler of water
E lei lo rassicurò che tutto sarebbe andato bene
and she reassured him that everything would fine
"Bevilo e in pochi giorni sarai guarito"
"Drink it and in a few days you will be cured"
Pinocchio guardò il bicchiere della medicina
Pinocchio looked at the tumbler of medicine
e fece una smorfia ironica alla medicina
and he made a wry face at the medicine
«È dolce o amaro?» chiese con tono lamentoso
"Is it sweet or bitter?" he asked plaintively
"È amaro, ma ti farà bene"
"It is bitter, but it will do you good"
"Se è amaro, non lo berrò"
"If it is bitter, I will not drink it"
"Ascoltami," disse la Fata, "bevi"
"Listen to me," said the Fairy, "drink it"
"Non mi piace niente di amaro", obiettò
"I don't like anything bitter," he objected
"Ti darò una zolletta di zucchero"
"I will give you a lump of sugar"

"Toglierà l'amaro"
"it will take away the bitter taste"
"Ma prima devi bere la tua medicina"
"but first you have to drink your medicine"
"Dov'è la zolletta di zucchero?" chiese Pinocchio
"Where is the lump of sugar?" asked Pinocchio
"Ecco la zolletta di zucchero" disse la Fata
"Here is the lump of sugar," said the Fairy
e ne tirò fuori un pezzo da una zuccheriera d'oro
and she took out a piece from a gold sugar-basin
"Per favore, dammi prima la zolletta di zucchero"
"please give me the lump of sugar first"
"e allora berrò quell'acqua cattiva e amara"
"and then I will drink that bad bitter water"
«Me lo prometti?» domandò a Pinocchio
"Do you promise me?" she asked Pinocchio
— Sì, te lo prometto, — rispose Pinocchio
"Yes, I promise," answered Pinocchio
così la Fata diede a Pinocchio il pezzetto di zucchero
so the Fairy gave Pinocchio the piece of sugar
e Pinocchio sgranocchiò lo zucchero e lo inghiottì
and Pinocchio crunched up the sugar and swallowed it
Si leccò le labbra e si godette il sapore
he licked his lips and enjoyed the taste
"Sarebbe una bella cosa se lo zucchero fosse una medicina!"
"It would be a fine thing if sugar were medicine!"
"allora prendevo medicine tutti i giorni"
"then I would take medicine every day"
la Fata non aveva dimenticato la promessa di Pinocchio
the Fairy had not forgotten Pinocchio's promise
"Mantieni la tua promessa e bevi questa medicina"
"keep your promise and drink this medicine"
"Ti riporterà in salute"
"it will restore you back to health"
Pinocchio prese il bicchiere controvoglia
Pinocchio took the tumbler unwillingly
Appoggiò la punta del naso sul bicchiere

he put the point of his nose to the tumbler
e si portò il bicchiere alle labbra
and he lowered the tumbler to his lips
e poi di nuovo ci mise il naso
and then again he put his nose to it
e alla fine disse: "È troppo amaro!"
and at last he said, "It is too bitter!"
"Non posso bere niente di così amaro"
"I cannot drink anything so bitter"
"Non sai ancora se non puoi", disse la Fata
"you don't know yet if you can't," said the Fairy
"Non l'hai ancora assaggiato"
"you have not even tasted it yet"
"Posso immaginare che sapore avrà!"
"I can imagine how it's going to taste!"
— Lo riconosco dall'odore, — obiettò Pinocchio
"I know it from the smell," objected Pinocchio
"prima voglio un'altra zolletta di zucchero per favore"
"first I want another lump of sugar please"
"E poi prometto che lo berrò!"
"and then I promise that will drink it!"
La Fata aveva tutta la pazienza di una brava mamma
The Fairy had all the patience of a good mamma
e gli mise un'altra zolletta di zucchero in bocca
and she put another lump of sugar in his mouth
E di nuovo, gli presentò il bicchiere
and again, she presented the tumbler to him
"Non riesco ancora a berlo!" disse il burattino
"I still cannot drink it!" said the puppet
e Pinocchio fece mille smorfie
and Pinocchio made a thousand grimaced faces
"Perché non puoi berlo?" chiese la fata
"Why can't you drink it?" asked the fairy
"Perché quel cuscino ai piedi mi dà fastidio"
"Because that pillow on my feet bothers me"
La Fata gli tolse il cuscino dai piedi
The Fairy removed the pillow from his feet

Pinocchio si scusò di nuovo
Pinocchio excused himself again

"Ho fatto del mio meglio, ma non mi ha aiutato"
"I've tried my best but it doesn't help me"

"Anche senza il cuscino non posso berlo"
"Even without the pillow I cannot drink it"

"Che cosa c'è adesso?" chiese la fata
"What is the matter now?" asked the fairy

"La porta della stanza è semiaperta"
"The door of the room is half open"

"Mi dà fastidio quando le porte sono socchiuse"
"it bothers me when doors are half open"

La Fata andò a chiudere la porta a Pinocchio
The Fairy went and closed the door for Pinocchio

Ma questo non è servito a nulla, ed è scoppiato in lacrime
but this didn't help, and he burst into tears

"Non berrò quell'acqua amara, no, no, no!"
"I will not drink that bitter water—no, no, no!"

"Ragazzo mio, te ne pentirai se non lo fai"
"My boy, you will repent it if you don't"

"Non mi interessa se me ne pento", rispose
"I don't care if I will repent it," he replied

"La tua malattia è seria", avvertì la Fata
"Your illness is serious," warned the Fairy

"Non mi interessa se la mia malattia è grave"
"I don't care if my illness is serious"

"La febbre ti porterà nell'altro mondo"
"The fever will carry you into the other world"

"Allora lascia che la febbre mi porti nell'altro mondo"
"then let the fever carry me into the other world"

"Non hai paura della morte?"
"Are you not afraid of death?"

"Non ho la minima paura della morte!"
"I am not in the least afraid of death!"

"Preferirei morire piuttosto che bere una medicina amara"
"I would rather die than drink bitter medicine"

In quel momento la porta della stanza si spalancò

At that moment the door of the room flew open
Quattro conigli neri come l'inchiostro entrarono nella stanza
four rabbits as black as ink entered the room
Sulle spalle portavano un po' di bara
on their shoulders they carried a little bier

«**Che cosa vuoi da me?**» **gridò Pinocchio**
"What do you want with me?" cried Pinocchio
e si mise a sedere sul letto in preda a un grande spavento
and he sat up in bed in a great fright
"Siamo venuti a prenderti", disse il coniglio più grande
"We have come to take you," said the biggest rabbit

"Non puoi ancora prendermi; Io non sono morto"
"you cannot take me yet; I am not dead"
"Dove pensi di portarmi?"
"where are you planning to take me to?"
"No, non sei ancora morto", confermò il coniglio
"No, you are not dead yet," confirmed the rabbit
"ma ti restano solo pochi minuti di vita"
"but you have only a few minutes left to live"
"Perché hai rifiutato l'amara medicina"
"because you refused the bitter medicine"
"L'amara medicina avrebbe curato la tua febbre"
"the bitter medicine would have cured your fever"
"Oh, Fata, Fata!" cominciò a gridare il burattino
"Oh, Fairy, Fairy!" the puppet began to scream
"Dammi subito il bicchiere", lo supplicò
"give me the tumbler at once," he begged
"Sbrigati, per pietà, non voglio morire"
"be quick, for pity's sake, I do not want die"
"No, oggi non morirò"
"no, I will not die today"
Pinocchio prese il bicchiere con entrambe le mani
Pinocchio took the tumbler with both hands

e svuotò l'acqua un solo grande sorso
and he emptied the water one one big gulp
"Dobbiamo avere pazienza!" dissero i conigli
"We must have patience!" said the rabbits
"Questa volta abbiamo fatto il nostro viaggio invano"
"this time we have made our journey in vain"
Presero di nuovo la piccola bara sulle spalle
they took the little bier on their shoulders again
e lasciarono la stanza per tornare da dove erano venuti
and they left the room back to where they came from
e brontolavano e mormoravano tra i denti
and they grumbled and murmured between their teeth
La guarigione di Pinocchio non tardò ad arrivare
Pinocchio's recovery did not take long at all
Pochi minuti dopo saltò giù dal letto
a few minutes later he jumped down from the bed
Le marionette di legno hanno un privilegio speciale
wooden puppets have a special privilege
Raramente si ammalano gravemente come noi
they seldom get seriously ill like us
E sono fortunati ad essere curati molto rapidamente
and they are lucky to be cured very quickly
"La mia medicina ti ha fatto bene?" chiese la fata
"has my medicine done you good?" asked the fairy
"La tua medicina mi ha fatto più che bene"
"your medicine has done me more than good"
"La tua medicina mi ha salvato la vita"
"your medicine has saved my life"
"Perché non hai preso prima la tua medicina?"
"why didn't you take your medicine sooner?"
"Ebbene, Fata, noi ragazzi siamo tutti così!"
"Well, Fairy, we boys are all like that!"
"Abbiamo più paura della medicina che della malattia"
"We are more afraid of medicine than of the illness"
"Vergognoso!" esclamò la fata indignata
"Disgraceful!" cried the fairy in indignation
"I ragazzi dovrebbero conoscere il potere della medicina"

"Boys ought to know the power of medicine"
"Un buon rimedio può salvarli da una grave malattia"
"a good remedy may save them from a serious illness"
"E forse ti salva anche dalla morte"
"and perhaps it even saves you from death"
"la prossima volta non avrò bisogno di tanta persuasione"
"next time I shall not require so much persuasion"
"Mi ricorderò di quei conigli neri"
"I shall remember those black rabbits"
"e mi ricorderò della bara sulle loro spalle"
"and I shall remember the bier on their shoulders"
"E poi prenderò subito il bicchiere"
"and then I shall immediately take the tumbler"
"E berrò tutta la medicina in una volta sola!"
"and I will drink all the medicine in one go!"
La Fata fu contenta delle parole di Pinocchio
The Fairy was happy with Pinocchio's words
"Ora, vieni qui da me e siediti sulle mie ginocchia"
"Now, come here to me and sit on my lap"
"E dimmi tutto sugli assassini"
"and tell me all about the assassins"
"Come hai fatto a rimanere appeso alla grande quercia?"
"how did you end up hanging from the big Oak tree?"
E Pinocchio ordinò tutti gli avvenimenti che accaddero
And Pinocchio ordered all the events that happened
"Vedete, c'era un direttore del circo; Mangiafuoco"
"You see, there was a ringmaster; Fire-eater"
"Mangiafuoco mi ha dato delle monete d'oro"
"Fire-eater gave me some gold pieces"
"Mi ha detto di portare l'oro a mio padre"
"he told me to take the gold to my father"
"ma non ho portato l'oro direttamente a mio padre"
"but I didn't take the gold straight to my father"
"sulla strada di casa ho incontrato una volpe e un gatto"
"on the way home I met a Fox and a Cat"
"mi hanno fatto un'offerta che non potevo rifiutare"
"they made me an offer I couldn't refuse"

"Vorresti che quei pezzi d'oro si moltiplicassero?"
'Would you like those pieces of gold to multiply?'
"'Vieni con noi e', dissero"
"'Come with us and,' they said"
'ti porteremo al Campo dei Miracoli'
'we will take you to the Field of Miracles'
"E io dissi: 'Andiamo al Campo dei Miracoli'"
"and I said, 'Let's go to the Field of Miracles'"
"Ed essi dissero: 'Fermiamoci in questa locanda'"
"And they said, 'Let us stop at this inn'"
"e ci siamo fermati al Red Craw-Fish in"
"and we stopped at the Red Craw-Fish in"
"Tutti noi siamo andati a dormire dopo aver mangiato"
"all of us went to sleep after our food"
"quando mi sono svegliato non c'erano più"
"when I awoke they were no longer there"
"Perché dovevano andarsene prima di me"
"because they had to leave before me"
"Poi ho cominciato a viaggiare di notte"
"Then I began to travel by night"
"Non puoi immaginare quanto fosse buio"
"you cannot imagine how dark it was"
"è stato allora che ho incontrato i due assassini"
"that's when I met the two assassins"
"E indossavano sacchi di carbone"
"and they were wearing charcoal sacks"
"Mi hanno detto: 'Fuori i tuoi soldi'"
"they said to me: 'Out with your money'"
"E io dissi loro: 'Non ho soldi'"
"and I said to them, 'I have no money'"
"perché avevo nascosto le quattro monete d'oro"
"because I had hidden the four gold pieces"
"Avevo messo i soldi in bocca"
"I had put the money in my mouth"
"Uno ha cercato di mettermi la mano in bocca"
"one tried to put his hand in my mouth"
"e gli ho morso la mano e l'ho sputa"

"and I bit his hand off and spat it out"
"ma invece di una mano era una zampa di gatto"
"but instead of a hand it was a cat's paw"
"E poi gli assassini mi sono corsi dietro"
"and then the assassins ran after me"
"e correvo e correvo più veloce che potevo"
"and I ran and ran as fast as I could"
"Ma alla fine mi hanno preso lo stesso"
"but in the end they caught me anyway"
"E mi hanno legato un cappio intorno al collo"
"and they tied a noose around my neck"
"e mi hanno appeso alla Grande Quercia"
"and they hung me from the Big Oak tree"
"Hanno aspettato che smettessi di muovermi"
"they waited for me to stop moving"
"ma non ho mai smesso di muovermi"
"but I never stopped moving at all"
"E poi mi hanno chiamato"
"and then they called up to me"
"Domani torneremo qui"
'Tomorrow we shall return here'
'Allora sarai morto con la bocca aperta'
'then you will be dead with your mouth open'
'E avremo l'oro sotto la tua lingua'
'and we will have the gold under your tongue'
la Fata era interessata alla storia
the Fairy was interested in the story
"E dove hai messo le monete d'oro?"
"And where have you put the pieces of gold now?"
«Li ho perduti!» disse Pinocchio, disonestamente
"I have lost them!" said Pinocchio, dishonestly
Aveva le monete d'oro in tasca
he had the pieces of gold in his pocket
come sapete Pinocchio aveva già il naso lungo
as you know Pinocchio already had a long nose
ma mentire gli fece crescere il naso ancora di più
but lying made his nose grow even longer

e il suo naso crebbe di altri due pollici
and his nose grew another two inches
"E dove hai perso l'oro?"
"And where did you lose the gold?"
"L'ho persa nel bosco", mentì di nuovo
"I lost it in the woods," he lied again
e anche il suo naso crebbe alla sua seconda bugia
and his nose also grew at his second lie
"Non preoccuparti dell'oro", disse la fata
"worry not about the gold," said the fairy
"Andremo nel bosco e troveremo il tuo oro"
"we will go to the woods and find your gold"
"Tutto ciò che si perde in quei boschi si ritrova sempre"
"all that is lost in those woods is always found"
Pinocchio era un po' confuso sulla sua situazione
Pinocchio got quite confused about his situation
"Ah! ora mi ricordo tutto", rispose
"Ah! now I remember all about it," he replied
"Non ho perso affatto i quattro pezzi d'oro"
"I didn't lose the four gold pieces at all"
"Ho appena ingoiato la tua medicina, vero?"
"I just swallowed your medicine, didn't I?"
"Ho ingoiato le monete con la medicina"
"I swallowed the coins with the medicine"
A questa audace menzogna il suo naso si allungò ancora di più
at this daring lie his nose grew even longer
ora Pinocchio non poteva muoversi in nessuna direzione
now Pinocchio could not move in any direction
Cercò di girarsi alla sua sinistra
he tried to turn to his left side
ma il suo naso colpì il letto e i vetri delle finestre
but his nose struck the bed and window-panes
Cercò di girarsi sul lato destro
he tried to turn to the right side
ma ora il suo naso sbatteva contro le pareti
but now his nose struck against the walls

e non riusciva nemmeno ad alzare la testa
and he could not raise his head either
perché il suo naso era lungo e appuntito
because his nose was long and pointy
e il suo naso avrebbe potuto colpire la Fata in un occhio
and his nose could have poke the Fairy in the eye
la Fata lo guardò e rise
the Fairy looked at him and laughed
Pinocchio era molto confuso sulla sua situazione
Pinocchio was very confused about his situation
Non sapeva perché gli fosse cresciuto il naso
he did not know why his nose had grown
"Di cosa stai ridendo?" chiese il burattino
"What are you laughing at?" asked the puppet
"Sto ridendo delle bugie che mi hai detto"
"I am laughing at the lies you've told me"
"Come fai a sapere che ho detto bugie?"
"how can you know that I have told lies?"
"Le bugie, mio caro ragazzo, si scoprono subito"
"Lies, my dear boy, are found out immediately"
"In questo mondo ci sono due tipi di menzogne"
"in this world there are two sorts of lies"
"Ci sono bugie che hanno le gambe corte"
"There are lies that have short legs"
"E ci sono bugie che hanno il naso lungo"
"and there are lies that have long noses"
"La tua bugia è una di quelle che ha il naso lungo"
"Your lie is one of those that has a long nose"
Pinocchio non sapeva dove nascondersi
Pinocchio did not know where to hide himself
Si vergognava che le sue bugie fossero state scoperte
he was ashamed of his lies being discovered
Cercò di correre fuori dalla stanza
he tried to run out of the room
ma non riuscì a fuggire
but he did not succeed at escaping
Il suo naso era diventato troppo lungo per sfuggire

his nose had gotten too long to escape
e non poteva più passare attraverso la porta
and he could no longer pass through the door

Pinocchio incontra di nuovo la volpe e il gatto
Pinocchio Meets the Fox and the Cat Again

la Fata capì l'importanza della lezione
the Fairy understood the importance of the lesson
Lasciò piangere il burattino per una buona mezz'ora
she let the puppet to cry for a good half-hour
il suo naso non riusciva più a passare attraverso la porta
his nose could no longer pass through the door
Dire bugie è la cosa peggiore che un ragazzo possa fare
telling lies is the worst thing a boy can do
E voleva che imparasse dai suoi errori
and she wanted him to learn from his mistakes
ma non poteva sopportare di vederlo piangere
but she could not bear to see him weeping
Si sentì piena di compassione per il burattino
she felt full of compassion for the puppet
Così batté di nuovo le mani
so she clapped her hands together again
un migliaio di grossi picchi volarono dalla finestra
a thousand large Woodpeckers flew in from the window
I picchi si posarono subito sul naso di Pinocchio
The woodpeckers immediately perched on Pinocchio's nose
e cominciarono a beccargli il naso con grande zelo
and they began to peck at his nose with great zeal
puoi immaginare la velocità di mille picchi
you can imagine the speed of a thousand woodpeckers
in men che non si dica il naso di Pinocchio era normale
within no time at all Pinocchio's nose was normal
Certo che vi ricordate che aveva sempre un grande naso
of course you remember he always had a big nose
"Che brava fata sei!" disse il burattino

"What a good Fairy you are," said the puppet
e Pinocchio si asciugò gli occhi pieni di lacrime
and Pinocchio dried his tearful eyes
"E quanto ti amo!" aggiunse
"and how much I love you!" he added
"Anch'io ti amo", rispose la Fata
"I love you also," answered the Fairy
"Se rimarrai con me, sarai il mio fratellino"
"if you remain with me you shall be my little brother"
"e io sarò la tua brava sorellina"
"and I will be your good little sister"
— Mi piacerebbe tanto restare, — disse Pinocchio
"I would like to remain very much," said Pinocchio
"ma devo tornare dal mio povero papà"
"but I have to go back to my poor papa"
"Ho pensato a tutto", disse la fata
"I have thought of everything," said the fairy
"L'ho già fatto sapere a tuo padre"
"I have already let your father know"
"E verrà qui stasera"
"and he will come here tonight"
«Davvero?» gridò Pinocchio, saltando di gioia
"Really?" shouted Pinocchio, jumping for joy
"Allora, piccola Fata, ho un desiderio"
"Then, little Fairy, I have a wish"
"Mi piacerebbe molto andare a conoscerlo"
"I would very much like to go and meet him"
"Voglio dare un bacio a quel povero vecchio"
"I want to give a kiss to that poor old man"
"Ha sofferto tanto per causa mia"
"he has suffered so much on my account"
"Vai, ma fai attenzione a non perdere la strada"
"Go, but be careful not to lose your way"
"Prendi la strada che passa attraverso il bosco"
"Take the road that goes through the woods"
"Sono sicuro che lo incontrerai lì"
"I am sure that you will meet him there"

Pinocchio si mise in cammino per il bosco
Pinocchio set out to go through the woods
Una volta nel bosco cominciò a correre come un bambino
once in the woods he began to run like a kid
Ma poi aveva raggiunto un certo punto nel bosco
But then he had reached a certain spot in the woods
era quasi di fronte alla Grande Quercia
he was almost in front of the Big Oak tree
Gli parve di sentire della gente tra i cespugli
he thought he heard people amongst the bushes
Infatti, due persone sono uscite sulla strada
In fact, two persons came out on to the road
Riuscite a indovinare chi fossero?
Can you guess who they were?
Erano i suoi due compagni di viaggio
they were his two travelling companions
davanti a lui c'erano la Volpe e il Gatto
in front of him was the Fox and the Cat
i suoi compagni che lo avevano portato alla locanda
his companions who had taken him to the inn

"Ecco il nostro caro Pinocchio!" esclamò la Volpe
"Why, here is our dear Pinocchio!" cried the Fox
e baciò e abbracciò il suo vecchio amico
and he kissed and embraced his old friend
"Come sei qui?" chiese la volpe
"How came you to be here?" asked the fox
«Come mai sei qui?» ripeté il Gatto
"How come you to be here?" repeated the Cat
"È una lunga storia", rispose il burattino
"It is a long story," answered the puppet
"Ti racconterò la storia quando avrò tempo"
"I will tell you the story when I have time"
"ma devo dirti cosa mi è successo"
"but I must tell you what happened to me"
"Lo sai che l'altra notte ho incontrato degli assassini?"
"do you know that the other night I met with assassins?"
"Assassini! Oh, povero Pinocchio!" si preoccupò la Volpe
"Assassins! Oh, poor Pinocchio!" worried the Fox
«E che cosa volevano?» chiese
"And what did they want?" he asked
"Volevano derubarmi delle mie monete d'oro"
"They wanted to rob me of my gold pieces"
«Criminali!» esclamò la Volpe
"Villains!" said the Fox
«Criminali infami!» ripeté il Gatto
"Infamous villains!" repeated the Cat
"Ma io sono scappato da loro", continuò il burattino
"But I ran away from them," continued the puppet
"Hanno fatto del loro meglio per prendermi"
"they did their best to catch me"
"E dopo un lungo inseguimento mi hanno preso"
"and after a long chase they did catch me"
"Mi hanno appeso a un ramo di quella quercia"
"they hung me from a branch of that oak tree"
E Pinocchio indicò la Quercia Grande
And Pinocchio pointed to the Big Oak tree
la Volpe rimase sconvolta da ciò che aveva udito

the Fox was appalled by what he had heard
«È possibile sentir parlare di qualcosa di più terribile?»
"Is it possible to hear of anything more dreadful?"
"In che mondo siamo condannati a vivere!"
"In what a world we are condemned to live!"
"Dove possono trovare un rifugio sicuro le persone rispettabili come noi?"
"Where can respectable people like us find a safe refuge?"
La conversazione andò avanti in questo modo per un po' di tempo
the conversation went on this way for some time
in questo tempo Pinocchio osservò qualcosa sul Gatto
in this time Pinocchio observed something about the Cat
la gatta era zoppa della zampa anteriore destra
the Cat was lame of her front right leg
In effetti, aveva perso la zampa e tutti i suoi artigli
in fact, she had lost her paw and all its claws
Pinocchio volle sapere che cosa fosse successo
Pinocchio wanted to know what had happened
"Che cosa hai fatto con la tua zampa?"
"What have you done with your paw?"
Il Gatto cercò di rispondere, ma rimase confuso
The Cat tried to answer, but became confused
la Volpe intervenne per spiegare cosa era successo
the Fox jumped in to explain what had happened
"Devi sapere che il mio amico è troppo modesto"
"you must know that my friend is too modest"
"La sua modestia è il motivo per cui di solito non parla"
"her modesty is why she doesn't usually speak"
"Allora lascia che ti racconti la storia per lei"
"so let me tell the story for her"
"Un'ora fa abbiamo incontrato un vecchio lupo sulla strada"
"an hour ago we met an old wolf on the road"
"Stava quasi svenendo per la mancanza di cibo"
"he was almost fainting from want of food"
"E ci ha chiesto l'elemosina"
"and he asked alms of us"

"Non avevamo nemmeno una lisca di pesce da dargli"
"we had not so much as a fish-bone to give him"
"Ma cosa ha fatto il mio amico?"
"but what did my friend do?"
"beh, ha davvero il cuore di un César"
"well, she really has the heart of a César"
"Si è staccata con un morso una zampa anteriore"
"She bit off one of her fore paws"
"E gettò la zampa alla povera bestia"
"and the threw her paw to the poor beast"
"per placare la sua fame"
"so that he might appease his hunger"
E la Volpe fu portata alle lacrime dalla sua storia
And the Fox was brought to tears by his story
Anche Pinocchio fu commosso dalla storia
Pinocchio was also touched by the story
avvicinandosi al Gatto, le sussurrò all'orecchio
approaching the Cat, he whispered into her ear
"Se tutti i gatti ti assomigliassero, come sarebbero fortunati i topi!"
"If all cats resembled you, how fortunate the mice would be!"
«E adesso, che ci fai qui?» chiese la Volpe
"And now, what are you doing here?" asked the Fox
"Sto aspettando il mio papà", rispose il burattino
"I am waiting for my papa," answered the puppet
"Mi aspetto che arrivi da un momento all'altro"
"I am expecting him to arrive at any moment now"
"E le tue monete d'oro?"
"And what about your pieces of gold?"
— Li ho in tasca, — confermò Pinocchio
"I have got them in my pocket," confirmed Pinocchio
anche se ha dovuto spiegare che aveva speso una moneta
although he had to explain that he had spent one coin
Il costo del loro pasto era arrivato a una moneta d'oro
the cost of their meal had come to one piece of gold
ma disse loro di non preoccuparsi di questo
but he told them not to worry about that

ma la Volpe e il Gatto se ne preoccuparono
but the Fox and the Cat did worry about it

"Perché non ascolti il nostro consiglio?"
"Why do you not listen to our advice?"

"Entro domani potresti averne uno o duemila!"
"by tomorrow you could have one or two thousand!"

"Perché non li seppellisci nel Campo dei Miracoli?"
"Why don't you bury them in the Field of Miracles?"

— Oggi è impossibile, — obiettò Pinocchio
"Today it is impossible," objected Pinocchio

"ma non ti preoccupare, me ne andrò un altro giorno"
"but don't worry, I will go another day"

"Un altro giorno sarà troppo tardi!" disse la Volpe
"Another day it will be too late!" said the Fox

«Perché è troppo tardi?» chiese Pinocchio
"Why would it be too late?" asked Pinocchio

"Perché il campo è stato comprato da un signore"
"Because the field has been bought by a gentleman"

"Dopo domani a nessuno sarà permesso di seppellire denaro lì"
"after tomorrow no one will be allowed to bury money there"

"Quanto è lontano il Campo dei Miracoli?"
"How far off is the Field of Miracles?"

"Dista meno di due miglia da qui"
"It is less than two miles from here"

«Vuoi venire con noi?» chiese la Volpe
"Will you come with us?" asked the Fox

"In mezz'ora possiamo essere lì"
"In half an hour we can be there"

"Puoi seppellire subito i tuoi soldi"
"You can bury your money straight away"

"E in pochi minuti raccoglierai duemila monete"
"and in a few minutes you will collect two thousand coins"

"E questa sera tornerai con le tasche piene"
"and this evening you will return with your pockets full"

«Vuoi venire con noi?» chiese di nuovo la Volpe
"Will you come with us?" the Fox asked again

Pinocchio pensò alla Fata buona
Pinocchio thought of the good Fairy
e Pinocchio pensò al vecchio Geppetto
and Pinocchio thought of old Geppetto
e si ricordò degli avvertimenti del grilletto parlante
and he remembered the warnings of the talking little cricket
e ha esitato un po' prima di rispondere
and he hesitated a little before answering
ormai sapete che razza di ragazzo è Pinocchio
by now you know what kind of boy Pinocchio is
Pinocchio è uno di quei ragazzi senza molto senno
Pinocchio is one of those boys without much sense
Terminò scuotendo un po' la testa
he ended by giving his head a little shake
e poi raccontò alla Volpe e al Gatto i suoi piani
and then he told the Fox and the Cat his plans
"Andiamo: verrò con te"
"Let us go: I will come with you"
e andarono al campo dei miracoli
and they went to the field of miracles
Camminarono per mezza giornata e raggiunsero una città
they walked for half a day and reached a town
la città era la trappola per i Blockheads
the town was the Trap for Blockheads
Pinocchio notò qualcosa di interessante in questa città
Pinocchio noticed something interesting about this town
Ovunque si guardasse c'erano cani
everywhere where you looked there were dogs
Tutti i cani sbadigliavano per la fame
all the dogs were yawning from hunger
e vide pecore tosate che tremavano di freddo
and he saw shorn sheep trembling with cold
anche i galletti chiedevano l'elemosina per il mais indiano
even the cockerels were begging for Indian corn
C'erano grandi farfalle che non potevano più volare
there were large butterflies that could no longer fly
perché avevano venduto le loro belle ali colorate

because they had sold their beautiful coloured wings
C'erano pavoni che si vergognavano di essere visti
there were peacocks that were ashamed to be seen
perché avevano venduto le loro belle code colorate
because they had sold their beautiful coloured tails
e i fagiani razzolavano in modo sommesso
and pheasants went scratching about in a subdued fashion
Erano in lutto per le loro piume d'oro e d'argento
they were mourning for their gold and silver feathers
La maggior parte erano mendicanti e creature vergognose
most were beggars and shamefaced creatures
ma tra loro passava qualche carrozza signorile
but among them some lordly carriage passed
le carrozze contenevano una Volpe, o una Gazza ladra
the carriages contained a Fox, or a thieving Magpie
o la carrozza sedeva qualche altro rapace famelico
or the carriage seated some other ravenous bird of prey
"E dov'è il Campo dei Miracoli?" chiese Pinocchio
"And where is the Field of Miracles?" asked Pinocchio
"E' qui, non a due passi da noi"
"It is here, not two steps from us"
Attraversarono la città e oltrepassarono un muro
They crossed the town and and went over a wall
e poi giunsero a un campo solitario
and then they came to a solitary field
"Eccoci", disse la Volpe al burattino
"Here we are," said the Fox to the puppet
"Ora chinati e scava con le mani una piccola buca"
"Now stoop down and dig with your hands a little hole"
"E metti le tue monete d'oro nel buco"
"and put your gold pieces into the hole"
Pinocchio obbedì a ciò che la volpe gli aveva detto
Pinocchio obeyed what the fox had told him
Scavò una buca e vi mise dentro le quattro monete d'oro
He dug a hole and put into it the four gold pieces
e poi riempì la buca con un po' di terra
and then he filled up the hole with a little earth

"Allora," disse la Volpe, "vai in quel canale vicino a noi"
"Now, then," said the Fox, "go to that canal close to us"
"Prendi un secchio d'acqua dal canale"
"fetch a bucket of water from the canal"
"Innaffia la terra dove hai seminato l'oro"
"water the ground where you have sowed the gold"
Pinocchio andò al canale senza secchio
Pinocchio went to the canal without a bucket
Non avendo un secchio, si tolse una delle sue vecchie scarpe
as he had no bucket, he took off one of his old shoes
e si riempì d'acqua la scarpa
and he filled his shoe with water
e poi innaffiò il terreno sopra la buca
and then he watered the ground over the hole
Poi ha chiesto: "C'è qualcos'altro da fare?
He then asked, "Is there anything else to be done?
"Non devi fare nient'altro", rispose la Volpe
"you need not do anything else," answered the Fox
"Non c'è bisogno che restiamo qui"
"there is no need for us to stay here"
"si può tornare in una ventina di minuti"
"you can return in about twenty minutes"
"E poi troverai un arbusto nel terreno"
"and then you will find a shrub in the ground"
"I rami dell'albero saranno carichi di denaro"
"the tree's branches will be loaded with money"
Il povero burattino era fuori di sé dalla gioia
The poor puppet was beside himself with joy
ringraziò mille volte la Volpe e il Gatto
he thanked the Fox and the Cat a thousand times
e promise loro tanti bei doni
and he promised them many beautiful presents
"Non desideriamo regali", risposero i due mascalzoni
"We wish for no presents," answered the two rascals
"Ci basta averti insegnato come arricchirti"
"It is enough for us to have taught you how to enrich yourself"
"Non c'è niente di peggio che vedere gli altri lavorare sodo"

"there is nothing worse than seeing others do hard work"
"E siamo felici come le persone che vanno in vacanza"
"and we are as happy as people out for a holiday"
Così dicendo, si congedarono da Pinocchio
Thus saying, they took leave of Pinocchio
e gli augurarono un buon raccolto
and they wished him a good harvest
E poi se ne andarono per i fatti loro
and then they went about their business

Pinocchio viene derubato dei suoi soldi
Pinocchio is Robbed of his Money

Il burattino tornò in città
The puppet returned to the town
e cominciò a contare i minuti uno per uno
and he began to count the minutes one by one
e ben presto pensò di aver contato abbastanza a lungo
and soon he thought he had counted long enough
così prese la strada che portava al Campo dei Miracoli
so he took the road leading to the Field of Miracles
E camminava con passi affrettati
And he walked along with hurried steps
e il suo cuore batteva forte per l'eccitazione
and his heart beat fast with great excitement
come un orologio da salotto che va molto bene
like a drawing-room clock going very well
Intanto pensava tra sé:
Meanwhile he was thinking to himself:
"E se non trovassi mille pezzi d'oro?"
"what if I don't find a thousand gold pieces?"
"E se invece trovassi duemila monete d'oro?"
"what if I find two thousand gold pieces instead?"
"E se non trovassi duemila monete d'oro?"
"but what if I don't find two thousand gold pieces?"
"E se trovassi cinquemila pezzi d'oro!"

"what if I find five thousand gold pieces!"
"E se trovassi centomila pezzi d'oro??"
"what if I find a hundred thousand gold pieces??"
"Oh! che bel gentiluomo diventerei allora!"
"Oh! what a fine gentleman I should then become!"
"Potrei vivere in un bel palazzo"
"I could live in a beautiful palace"
"e avrei mille cavallini di legno"
"and I would have a thousand little wooden horses"
"Una cantina piena di vino di ribes e sciroppi dolci"
"a cellar full of currant wine and sweet syrups"
"e una biblioteca piena di caramelle e crostate"
"and a library quite full of candies and tarts"
"e avrei plum-cake e amaretti"
"and I would have plum-cakes and macaroons"
"e vorrei biscotti con la panna"
"and I would have biscuits with cream"
camminava costruendo castelli nel cielo
he walked along building castles in the sky
e costruì molti di questi castelli nel cielo
and he build many of these castles in the sky
e alla fine arrivò ai margini del campo
and eventually he arrived at the edge of the field
e si fermò a guardarsi intorno in cerca di un albero
and he stopped to look about for a tree
C'erano altri alberi nel campo
there were other trees in the field
ma c'erano già stati quando se n'era andato
but they had been there when he had left
e non vide nessun albero di denaro in tutto il campo
and he saw no money tree in all the field
Camminò lungo il campo per un altro centinaio di passi
He walked along the field another hundred steps
ma non riusciva a trovare l'albero che cercava
but he couldn't find the tree he was looking for
Poi è entrato in campo
he then entered into the field

e salì al buchino
and he went up to the little hole
il buco dove aveva seppellito le sue monete
the hole where he had buried his coins
e guardò il buco con molta attenzione
and he looked at the hole very carefully
ma non c'era sicuramente nessun albero che cresceva lì
but there was definitely no tree growing there
Poi è diventato molto pensieroso
He then became very thoughtful
e dimentica le regole della società
and he forget the rules of society
E non gli importava nemmeno per un attimo delle buone maniere
and he didn't care for good manners for a moment
Tirò fuori le mani dalla tasca
he took his hands out of his pocket
e si diede un lungo grattacapo alla testa
and he gave his head a long scratch
In quel momento sentì scoppiare a ridere
At that moment he heard an explosion of laughter
Qualcuno vicino rideva a crepapelle
someone close by was laughing himself silly
Alzò lo sguardo verso uno degli alberi vicini
he looked up one of the nearby trees
vide un grosso pappagallo appollaiato su un ramo
he saw a large Parrot perched on a branch
Al pappagallo furono spazzolate le poche piume che gli erano rimaste
the parrot was brushed the few feathers he had left
— domandò Pinocchio al pappagallo con voce irritata;
Pinocchio asked the parrot in an angry voice;
"Perché sei qui a ridere così forte?"
"Why are you here laughing so loud?"
"Sto ridendo perché nel spazzolarmi le piume"
"I am laughing because in brushing my feathers"
"Stavo solo sfiorando un po' sotto le mie ali"

"I was just brushing a little under my wings"
"e mentre mi spazzolavo le piume mi facevo il solletico"
"and while brushing my feathers I tickled myself"
Il burattino non rispose al pappagallo
The puppet did not answer the parrot
invece Pinocchio andò al canale
but instead Pinocchio went to the canal
Riempì d'acqua la sua vecchia scarpa
he filled his old shoe full of water again
e procedette ad annaffiare ancora una volta la buca
and he proceeded to water the hole once more
Mentre era occupato a fare questo, sentì altre risate
While he was busy doing this he heard more laughter
La risata era ancora più impertinente di prima
the laughter was even more impertinent than before
risuonò nel silenzio di quel luogo solitario
it rang out in the silence of that solitary place
Pinocchio gridò ancora più arrabbiato di prima
Pinocchio shouted out even angrier than before
"Una volta per tutte, posso sapere di cosa stai ridendo?"
"Once for all, may I know what you are laughing at?"
"Sto ridendo dei sempliciotti", rispose il pappagallo
"I am laughing at simpletons," answered the parrot
"Sempliciotti che credono in sciocchezze
"simpletons who believe in foolish things
"le sciocchezze che la gente dice loro"
"the foolish things that people tell them"
"Rido di chi si lascia ingannare"
"I laugh at those who let themselves be fooled"
"ingannati da quelli più astuti di loro"
"fooled by those more cunning than they are"
«Stai forse parlando di me?»
"Are you perhaps speaking of me?"
"Sì, parlo di te, povero Pinocchio"
"Yes, I am speaking of you, poor Pinocchio"
"Hai creduto a una cosa molto sciocca"
"you have believed a very foolish thing"

"Credevi che il denaro potesse essere coltivato nei campi"
"you believed that money can be grown in fields"
"Pensavi che i soldi potessero crescere come i fagioli"
"you thought money can be grown like beans"
"Anch'io ci ho creduto una volta", ammise il pappagallo
"I also believed it once," admitted the parrot
"e oggi soffro per averci creduto"
"and today I am suffering for having believed it"
"ma ho imparato la lezione da quel trucco"
"but I have learned my lesson from that trick"
"Ho trasformato i miei sforzi in un lavoro onesto"
"I turned my efforts to honest work"
"e ho messo insieme qualche soldo"
"and I have put a few pennies together"
"Bisogna saper guadagnare i propri centesimi"
"it is necessary to know how to earn your pennies"
"Bisogna guadagnarle o con le mani"
"you have to earn them either with your hands"
"O te li devi guadagnare con il cervello"
"or you have to earn them with your brains"
"Non ti capisco", disse il burattino
"I don't understand you," said the puppet
e già tremava di paura
and he was already trembling with fear
«Abbi pazienza!» replicò il pappagallo
"Have patience!" rejoined the parrot
"Mi spiegherò meglio, se me lo permetti"
"I will explain myself better, if you let me"
"C'è qualcosa che devi sapere"
"there is something that you must know"
"E' successo qualcosa mentre eri in città"
"something happened while you were in the town"
"la Volpe e il Gatto sono tornati in campo"
"the Fox and the Cat returned to the field"
"Hanno preso i soldi che avevi sepolto"
"they took the money you had buried"
"E poi sono fuggiti dalla scena del delitto"

"and then they fled from the scene of the crime"
"E ora chi li cattura sarà furbo"
"And now he that catches them will be clever"
Pinocchio rimase con la bocca aperta
Pinocchio remained with his mouth open
e scelse di non credere alle parole del Pappagallo
and he chose not to believe the Parrot's words
Cominciò con le sue mani a scavare la terra
he began with his hands to dig up the earth
E scavò in profondità nel terreno
And he dug deep into the ground
Un pezzo di paglia avrebbe potuto stare nel buco
a rick of straw could have stood in the hole
ma i soldi non c'erano più
but the money was no longer there
Si precipitò in città in uno stato di disperazione
He rushed back to the town in a state of desperation
e si recò subito alle Corti di Giustizia
and he went at once to the Courts of Justice
E ha parlato direttamente con il giudice
and he spoke directly with the judge
Denunciò i due furfanti che lo avevano derubato
he denounced the two knaves who had robbed him
Il giudice era una grande scimmia della tribù dei gorilla
The judge was a big ape of the gorilla tribe
una vecchia scimmia rispettabile per la sua barba bianca
an old ape respectable because of his white beard
ed era rispettabile per altri motivi
and he was respectable for other reasons
perché aveva gli occhiali d'oro sul naso
because he had gold spectacles on his nose
anche se i suoi occhiali erano senza vetro
although, his spectacles were without glass
ma era sempre obbligato a indossarle
but he was always obliged to wear them
a causa di un'infiammazione degli occhi
on account of an inflammation of the eyes

Pinocchio gli raccontò tutto del delitto
Pinocchio told him all about the crime
reato di cui era stato vittima
the crime of which he had been the victim of
Gli diede i nomi e i cognomi
He gave him the names and the surnames
e fornì tutti i particolari dei mascalzoni
and he gave all the details of the rascals
E ha concluso chiedendo giustizia
and he ended by demanding to have justice
Il giudice ascoltò con grande benevolenza
The judge listened with great benignity
Si interessò molto alla storia
he took a lively interest in the story
Fu molto toccato e commosso da ciò che udì
he was much touched and moved by what he heard
Alla fine il burattino non ebbe più nulla da dire
finally the puppet had nothing further to say
E poi il gorilla suonò un campanello
and then the gorilla rang a bell
Due mastini apparvero alla porta
two mastiffs appeared at the door
I cani erano vestiti da gendarmi
the dogs were dressed as gendarmes

Il giudice indicò allora Pinocchio
The judge then pointed to Pinocchio
"Quel povero diavolo è stato derubato"
"That poor devil has been robbed"
"I mascalzoni gli presero quattro monete d'oro"
"rascals took four gold pieces from him"
"Portatelo subito in prigione", ordinò
"take him away to prison immediately," he ordered
Il burattino rimase pietrificato all'udire queste parole
The puppet was petrified on hearing this
Non era affatto il giudizio che si aspettava
it was not at all the judgement he had expected
e cercò di protestare contro il giudice
and he tried to protest the judge
ma i gendarmi gli hanno tappato la bocca
but the gendarmes stopped his mouth
Non volevano perdere tempo
they didn't want to lose any time
e lo portarono in prigione
and they carried him off to the prison
E lì rimase per quattro lunghi mesi
And there he remained for four long months
e vi sarebbe rimasto ancora più a lungo
and he would have remained there even longer
Ma anche i burattini a volte hanno fortuna
but puppets do sometimes have good fortune too
un giovane Re regnava sulla Trappola per Teste di Blocco
a young King ruled over the Trap for Blockheads
Aveva ottenuto una splendida vittoria in battaglia
he had won a splendid victory in battle
Per questo ordinò grandi festeggiamenti pubblici
because of this he ordered great public rejoicings
Ci sono state luminarie e fuochi d'artificio
There were illuminations and fireworks
e c'erano corse di cavalli e velocipedi
and there were horse and velocipede races
il re era così felice che liberò tutti i prigionieri

the King was so happy he released all prisoners
Pinocchio fu molto contento di questa notizia
Pinocchio was very happy at this news
"se loro sono liberati, allora lo sono anch'io"
"if they are freed, then so am I"
ma il carceriere aveva altri ordini
but the jailor had other orders
«No, non tu» disse il carceriere
"No, not you," said the jailor
"Perché non appartieni alla classe fortunata"
"because you do not belong to the fortunate class"
— Vi chiedo scusa, — rispose Pinocchio
"I beg your pardon," replied Pinocchio
"Anch'io sono un criminale", ha detto con orgoglio
"I am also a criminal," he proudly said
il carceriere guardò di nuovo Pinocchio
the jailor looked at Pinocchio again
"In questo caso hai perfettamente ragione"
"In that case you are perfectly right"
e si tolse il cappello
and he took off his hat
ed egli si inchinò rispettosamente davanti a lui
and he bowed to him respectfully
e aprì le porte della prigione
and he opened the prison doors
e lasciò scappare il burattino
and he let the little puppet escape

Pinocchio torna alla casa delle fate
Pinocchio Goes back to the Fairy's House

Potete immaginare la gioia di Pinocchio
You can imagine Pinocchio's joy
Finalmente era libero dopo quattro mesi
finally he was free after four months
ma non si è fermato per festeggiare

but he didn't stop in order to celebrate
Invece, lasciò immediatamente la città
instead, he immediately left the town
prese la strada che portava alla casa della Fata
he took the road that led to the Fairy's house
C'era stata molta pioggia negli ultimi giorni
there had been a lot of rain in recent days
Così la strada era diventata paludosa e paludosa
so the road had become a went boggy and marsh
e Pinocchio sprofondò nel fango fino alle ginocchia
and Pinocchio sank knee deep into the mud

Ma il burattino non era uno che si arrendeva
But the puppet was not one to give up
Era tormentato dal desiderio di vedere suo padre
he was tormented by the desire to see his father
E voleva rivedere anche la sua sorellina
and he wanted to see his little sister again too
e corse attraverso la palude come un levriero
and he ran through the marsh like a greyhound
e mentre correva fu spruzzato di fango
and as he ran he was splashed with mud
ed era coperto dalla testa ai piedi
and he was covered from head to foot
E mentre camminava, diceva a se stesso:
And he said to himself as he went along:

"Quante disgrazie mi sono capitate"
"How many misfortunes have happened to me"
"Ma mi sono meritato queste disgrazie"
"But I deserved these misfortunes"
"perché sono un burattino ostinato e appassionato"
"because I am an obstinate, passionate puppet"
"Sono sempre deciso a fare a modo mio"
"I am always bent upon having my own way"
"e non ascolto chi mi vuole bene"
"and I don't listen to those who wish me well"
"Hanno mille volte più senno di me!"
"they have a thousand times more sense than I!"
"Ma d'ora in poi sono determinato a cambiare"
"But from now I am determined to change"
"Diventerò ordinato e ubbidiente"
"I will become orderly and obedient"
"perché ho visto quello che è successo"
"because I have seen what happened"
"I ragazzi disubbidienti non hanno vita facile"
"disobedient boys do not have an easy life"
"Non portano a nulla di buono e non guadagnano nulla"
"they come to no good and gain nothing"
"E mio padre mi ha aspettato?"
"And has my papa waited for me?"
"Lo troverò a casa della Fata?"
"Shall I find him at the Fairy's house?"
"è passato così tanto tempo dall'ultima volta che l'ho visto"
"it has been so long since I last saw him"
"Muoio dalla voglia di riabbracciarlo"
"I am dying to embrace him again"
"Non vedo l'ora di coprirlo di baci!"
"I can't wait to cover him with kisses!"
"E la Fata mi perdonerà la mia cattiva condotta?"
"And will the Fairy forgive me my bad conduct?"
"Pensare a tutta la gentilezza che ho ricevuto da lei"
"To think of all the kindness I received from her"
"Oh, con quanta cura si è presa cura di me"

"oh how lovingly did she care for me"
"Che io sia vivo lo devo a lei!"
"that I am now alive I owe to her!"
"Potresti trovare un ragazzo più ingrato?"
"could you find a more ungrateful boy"
"C'è un ragazzo con meno cuore di me?"
"is there a boy with less heart than I have?"
Mentre diceva questo, si fermò di colpo
Whilst he was saying this he stopped suddenly
Era spaventato a morte
he was frightened to death
e fece quattro passi indietro
and he made four steps backwards
Che cosa aveva visto Pinocchio?
What had Pinocchio seen?
Aveva visto un immenso Serpente
He had seen an immense Serpent
Il serpente era steso dall'altra parte della strada
the snake was stretched across the road
La pelle del serpente era di un colore verde erba
the snake's skin was a grass green colour
e aveva gli occhi rossi in testa
and it had red eyes in its head
e aveva una coda lunga e appuntita
and it had a long and pointed tail
e la coda fumava come un camino
and the tail was smoking like a chimney

Sarebbe impossibile immaginare il terrore del burattino
It would be impossible to imagine the puppet's terror
Si allontanò a distanza di sicurezza
He walked away to a safe distance
e si sedette su un mucchio di pietre
and he sat on a heap of stones
lì aspettò che il Serpente avesse finito
there he waited until the Serpent had finished
presto l'affare del Serpente sarebbe stato compiuto
soon the Serpent's business should be done
Aspettò un'ora; due ore; tre ore
He waited an hour; two hours; three hours
ma il Serpente era sempre lì
but the Serpent was always there
Anche da lontano riusciva a vedere i suoi occhi infuocati
even from a distance he could see his fiery eyes
e poteva vedere la colonna di fumo

and he could see the column of smoke
il fumo che saliva dall'estremità della sua coda
the smoke that ascended from the end of his tail
Alla fine Pinocchio cercò di farsi coraggio
At last Pinocchio tried to feel courageous
e si avvicinò a pochi passi
and he approached to within a few steps
parlò al Serpente con una vocina dolce
he spoke to the Serpent in a little soft voice
"Mi scusi, Sir Serpent", insinuò
"Excuse me, Sir Serpent," he insinuated
"Saresti così bravo da muoverti un po'?"
"would you be so good as to move a little?"
"Solo un passo di lato, se potessi"
"just a step to the side, if you could"
Avrebbe potuto anche parlare al muro
He might as well have spoken to the wall
Ricominciò con la stessa voce soave:
He began again in the same soft voice:
"Sappiate, Sir Serpent, che sto tornando a casa"
"please know, Sir Serpent, I am on my way home"
"Mio padre mi sta aspettando"
"my father is waiting for me"
"Ed è passato così tanto tempo dall'ultima volta che l'ho visto!"
"and it has been such a long time since I saw him!"
«Mi permettete dunque di continuare?»
"Will you, therefore, allow me to continue?"
Attese un segno in risposta a questa richiesta
He waited for a sign in answer to this request
ma il serpente non rispose
but the snake made no answer
Fino a quel momento il serpente era stato arzillo
up to that moment the serpent had been sprightly
Fino ad allora era stata piena di vita
up until then it had been full of life
ma ora diventava immobile e quasi rigido

but now he became motionless and almost rigid
Chiuse gli occhi e la sua coda smise di fumare
He shut his eyes and his tail ceased smoking
«È proprio morto?» disse Pinocchio
"Can he really be dead?" said Pinocchio
e si fregò le mani per la gioia
and he rubbed his hands with delight
Decise di saltargli addosso
He decided to jump over him
e poi poteva raggiungere l'altro lato della strada
and then he could reach the other side of the road
Pinocchio prese un po' di rincorsa
Pinocchio took a little run up
e andò a saltare sopra il serpente
and he went to jump over the snake
ma all'improvviso il Serpente si sollevò
but suddenly the Serpent raised himself on end
come una molla che si mette in moto
like a spring set in motion
e il burattino si fermò appena in tempo
and the puppet stopped just in time
Smise di saltare i piedi
he stopped his feet from jumping
e cadde a terra
and he fell to the ground
Cadde piuttosto goffamente nel fango
he fell rather awkwardly into the mud
la sua testa è rimasta incastrata nel fango
his head got stuck in the mud
e le sue gambe andarono in aria
and his legs went into the air
il Serpente scoppiò in convulsioni di risate
the Serpent went into convulsions of laughter
rise fino a rompersi un vaso sanguigno
it laughed until he broke a blood-vessel
e il serpente morì per tutte le sue risate
and the snake died from all its laughter

Questa volta il serpente era davvero morto
this time the snake really was dead
Pinocchio allora ripartì di corsa
Pinocchio then set off running again
sperava di raggiungere la casa della Fata prima che facesse buio
he hoped to reach the Fairy's house before dark
ma ben presto ebbe di nuovo altri problemi
but soon he had other problems again
Cominciò a soffrire terribilmente la fame
he began to suffer so dreadfully from hunger
e non riusciva più a sopportare la fame
and he could not bear the hunger any longer
saltò in un campo sul ciglio della strada
he jumped into a field by the wayside
Forse c'era dell'uva che poteva raccogliere
perhaps there were some grapes he could pick
Oh, se solo non l'avesse mai fatto!
Oh, if only he had never done it!
Aveva appena raggiunto l'uva
He had scarcely reached the grapes
E poi c'è stato un suono "scricchiolante"
and then there was a "cracking" sound
le sue gambe erano impigliate tra qualcosa
his legs were caught between something
Aveva calpestato due sbarre di ferro taglienti
he had stepped into two cutting iron bars
il povero Pinocchio diventò stordito dal dolore
poor Pinocchio became giddy with pain
stelle di ogni colore danzavano davanti ai suoi occhi
stars of every colour danced before his eyes
Il povero burattino era caduto in una trappola
The poor puppet had been caught in a trap
Era stato messo lì per catturare le puzzole
it had been put there to capture polecats

Pinocchio diventa un cane da guardia
Pinocchio Becomes a Watch-Dog

Pinocchio cominciò a piangere e a gridare
Pinocchio began to cry and scream
ma le sue lacrime e i suoi gemiti erano inutili
but his tears and groans were useless
perché non c'era una casa da vedere
because there was not a house to be seen
né anima vivente passò per la strada
nor did living soul pass down the road
Finalmente la notte era scesa
At last the night had come on
La trappola gli aveva tagliato la gamba
the trap had cut into his leg
Il dolore gli fece svenire
the pain brought him the point of fainting
Aveva paura di stare da solo
he was scared from being alone
Non gli piaceva l'oscurità
he didn't like the darkness
Proprio in quel momento vide una lucciola
Just at that moment he saw a Firefly
Chiamò la lucciola e disse:
He called to the firefly and said:
"Oh, piccola Lucciola, avrai pietà di me?"

"Oh, little Firefly, will you have pity on me?"
"Ti prego, liberami da questa tortura"
"please liberate me from this torture"
"Povero ragazzo!" disse la Lucciola
"Poor boy!" said the Firefly
la lucciola si fermò e lo guardò con compassione
the Firefly stopped and looked at him with compassion
"Le tue gambe sono rimaste impigliate in quei ferri affilati"
"your legs have been caught by those sharp irons"
"Come sei finito in questa trappola?
"how did you get yourself into this trap?
"Sono venuto nel campo a raccogliere l'uva"
"I came into the field to pick grapes"
"Ma dove hai piantato la tua uva?"
"But where did you plant your grapes?"
"No, non erano le mie uve"
"No, they were not my grapes"
"Chi ti ha insegnato a portare via la proprietà degli altri?"
"who taught you to carry off other people's property?"
— Avevo tanta fame, — piagnucolò Pinocchio
"I was so hungry," Pinocchio whimpered
"La fame non è una buona ragione"
"Hunger is not a good reason"
"Non possiamo appropriarci di ciò che non ci appartiene"
"we cannot appropriated what does not belong to us"
"È vero, è vero!" disse Pinocchio, piangendo.
"That is true, that is true!" said Pinocchio, crying
"Non lo farò mai più", ha promesso
"I will never do it again," he promised
In quel momento la loro conversazione si interruppe
At this moment their conversation was interrupted
Si udì un leggero rumore di passi che si avvicinavano
there was a slight sound of approaching footsteps
Era il padrone del campo che arrivava in punta di piedi
It was the owner of the field coming on tiptoe
Voleva vedere se aveva catturato una puzzola
he wanted to see if he had caught a polecat

la puzzola che mangiava le sue galline nella notte
the polecat that ate his chickens in the night
Ma fu sorpreso da ciò che c'era nella sua trappola
but he was surprised by what was in his trap
Invece di una puzzola, era stato catturato un ragazzo
instead of a polecat, a boy had been captured
"Ah, piccolo ladro!" disse il contadino arrabbiato,
"Ah, little thief," said the angry peasant,
"Allora sei tu che porti via le mie galline?"
"then it is you who carries off my chickens?"
"No, non ho portato via i vostri polli"
"No, I have not been carrying off your chickens"
"Sono venuto nel campo solo per prendere due chicchi d'uva!"
"I only came into the field to take two grapes!"
"Chi ruba l'uva può facilmente rubare il pollo"
"He who steals grapes can easily steal chicken"
"Lascia che sia io a darti una lezione"
"Leave it to me to teach you a lesson"
"E questa lezione non la dimenticherai in fretta"
"and you won't forget this lesson in a hurry"
Aprendo la trappola, afferrò il burattino per il colletto
Opening the trap, he seized the puppet by the collar
e lo portò a casa sua come un agnellino
and he carried him to his house like a young lamb
Raggiunsero il cortile di fronte alla casa
they reached the yard in front of the house
e lo gettò rozzamente a terra
and he threw him roughly on the ground
Gli mise il piede sul collo e gli disse:
he put his foot on his neck and said to him:
"E' tardi e voglio andare a letto"
"It is late and I want to go to bed"
"Domani sistemeremo i nostri conti"
"we will settle our accounts tomorrow"
"Il cane che faceva la guardia di notte è morto oggi"
"the dog who kept guard at night died today"

"D'ora in poi vivrai al suo posto"
"you will live in his place from now"
"D'ora in poi sarai il mio cane da guardia"
"You shall be my watch-dog from now"
Prese un grande collare per cani coperto di pomelli di ottone
he took a great dog collar covered with brass knobs
e legò il collare del cane intorno al collo di Pinocchio
and he strapped the dog collar around Pinocchio's neck
Era così stretto che non riusciva a tirare fuori la testa
it was so tight that he could not pull his head out
Il collare del cane era attaccato a una pesante catena
the dog collar was attached to a heavy chain
e la pesante catena era fissata al muro
and the heavy chain was fastened to the wall
"Se piove stanotte puoi andare in canile"
"If it rains tonight you can go into the kennel"
"Il mio povero cane aveva un lettino di paglia lì dentro"
"my poor dog had a little bed of straw in there"
"Ricordati di tenere le orecchie tese per i ladri"
"remember to keep your ears pricked for robbers"
"E se senti i ladri, abbaia forte"
"and if you hear robbers, then bark loudly"
Pinocchio aveva ricevuto i suoi ordini per la notte
Pinocchio had received his orders for the night
e il pover'uomo finalmente andò a letto
and the poor man finally went to bed

Il povero Pinocchio rimase disteso a terra
Poor Pinocchio remained lying on the ground
Si sentiva più morto che vivo
he felt more dead than he felt alive
Il freddo, la fame e la paura avevano assorbito tutte le sue energie
the cold, and hunger, and fear had taken all his energy
Di tanto in tanto metteva le mani con rabbia sul colletto
From time to time he put his hands angrily to the go collar
«Mi serve bene!» si disse
"It serves me right!" he said to himself
"Ero determinato a essere un vagabondo"
"I was determined to be a vagabond"
"Volevo vivere la vita di un buono a nulla"
"I wanted to live the life of a good-for-nothing"
"Ascoltavo i cattivi compagni"
"I used to listen to bad companions"
"ed è per questo che incontro sempre disgrazie"
"and that is why I always meet with misfortunes"
"se solo fossi stato un bravo ragazzino"
"if only I had been a good little boy"
"allora non sarei in mezzo al campo"
"then I would not be in the midst of the field"
"Non sarei qui se fossi rimasto a casa"
"I wouldn't be here if I had stayed at home"
"Non sarei un cane da guardia se fossi rimasto con mio padre"
"I wouldn't be a watch-dog if I had stayed with my papa"
"Oh, se solo potessi nascere di nuovo!"
"Oh, if only I could be born again!"
"Ma ora è troppo tardi per cambiare qualcosa"
"But now it is too late to change anything"
"La cosa migliore da fare ora è avere pazienza!"
"the best thing to do now is having patience!"
Era sollevato da questo piccolo sfogo
he was relieved by this little outburst

perché gli era venuto direttamente dal cuore
because it had come straight from his heart
Entrò nella cuccia e si addormentò
and he went into the dog-kennel and fell asleep

Pinocchio scopre i briganti
Pinocchio Discovers the Robbers

Aveva dormito pesantemente per circa due ore
He had been sleeping heavily for about two hours
Poi fu svegliato da uno strano sussurro
then he was aroused by a strange whispering
Strane voci provenivano dal cortile
the strange voices were coming from the courtyard
Mise la punta del naso fuori dalla cuccia
he put the point of his nose out of the kennel
e vide quattro bestioline dal pelo scuro
and he saw four little beasts with dark fur
Sembravano gatti che facevano un piano
they looked like cats making a plan
Ma non erano gatti, erano puzzole
But they were not cats, they were polecats
Cosa sono le palline, piccoli animali carnivori
what polecats are are carnivorous little animals
Sono particolarmente ghiotti di uova e giovani galline
they are especially greedy for eggs and young chickens
Una delle puzzole si presentò all'apertura del canile
One of the polecats came to the opening of the kennel
parlò a bassa voce: "Buonasera, Melampo"
he spoke in a low voice, "Good evening, Melampo"
"Il mio nome non è Melampo", rispose il burattino
"My name is not Melampo," answered the puppet
"Oh! Allora chi sei?" chiese la puzzola
"Oh! then who are you?" asked the polecat
— Io sono Pinocchio, — rispose Pinocchio
"I am Pinocchio," answered Pinocchio

"E cosa ci fai qui?"
"And what are you doing here?"

— Io faccio da cane da guardia, — confermò Pinocchio
"I am acting as watch-dog," confirmed Pinocchio

"Allora dov'è Melampo?" si chiese la puzzola
"Then where is Melampo?" wondered the polecat

"Dov'è il vecchio cane che viveva in questo canile?"
"Where is the old dog who lived in this kennel?"

«È morto stamattina» disse Pinocchio
"He died this morning," Pinocchio informed

"È morto? Povera bestia! Era così bravo"
"Is he dead? Poor beast! He was so good"

"ma direi che eri anche un buon cane"
"but I would say that you were also a good dog"

"Te lo leggo in faccia"
"I can see it in your face"

"Chiedo scusa, non sono un cane"
"I beg your pardon, I am not a dog"

"Non è un cane? Allora cosa sei?"
"Not a dog? Then what are you?"

— Io sono un burattino, — corresse Pinocchio
"I am a puppet," corrected Pinocchio

«E tu fai da cane da guardia?»
"And you are acting as watch-dog?"

"Ora capisci la situazione"
"now you understand the situation"

"Sono stato fatto per essere un cane da guardia come punizione"
"I have been made to be a watch dog as a punishment"

"Bene, allora ti diremo qual è l'accordo"
"well, then we shall tell you what the deal is"

"lo stesso accordo che avevamo con il defunto Melampo"
"the same deal we had with the deceased Melampo"

"Sono sicuro che sarete d'accordo con l'accordo"
"I am sure you will be agree to the deal"

"Quali sono le condizioni di questo accordo?"
"What are the conditions of this deal?"

"Una sera alla settimana visiteremo il pollaio"
"one night a week we will visit the poultry-yard"
"E tu ci permetterai di portare via otto polli"
"and you will allow us to carry off eight chickens"
"Di questi polli, sette devono essere mangiati da noi"
"Of these chickens seven are to be eaten by us"
"E ti daremo un pollo"
"and we will give one chicken to you"
"La tua parte dell'affare è molto facile"
"your end of the bargain is very easy"
"Tutto quello che devi fare è fingere di dormire"
"all you have to do is pretend to be asleep"
"E non farti venire nessuna idea sull'abbaiare"
"and don't get any ideas about barking"
"Non devi svegliare il contadino quando veniamo"
"you are not to wake the peasant when we come"
«Melampo si è comportato così?» domandò Pinocchio
"Did Melampo act in this manner?" asked Pinocchio
"questo è l'accordo che avevamo con Melampo"
"that is the deal we had with Melampo"
"E siamo sempre stati in ottimi rapporti con lui
"and we were always on the best terms with him
"Dormi tranquillo e lasciaci fare i fatti nostri"
"sleep quietly and let us do our business"
"E al mattino mangerai un bel pollo"
"and in the morning you will have a beautiful chicken"
"Sarà pronto per la tua colazione di domani"
"it will be ready plucked for your breakfast tomorrow"
"Ci siamo capiti chiaramente?"
"Have we understood each other clearly?"
«Troppo chiaramente!» rispose Pinocchio
"Only too clearly!" answered Pinocchio
e scosse la testa minacciosamente
and he shook his head threateningly
come a dire: "Ne sentirete parlare tra poco!"
as if to say: "You shall hear of this shortly!"
Le quattro puzzole pensavano di avere un accordo

the four polecats thought that they had a deal
Così proseguirono verso il pollaio
so they continued to the poultry-yard
Per prima cosa aprirono il cancello con i denti
first they opened the gate with their teeth
e poi si sono infilati uno dopo l'altro
and then they slipped in one by one
Non erano stati coinvolti nel golpe dei polli per molto tempo
they hadn't been in the chicken-coup for long
ma poi sentirono il cancello chiudersi dietro di loro
but then they heard the gate shut behind them
Era stato Pinocchio a chiudere il cancello
It was Pinocchio who had shut the gate
e Pinocchio prese qualche misura di sicurezza in più
and Pinocchio took some extra security measures
Mise una grossa pietra contro la porta
he put a large stone against the gate
In questo modo le puzzole non potevano più uscire
this way the polecats couldn't get out again
e allora Pinocchio cominciò ad abbaiare come un cane
and then Pinocchio began to bark like a dog
e abbaiava esattamente come abbaia un cane da guardia
and he barked exactly like a watch-dog barks
il contadino sentì Pinocchio abbaiare
the peasant heard Pinocchio barking
Si svegliò in fretta e saltò giù dal letto
he quickly awoke and jumped out of bed
Con la sua pistola si avvicinò alla finestra
with his gun he came to the window
e dalla finestra chiamò Pinocchio
and from the window he called to Pinocchio
"Che c'è?" chiese al burattino
"What is the matter?" he asked the puppet
"Ci sono dei briganti!" rispose Pinocchio
"There are robbers!" answered Pinocchio
«Dove sono?» chiese
"Where are they?" he wanted to know

«Sono nel pollaio» confermò Pinocchio
"they are in the poultry-yard," confirmed Pinocchio
«Scenderò subito», disse il contadino
"I will come down directly," said the peasant
ed egli scese in gran fretta
and he came down in a great hurry
ci sarebbe voluto meno tempo per dire "Amen"
it would have taken less time to say "Amen"
Si precipitò nel pollaio
He rushed into the poultry-yard
e in fretta catturò tutte le puzzole
and quickly he caught all the polecats
e poi mise le peggine in un sacco
and then he put the polecats into a sack
Disse loro con tono di grande soddisfazione:
he said to them in a tone of great satisfaction:
"Finalmente sei caduto nelle mie mani!"
"At last you have fallen into my hands!"
"Potrei punirti, se volessi"
"I could punish you, if I wanted to"
"Ma io non sono così crudele", li consolò
"but I am not so cruel," he comforted them
"Mi accontenterò in altri modi"
"I will content myself in other ways"
"Ti porterò domattina dall'oste"
"I will carry you in the morning to the innkeeper"
"Vi scuoierà e vi cucinerà come lepri"
"he will skin and cook you like hares"
"e ti sarà servita una salsa dolce"
"and you will be served with a sweet sauce"
"E' un onore che non meriti"
"It is an honour that you don't deserve"
"sei fortunato che io sia così generoso con te"
"you're lucky I am so generous with you"
Poi si avvicinò a Pinocchio e lo accarezzò
He then approached Pinocchio and stroked him
"Come hai fatto a scoprire i quattro ladroni?"

"How did you manage to discover the four thieves?"
"Il mio fedele Melampo non ha mai scoperto nulla!"
"my faithful Melampo never found out anything!"
Il burattino avrebbe potuto raccontargli tutta la storia
The puppet could then have told him the whole story
Avrebbe potuto parlargli dell'affare traditore
he could have told him about the treacherous deal
ma si ricordò che il cane era morto
but he remembered that the dog was dead
e il burattino pensò tra sé:
and the puppet thought to himself:
«A che serve accusare i morti?»
"of what use it it accusing the dead?"
"I morti non sono più con noi"
"The dead are no longer with us"
"È meglio lasciare i morti in pace!"
"it is best to leave the dead in peace!"
Il contadino proseguì facendo altre domande
the peasant went on to ask more questions
"Stavi dormendo quando sono arrivati i ladri?"
"were you sleeping when the thieves came?"
— Dormivo, — rispose Pinocchio
"I was asleep," answered Pinocchio
"Ma le puzzole mi hanno svegliato con le loro chiacchiere"
"but the polecats woke me with their chatter"
"Una delle puzzole è venuta al canile"
"one of the polecats came to the kennel"
Ha cercato di fare un patto terribile con me
he tried to make a terrible deal with me
"Prometti di non abbaiare e ti daremo del buon pollo"
"promise not to bark and we'll give you fine chicken"
"Mi sono sentito offeso da un'offerta così subdola"
"I was offended by such an underhanded offer"
"Posso ammettere di essere un burattino cattivo"
"I can admit that I am a naughty puppet"
"ma c'è una cosa di cui non sarò mai colpevole"
"but there is one thing I will never be guilty of"

"Non scenderò a patti con le persone disoneste!"
"I will not make terms with dishonest people!"
"e non condividerò i loro guadagni disonesti"
"and I will not share their dishonest gains"
«Ben detto, ragazzo mio!» esclamò il contadino
"Well said, my boy!" cried the peasant
e diede una pacca sulla spalla a Pinocchio
and he patted Pinocchio on the shoulder
"Questi sentimenti ti fanno grande onore, ragazzo mio"
"Such sentiments do you great honour, my boy"
"Lascia che ti mostri la prova della mia gratitudine verso di te"
"let me show you proof of my gratitude to you"
"Ti rimetterò subito in libertà"
"I will at once set you at liberty"
"E puoi tornare a casa come vuoi"
"and you may return home as you please"
E tolse il collare a Pinocchio
And he removed the dog-collar from Pinocchio

Pinocchio vola in riva al mare
Pinocchio Flies to the Seashore

un collare per cani era appeso al collo di Pinocchio
a dog-collar had hung around Pinocchio's neck
ma ora Pinocchio aveva di nuovo la sua libertà
but now Pinocchio had his freedom again
e non indossava più l'umiliante collare per cani
and he wore the humiliating dog-collar no more
Corse via attraverso i campi
he ran off across the fields
e continuò a correre finché raggiunse la strada
and he kept running until he reached the road
la strada che portava alla casa della Fata
the road that led to the Fairy's house
nel bosco riusciva a vedere la Grande Quercia

in the woods he could see the Big Oak tree
l'albero della Grande Quercia a cui era stato impiccato
the Big Oak tree to which he had been hung
Pinocchio si guardò intorno in tutte le direzioni
Pinocchio looked around in every direction
ma non riusciva a vedere la casa di sua sorella
but he couldn't see his sister's house
la casa del bel Bambino dai capelli azzurri
the house of the beautiful Child with blue hair
Pinocchio fu colto da un triste presentimento
Pinocchio was seized with a sad presentiment
Cominciò a correre con tutte le forze che gli erano rimaste
he began to run with all the strength he had left
In pochi minuti raggiunse il campo
in a few minutes he reached the field
Era dove un tempo c'era stata la casetta
he was where the little house had once stood
Ma la casetta bianca non c'era più
But the little white house was no longer there
Al posto della casa vide una pietra di marmo
Instead of the house he saw a marble stone
Sulla pietra erano incise queste tristi parole:
on the stone were engraved these sad words:
"Qui giace il bambino con i capelli azzurri"
"Here lies the child with the blue hair"
"fu abbandonata dal fratellino Pinocchio"
"she was abandoned by her little brother Pinocchio"
"E dal dolore soccombette alla morte"
"and from the sorrow she succumbed to death"
con difficoltà aveva letto questo epitaffio
with difficulty he had read this epitaph
Vi lascio immaginare i sentimenti del burattino
I leave you to imagine the puppet's feelings
Cadde con la faccia a terra
He fell with his face on the ground
coprì la lapide con mille baci
he covered the tombstone with a thousand kisses

e scoppiò in un'agonia di lacrime
and he burst into an agony of tears
Pianse per tutta quella notte
He cried for all of that night
e quando venne il mattino piangeva ancora
and when morning came he was still crying
Piangeva, anche se non aveva più lacrime
he cried although he had no tears left
I suoi lamenti erano strazianti
his lamentations were heart-breaking
e i suoi singhiozzi echeggiavano nelle colline circostanti
and his sobs echoed in the surrounding hills
E mentre piangeva, disse:
And while he was weeping he said:
"Oh, piccola Fata, perché sei morta?"
"Oh, little Fairy, why did you die?"
"Perché non sono morto io al posto tuo?"
"Why did I not die instead of you?"
"Io che sono così malvagio, mentre tu eri così buono"
"I who am so wicked, whilst you were so good"
"E mio padre? Dove può essere?"
"And my papa? Where can he be?"
"Oh, piccola Fata, dimmi dove posso trovarlo"
"Oh, little Fairy, tell me where I can find him"
"perché voglio rimanere sempre con lui"
"for I want to remain with him always"
"E non voglio mai più lasciarlo!"
"and I never want to leave him ever again!"
"Dimmi che non è vero che sei morto!"
"tell me that it is not true that you are dead!"
"Se ami davvero il tuo fratellino, torna in vita"
"If you really love your little brother, come to life again"
«**Non ti duole vedermi solo al mondo?**»
"Does it not grieve you to see me alone in the world?"
"Non ti rattrista vedermi abbandonato da tutti?"
"does it not sadden you to see me abandoned by everybody?"
"Se arrivano degli assassini, mi impiccheranno di nuovo

all'albero"
"If assassins come they will hang me from the tree again"
"e questa volta morirei davvero"
"and this time I would die indeed"
"Che cosa posso fare qui da solo al mondo?"
"What can I do here alone in the world?"
"Ho perso te e il mio papà"
"I have lost you and my papa"
"Chi mi amerà e mi darà da mangiare adesso?"
"who will love me and give me food now?"
"Dove vado a dormire la notte?"
"Where shall I go to sleep at night?"
"Chi mi farà una giacca nuova?"
"Who will make me a new jacket?"
"Oh, sarebbe meglio che morissi anch'io!"
"Oh, it would be better for me to die also!"
"Non vivere sarebbe cento volte meglio"
"not to live would be a hundred times better"
"Sì, voglio morire", concluse
"Yes, I want to die," he concluded
E nella sua disperazione cercò di strapparsi i capelli
And in his despair he tried to tear his hair
ma i suoi capelli erano di legno
but his hair was made of wood
quindi non poteva avere la soddisfazione
so he could not have the satisfaction
Proprio in quel momento un grosso piccione volò sopra la sua testa
Just then a large Pigeon flew over his head
il piccione si fermò con le ali spiegate
the pigeon stopped with distended wings
e il piccione chiamò giù da una grande altezza
and the pigeon called down from a great height
"Dimmi, bambina, cosa ci fai lì?"
"Tell me, child, what are you doing there?"
"Non vedi? Sto piangendo!" disse Pinocchio
"Don't you see? I am crying!" said Pinocchio

e alzò la testa verso la voce
and he raised his head towards the voice
e si strofinò gli occhi con la giacca
and he rubbed his eyes with his jacket
«Dimmi» continuò il piccione
"Tell me," continued the Pigeon
"conosci per caso un burattino che si chiama Pinocchio?"
"do you happen to know a puppet called Pinocchio?"
"Pinocchio? Hai detto Pinocchio?" ripeté il burattino
"Pinocchio? Did you say Pinocchio?" repeated the puppet
e balzò subito in piedi
and he quickly jumped to his feet
"Io sono Pinocchio!" esclamò speranzoso
"I am Pinocchio!" he exclaimed with hope
A questa risposta il Piccione scese rapidamente
At this answer the Pigeon descended rapidly
Era più grande di un tacchino
He was larger than a turkey
«Conosci anche Geppetto?» chiese
"Do you also know Geppetto?" he asked
"Lo conosco! È il mio povero papà!"
"Do I know him! He is my poor papa!"
«Ti ha forse parlato di me?»
"Has he perhaps spoken to you of me?"
«Mi porterai da lui?»
"Will you take me to him?"
"È ancora vivo?"
"Is he still alive?"
"Rispondimi, per pietà"
"Answer me, for pity's sake"
"E' ancora vivo??"
"is he still alive??"
"L'ho lasciato tre giorni fa in riva al mare"
"I left him three days ago on the seashore"
"Che cosa stava facendo?" Pinocchio doveva saperlo
"What was he doing?" Pinocchio had to know
"Stava costruendo una barchetta per se stesso"

"He was building a little boat for himself"
"Stava per attraversare l'oceano"
"he was going to cross the ocean"
"Quel pover'uomo ha fatto il giro del mondo"
"that poor man has been going all round the world"
"Ti ha cercato"
"he has been looking for you"
"Ma non è riuscito a trovarti"
"but he had no success in finding you"
"Così ora andrà nei paesi lontani"
"so now he will go to the distant countries"
"ti cercherà nel Nuovo Mondo"
"he will search for you in the New World"
"Quanto dista la riva da qui?"
"How far is it from here to the shore?"
"Più di seicento miglia"
"More than six hundred miles"
«Seicento miglia?» gli fece eco Pinocchio
"Six hundred miles?" echoed Pinocchio
— Oh, bel piccione, — supplicò Pinocchio
"Oh, beautiful Pigeon," pleaded Pinocchio
"Che bella cosa sarebbe avere le tue ali!"
"what a fine thing it would be to have your wings!"
"Se vuoi andare, ti porterò là"
"If you wish to go, I will carry you there"
"Come hai potuto portarmi lì?"
"How could you carry me there?"
"Posso portarti sulla mia schiena"
"I can carry you on my back"
"Pesi molto?"
"Do you weigh much?"
"Non peso quasi nulla"
"I weigh next to nothing"
"Sono leggero come una piuma"
"I am as light as a feather"
Pinocchio non esitò un attimo
Pinocchio didn't hesitate for another moment

e saltò subito sul dorso del piccione
and he jumped at once on the Pigeon's back
Mise una zampa su ciascun lato del piccione
he put a leg on each side of the pigeon
proprio come fanno gli uomini quando vanno a cavallo
just like men do when they're riding horseback
e Pinocchio esclamò con gioia:
and Pinocchio exclaimed joyfully:
"Galoppo, galoppo, cavallino mio"
"Gallop, gallop, my little horse"
"Perché sono ansioso di arrivare presto!"
"because I am anxious to arrive quickly!"
Il piccione prese il volo in aria
The Pigeon took flight into the air
e in pochi minuti hanno quasi toccato le nuvole
and in a few minutes they almost touched the clouds

Ora il burattino era a un'altezza immensa
now the puppet was at an immense height
e diventava sempre più curioso
and he became more and more curious
Così abbassò lo sguardo a terra
so he looked down to the ground
ma la testa gli girava per le vertigini
but his head spun round in dizziness

Divenne sempre più spaventato dall'altezza
he became ever so frightened of the height
e doveva salvarsi dal pericolo di cadere
and he had to save himself from the danger of falling
e così si strinse forte al suo destriero piumato
and so held tightly to his feathered steed
Hanno volato nei cieli per tutto quel giorno
They flew through the skies all of that day
Verso sera il Piccione disse:
Towards evening the Pigeon said:
"Ho molta sete per tutto questo volare!"
"I am very thirsty from all this flying!"
"E io ho molta fame!" convenne Pinocchio
"And I am very hungry!" agreed Pinocchio
"Fermiamoci per qualche minuto davanti a quella colombaia"
"Let us stop at that dovecote for a few minutes"
"E poi continueremo il nostro cammino"
"and then we will continue our journey"
"Allora potremmo raggiungere la riva del mare all'alba di domani"
"then we may reach the seashore by dawn tomorrow"
Entrarono in una colombaia deserta
They went into a deserted dovecote
Qui non trovarono altro che una bacinella piena d'acqua
here they found nothing but a basin full of water
e trovarono un cesto pieno di veccia
and they found a basket full of vetch
Il burattino non era mai stato in grado di mangiare la veccia in vita sua
The puppet had never in his life been able to eat vetch
secondo lui lo faceva star male
according to him it made him sick
Quella sera, però, mangiò a sazietà
That evening, however, he ate to repletion
e quasi ne svuotò il cesto
and he nearly emptied the basket of it

e poi si rivolse al Piccione e gli disse:
and then he turned to the Pigeon and said to him:
"Non avrei mai creduto che la veccia fosse così buona!"
"I never could have believed that vetch was so good!"
"Stai tranquillo, ragazzo mio," rispose il Piccione
"Be assured, my boy," replied the Pigeon
"Quando la fame è reale anche la veccia diventa deliziosa"
"when hunger is real even vetch becomes delicious"
"La fame non conosce né capriccio né avidità"
"Hunger knows neither caprice nor greediness"
I due finirono in fretta il loro piccolo pasto
the two quickly finished their little meal
e ripresero il viaggio e volarono via
and they recommenced their journey and flew away
La mattina seguente raggiunsero la riva del mare
The following morning they reached the seashore
Il Piccione mise Pinocchio a terra
The Pigeon placed Pinocchio on the ground
Il piccione non voleva essere disturbato dai ringraziamenti
the pigeon did not wish to be troubled with thanks
Era stata davvero una buona azione quella che aveva fatto
it was indeed a good action he had done
ma l'aveva fatto per la bontà del suo cuore
but he had done it out the goodness of his heart
e Pinocchio non aveva tempo da perdere
and Pinocchio had no time to lose
Così volò via in fretta e scomparve
so he flew quickly away and disappeared
La riva era affollata di gente
The shore was crowded with people
la gente guardava verso il mare
the people were looking out to sea
gridano e gesticolano a qualcosa
they shouting and gesticulating at something
«Che cosa è successo?» chiese Pinocchio a una vecchia
"What has happened?" asked Pinocchio of an old woman
"C'è un povero padre che ha perso il figlio"

"there is a poor father who has lost his son"
"E' uscito in mare con una barchetta"
"he has gone out to sea in a little boat"
"Lo cercherà dall'altra parte dell'acqua"
"he will search for him on the other side of the water"
"E oggi il mare è più tempestoso"
"and today the sea is most tempestuous"
"E la barchetta rischia di affondare"
"and the little boat is in danger of sinking"
"Dov'è la barchetta?" chiese Pinocchio
"Where is the little boat?" asked Pinocchio
"È là fuori in linea con il mio dito"
"It is out there in a line with my finger"
e indicò una barchetta
and she pointed to a little boat
e la barchetta sembrava un guscio di noce
and the little boat looked like a little nutshell
un piccolo guscio di noce con un omino molto piccolo
a little nutshell with a very little man in it
Pinocchio fissò gli occhi sul guscietto di noce
Pinocchio fixed his eyes on the little nutshell
Dopo aver guardato attentamente, lanciò un urlo lancinante:
after looking attentively he gave a piercing scream:
"È il mio papà! È il mio papà!"
"It is my papa! It is my papa!"
La barca, intanto, veniva battuta dalla furia delle onde
The boat, meanwhile, was being beaten by the fury of the waves
ad un certo momento scomparve nell'abbeveratoio del mare
at one moment it disappeared in the trough of the sea
e un attimo dopo la barca riemerse
and in the next moment the boat came to the surface again
Pinocchio stava in cima a un'alta roccia
Pinocchio stood on the top of a high rock
E continuava a chiamare suo padre
and he kept calling to his father
e gli fece ogni sorta di segnale

and he made every kind of signal to him
Agitò le mani, il fazzoletto e il berretto
he waved his hands, his handkerchief, and his cap
Pinocchio era molto lontano da lui
Pinocchio was very far away from him
ma Geppetto parve riconoscere il figlio
but Geppetto appeared to recognize his son
e si tolse anche il berretto e lo sventolò
and he also took off his cap and waved it
cercava a gesti di farglielo capire
he tried by gestures to make him understand
"Sarei tornato se fosse stato possibile"
"I would have returned if it were possible"
"ma il mare è tempestosissimo"
"but the sea is most tempestuous"
"E i miei remi non mi porteranno più sulle rive"
"and my oars won't take me to the shores again"
All'improvviso un'onda tremenda si sollevò dal mare
Suddenly a tremendous wave rose out of the sea
e poi il guscio di noce è scomparso
and then the the little nutshell disappeared
Aspettarono, sperando che la barca tornasse in superficie
They waited, hoping the boat would come again to the surface
ma la barchetta non si vide più
but the little boat was seen no more
Il pescatore si era radunato sulla riva
the fisherman had assembled at the shore
«Pover'uomo!» dissero di lui, e mormorarono una preghiera
"Poor man!" they said of him, and murmured a prayer
e poi si voltarono per tornare a casa
and then they turned to go home
Proprio in quel momento udirono un grido disperato
Just then they heard a desperate cry
Guardandosi indietro, videro un ragazzino
looking back, they saw a little boy
"Salverò mio padre", esclamò il ragazzo
"I will save my papa," the boy exclaimed

e si gettò da uno scoglio nel mare
and he jumped from a rock into the sea
come sapete Pinocchio era fatto di legno
as you know Pinocchio was made of wood
così galleggiava facilmente sull'acqua
so he floated easily on the water
e nuotava come un pesce
and he swam as well as a fish
A un certo punto lo videro scomparire sott'acqua
At one moment they saw him disappear under the water
fu trascinato giù dalla furia delle onde
he was carried down by the fury of the waves
e un attimo dopo riapparve sulla superficie dell'acqua
and in the next moment he reappeared to the surface of the water
Faceva fatica a nuotare con una gamba o un braccio
he struggled on swimming with a leg or an arm
ma alla fine lo persero di vista
but at last they lost sight of him
e non fu più visto
and he was seen no more
e offrirono un'altra preghiera per il burattino
and they offered another prayer for the puppet

Pinocchio ritrova la fata
Pinocchio Finds the Fairy Again

Pinocchio voleva essere in tempo per aiutare il padre
Pinocchio wanted to be in time to help his father
Così nuotò tutta la notte
so he swam all through the night
E che notte orribile fu!
And what a horrible night it was!
La pioggia cadeva a torrenti
The rain came down in torrents
grandinava e il tuono era spaventoso

it hailed and the thunder was frightful
i lampi lo rendevano leggero come il giorno
the flashes of lightning made it as light as day

Verso mattina vide una lunga striscia di terra
Towards morning he saw a long strip of land
Era un'isola in mezzo al mare
It was an island in the midst of the sea
Fece del suo meglio per raggiungere la riva
He tried his utmost to reach the shore
ma i suoi sforzi furono tutti vani
but his efforts were all in vain
Le onde correvano e si infrangevano l'una sull'altra
The waves raced and tumbled over each other
e il torrente fece cadere Pinocchio
and the torrent knocked Pinocchio about
Era come se fosse stato un filo di paglia
it was as if he had been a wisp of straw
Alla fine, fortunatamente per lui, si alzò un'onda
At last, fortunately for him, a billow rolled up
si alzò con tale furia che fu sollevato
it rose with such fury that he was lifted up
e alla fine fu gettato sulla sabbia
and finally he was thrown on to the sands
Il burattino si schiantò a terra

the little puppet crashed onto the ground
e tutte le sue articolazioni si sono spezzate per l'impatto
and all his joints cracked from the impact
ma egli si consolò, dicendo:
but he comforted himself, saying:
"Anche questa volta ho fatto una fuga meravigliosa!"
"This time also I have made a wonderful escape!"
A poco a poco il cielo si schiarì
Little by little the sky cleared
il sole splendeva in tutto il suo splendore
the sun shone out in all his splendour
e il mare divenne calmo e liscio come l'olio
and the sea became as quiet and smooth as oil
Il burattino mise i suoi vestiti al sole ad asciugare
The puppet put his clothes in the sun to dry
e cominciò a guardare in ogni direzione
and he began to look in every direction
Da qualche parte sull'acqua ci deve essere una piccola barca
somewhere on the water there must be a little boat
e nella barca sperava di vedere un omino
and in the boat he hoped to see a little man
Guardò il mare fin dove riusciva a vedere
he looked out to sea as far as he could see
ma tutto ciò che vedeva era il cielo e il mare
but all he saw was the sky and the sea
"Se solo sapessi come si chiama quest'isola!"
"If I only knew what this island was called!"
"Se solo sapessi se è abitata"
"If I only knew whether it was inhabited"
"Forse qui vivono persone civili"
"perhaps civilized people do live here"
"Persone che non appendono i ragazzi agli alberi"
"people who do not hang boys from trees"
"Ma a chi posso chiedere se non c'è nessuno?"
"but whom can I ask if there is nobody?"
A Pinocchio non piaceva l'idea di stare tutto solo
Pinocchio didn't like the idea of being all alone

E ora era solo in un grande paese disabitato
and now he was alone on a great uninhabited country
L'idea lo rendeva malinconico
the idea of it made him melancholy
Stava per piangere
he was just about to to cry
Ma in quel momento vide un grosso pesce nuotare
But at that moment he saw a big fish swimming by
Il grosso pesce era a breve distanza dalla riva
the big fish was only a short distance from the shore
Il pesce se ne stava tranquillamente per i fatti suoi
the fish was going quietly on its own business
e aveva la testa fuori dall'acqua
and it had its head out of the water
Non conoscendo il suo nome, il burattino chiamò il pesce
Not knowing its name, the puppet called to the fish
gridò a gran voce per farsi sentire:
he called out in a loud voice to make himself heard:
«Eh, Sir Fish, mi permettete di scambiare due parole con voi?»
"Eh, Sir Fish, will you permit me a word with you?"
"Due parole, se vuoi", rispose il pesce
"Two words, if you like," answered the fish
Il pesce in realtà non era affatto un pesce
the fish was in fact not a fish at all
quello che il pesce era era un delfino
what the fish was was a Dolphin
e non avresti potuto trovare un delfino più educato
and you couldn't have found a politer dolphin
«Saresti così gentile da dirmelo?»
"Would you be kind enough to tell:"
"Ci sono villaggi in quest'isola?"
"is there are villages in this island?"
"E potrebbe esserci qualcosa da mangiare in questi villaggi?"
"and might there be something to eat in these villages?"
"E c'è qualche pericolo in questi villaggi?"
"and is there any danger in these villages?"

"Si può mangiare in questi villaggi?"
"might one get eaten in these villages?"
"Ci sono certamente dei villaggi," rispose il Delfino
"there certainly are villages," replied the Dolphin
"In effetti, troverai un villaggio abbastanza vicino"
"Indeed, you will find one village quite close by"
"E quale strada devo prendere per andarci?"
"And what road must I take to go there?"
"Devi prendere quel sentiero alla tua sinistra"
"You must take that path to your left"
"E poi devi seguire il tuo naso"
"and then you must follow your nose"
"Mi dici un'altra cosa?"
"Will you tell me another thing?"
"Nuoti per il mare tutto il giorno e la notte"
"You swim about the sea all day and night"
"Hai incontrato per caso una barchetta"
"have you by chance met a little boat"
"Una barchetta con dentro mio padre?"
"a little boat with my papa in it?"
"E chi è tuo padre?"
"And who is your papa?"
"È il miglior papà del mondo"
"He is the best papa in the world"
"ma sarebbe difficile trovare un figlio peggiore di me"
"but it would be difficult to find a worse son than I am"
Il pesce si pentì di dirgli ciò che temeva
The fish regretted to tell him what he feared
"Hai visto la terribile tempesta che abbiamo avuto la scorsa notte"
"you saw the terrible storm we had last night"
"La barchetta deve essere andata a fondo"
"the little boat must have gone to the bottom"
«E il mio papà?» chiese Pinocchio
"And my papa?" asked Pinocchio
"Deve essere stato inghiottito dal terribile Pesce-Cane"
"He must have been swallowed by the terrible Dog-Fish"

"Ultimamente ha nuotato sulle nostre acque"
"of late he has been swimming on our waters"
"E ha seminato devastazione e rovina"
"and he has been spreading devastation and ruin"
Pinocchio cominciava già a tremare di paura
Pinocchio was already beginning to quake with fear
"Questo pescecane è molto grande?" chiese Pinocchio
"Is this Dog-Fish very big?" asked Pinocchio
"Oh, molto grande!" rispose il Delfino
"oh, very big!" replied the Dolphin
"Lascia che ti parli di questo pesce"
"let me tell you about this fish"
"Allora puoi farti un'idea delle sue dimensioni"
"then you can form some idea of his size"
"È più grande di una casa di cinque piani"
"he is bigger than a five-storied house"
"E la sua bocca è più enorme di quanto tu abbia mai visto"
"and his mouth is more enormous than you've ever seen"
"Un treno ferroviario potrebbe passargli in gola"
"a railway train could pass down his throat"
"Pietà di noi!" esclamò il burattino terrorizzato
"Mercy upon us!" exclaimed the terrified puppet
e si vestì con la massima fretta
and he put on his clothes with the greatest haste
"Addio, Sir Fish, e grazie"
"Good-bye, Sir Fish, and thank you"
"scusa il disturbo che ti ho dato"
"excuse the trouble I have given you"
"E molte grazie per la tua cortesia"
"and many thanks for your politeness"
Poi prese la strada che gli era stata indicata
He then took the path that had been pointed out to him
e cominciò a camminare più in fretta che poteva
and he began to walk as fast as he could
Camminava così in fretta, infatti, che stava quasi correndo
he walked so fast, indeed, that he was almost running
E al minimo rumore si voltò a guardare dietro di sé

And at the slightest noise he turned to look behind him
temeva di vedere il terribile Pesce-Cane
he feared that he might see the terrible Dog-Fish
e immaginò un treno ferroviario nella sua bocca
and he imagined a railway train in its mouth
Una passeggiata di mezz'ora lo portò in un piccolo villaggio
a half-hour walk took him to a little village
il villaggio era Il Villaggio delle Api Industriose
the village was The Village of the Industrious Bees
La strada era piena di gente
The road was alive with people
e correvano di qua e di là
and they were running here and there
e tutti dovevano occuparsi dei loro affari
and they all had to attend to their business
Tutti erano al lavoro, tutti avevano qualcosa da fare
all were at work, all had something to do
Non avresti potuto trovare un fannullone o un vagabondo
You could not have found an idler or a vagabond
anche se l'hai cercato con una lampada accesa
even if you searched for him with a lighted lamp
«Ah!» esclamò subito quel pigro Pinocchio
"Ah!" said that lazy Pinocchio at once
"Vedo che questo villaggio non mi si addice mai!"
"I see that this village will never suit me!"
"Non sono nato per lavorare!"
"I wasn't born to work!"
Nel frattempo era tormentato dalla fame
In the meanwhile he was tormented by hunger
Non aveva mangiato nulla per ventiquattr'ore
he had eaten nothing for twenty-four hours
non aveva nemmeno mangiato la veccia
he had not even eaten vetch
Che cosa doveva fare il povero Pinocchio?
What was poor Pinocchio to do?
C'erano solo due modi per procurarsi il cibo
There were only two ways to obtain food

Poteva procurarsi il cibo chiedendo un po' di lavoro
he could either get food by asking for a little work
oppure poteva procurarsi il cibo chiedendo l'elemosina
or he could get food by way of begging
Qualcuno potrebbe essere così gentile da lanciargli un nichelino
someone might be kind enough to throw him a nickel
o potevano dargli un boccone di pane
or they might give him a mouthful of bread
in genere Pinocchio si vergognava di mendicare
generally Pinocchio was ashamed to beg
Suo padre gli aveva sempre predicato di essere laborioso
his father had always preached him to be industrious
Gli insegnò che nessuno aveva il diritto di chiedere l'elemosina
he taught him no one had a right to beg
eccetto gli anziani e gli infermi
except the aged and the infirm
I veri poveri di questo mondo meritano compassione
The really poor in this world deserve compassion
I veri poveri di questo mondo hanno bisogno di assistenza
the really poor in this world require assistance
solo coloro che sono anziani o malati
only those who are aged or sick
coloro che non sono più in grado di guadagnarsi il pane
those who are no longer able to earn their own bread
E' dovere di tutti gli altri lavorare
It is the duty of everyone else to work
e se non lavorano, tanto peggio per loro
and if they don't labour, so much the worse for them
che soffrano per la loro fame
let them suffer from their hunger
In quel momento un uomo scese lungo la strada
At that moment a man came down the road
Era stanco e ansimante
he was tired and panting for breath
Trascinava due carri pieni di carbone

He was dragging two carts full of charcoal
Pinocchio giudicò dalla sua faccia che era un uomo gentile
Pinocchio judged by his face that he was a kind man
così Pinocchio si avvicinò al carbonaio
so Pinocchio approached the charcoal man
abbassò gli occhi per la vergogna
he cast down his eyes with shame
ed egli gli disse a bassa voce:
and he said to him in a low voice:
"Avresti la carità di darmi un nichelino?"
"Would you have the charity to give me a nickel?"
"perché, come vedi, sto morendo di fame"
"because, as you can see, I am dying of hunger"
"Non avrai solo un nichelino", disse l'uomo
"You shall have not only a nickel," said the man
"Ti darò un centesimo"
"I will give you a dime"
"ma per un centesimo devi fare un po' di lavoro"
"but for the dime you must do some work"
"Aiutami a trascinare a casa questi due carri di carbone"
"help me to drag home these two carts of charcoal"
"Sono sorpreso di te!" rispose il burattino
"I am surprised at you!" answered the puppet
e c'era un tono di offesa nella sua voce
and there was a tone of offense in his voice
"Lascia che ti dica qualcosa di me"
"Let me tell you something about myself"
"Non sono abituato a fare il lavoro di un asino"
"I am not accustomed to do the work of a donkey"
"Non ho mai disegnato un carro!"
"I have never drawn a cart!"
"Tanto meglio per te", rispose l'uomo
"So much the better for you," answered the man
"ragazzo mio, vedo come stai morendo di fame"
"my boy, I see how you are dying of hunger"
"Mangia due belle fette del tuo orgoglio"
"eat two fine slices of your pride"

"E attenzione a non fare indigestione"
"and be careful not to get indigestion"
Pochi minuti dopo passò un muratore
A few minutes afterwards a mason passed by
Portava un cesto di mortaio
he was carrying a basket of mortar
"Avresti la carità di darmi un nichelino?"
"Would you have the charity to give me a nickel?"
"Io, un povero ragazzo che sbadiglia per mancanza di cibo"
"me, a poor boy who is yawning for want of food"
"Volentieri", rispose l'uomo
"Willingly," answered the man
"Vieni con me e porta il mortaio"
"Come with me and carry the mortar"
"e invece di un nichelino ti darò un centesimo"
"and instead of a nickel I will give you a dime"
— **Ma il mortaio è pesante, — obiettò Pinocchio**
"But the mortar is heavy," objected Pinocchio
"e non voglio stancarmi"
"and I don't want to tire myself"
"Ti vedo, non vuoi stancarti"
"I see you you don't want to tire yourself"
"Allora, ragazzo mio, vai a divertirti con lo sbadiglio"
"then, my boy, go amuse yourself with yawning"
In meno di mezz'ora passarono altre venti persone
In less than half an hour twenty other people went by
e Pinocchio domandò a tutti la carità
and Pinocchio asked charity of them all
ma tutti gli diedero la stessa risposta
but they all gave him the same answer
«**Non ti vergogni di chiedere l'elemosina, ragazzo?**»
"Are you not ashamed to beg, young boy?"
"Invece di oziare, cerca un po' di lavoro"
"Instead of idling about, look for a little work"
"Bisogna imparare a guadagnarsi il pane"
"you have to learn to earn your bread"
Finalmente passò una simpatica donnina

finally a nice little woman walked by
Aveva con sé due taniche d'acqua
she was carrying two cans of water
Pinocchio le chiese anche la carità
Pinocchio asked her for charity too
"Mi lasci bere un po' della tua acqua?"
"Will you let me drink a little of your water?"
"perché brucio di sete"
"because I am burning with thirst"
La piccola donna fu felice di aiutare
the little woman was happy to help
"Bevi, ragazzo mio, se lo desideri!"
"Drink, my boy, if you wish it!"
e posò i due barattoli
and she set down the two cans
Pinocchio beveva come un pesce
Pinocchio drank like a fish
e asciugandosi la bocca mormorò:
and as he dried his mouth he mumbled:
"Ho placato la mia sete"
"I have quenched my thirst"
"Se solo potessi placare la mia fame!"
"If I could only appease my hunger!"
La buona donna ascoltò le suppliche di Pinocchio
The good woman heard Pinocchio's pleas
ed era fin troppo disposta ad accontentare
and she was only too willing to oblige
"Aiutami a portare a casa queste taniche d'acqua"
"help me to carry home these cans of water"
"e io ti darò un bel pezzo di pane"
"and I will give you a fine piece of bread"
Pinocchio guardò i barattoli d'acqua
Pinocchio looked at the cans of water
Ed egli non rispose né sì né no
and he answered neither yes nor no
e la brava donna aggiunse altro all'offerta
and the good woman added more to the offer

"Oltre al pane avrai il cavolfiore"
"As well as bread you shall have cauliflower"
Pinocchio diede un'altra occhiata al barattolo
Pinocchio gave another look at the can
Ed egli non rispose né sì né no
and he answered neither yes nor no
"E dopo il cavolfiore ce ne saranno altri"
"And after the cauliflower there will be more"
"Ti darò un bellissimo cioccolatino allo sciroppo"
"I will give you a beautiful syrup bonbon"
La tentazione di quest'ultima prelibatezza fu grande
The temptation of this last dainty was great
finalmente Pinocchio non poté più resistere
finally Pinocchio could resist no longer
Con aria decisa disse:
with an air of decision he said:
"Devo avere pazienza!"
"I must have patience!"
"Porterò l'acqua a casa tua"
"I will carry the water to your house"
L'acqua era troppo pesante per Pinocchio
The water was too heavy for Pinocchio
non poteva portarla con le mani
he could not carry it with his hands
così dovette portarla sulla testa
so he had to carry it on his head
Pinocchio non si divertiva a fare il lavoro
Pinocchio did not enjoy doing the work
ma ben presto raggiunsero la casa
but soon they reached the house
e la buona donnina offrì a Pinocchio un posto
and the good little woman offered Pinocchio a seat
la tavola era già apparecchiata
the table had already been laid
e gli pose davanti il pane
and she placed before him the bread
E poi ha preso il cavolfiore e il bonbon

and then he got the cauliflower and the bonbon
Pinocchio non mangiava il suo cibo, lo divorava
Pinocchio did not eat his food, he devoured it
Il suo stomaco era come un appartamento vuoto
His stomach was like an empty apartment
un appartamento rimasto disabitato per mesi
an apartment that had been left uninhabited for months
ma ora la sua fame famelica era in qualche modo placata
but now his ravenous hunger was somewhat appeased
Alzò la testa per ringraziare la sua benefattrice
he raised his head to thank his benefactress
Poi la guardò meglio
then he took a better look at her
emise un prolungato "Oh!" di stupore
he gave a prolonged "Oh!" of astonishment
E continuò a fissarla con gli occhi spalancati
and he continued staring at her with wide open eyes
la sua forchetta era nell'aria
his fork was in the air
e la sua bocca era piena di cavolfiore
and his mouth was full of cauliflower
Era come se fosse stato stregato
it was as if he had been bewitched
La brava donna era molto divertita
the good woman was quite amused
"Che cosa ti ha sorpreso così tanto?"
"What has surprised you so much?"
"È..." rispose il burattino
"It is..." answered the puppet
"È solo che sei come..."
"it's just that you are like..."
"È solo che mi ricordi qualcuno"
"it's just that you remind me of someone"
"Sì, sì, sì, la stessa voce"
"yes, yes, yes, the same voice"
"E tu hai gli stessi occhi e gli stessi capelli"
"and you have the same eyes and hair"

"Sì, sì, sì. hai anche i capelli blu"

"yes, yes, yes. you also have blue hair"

"Oh, piccola Fata! Dimmi che sei tu!"

"Oh, little Fairy! tell me that it is you!"

"Non farmi più piangere!"

"Do not make me cry anymore!"

"Se solo sapessi quanto ho pianto"

"If only you knew how much I've cried"

"e ho sofferto tanto"

"and I have suffered so much"

E Pinocchio si gettò ai suoi piedi

And Pinocchio threw himself at her feet

e abbracciò le ginocchia della misteriosa donnina

and he embraced the knees of the mysterious little woman

e cominciò a piangere amaramente

and he began to cry bitterly

Pinocchio promette alla fata che sarà di nuovo un bravo ragazzo

Pinocchio Promises the Fairy he'll be a Good Boy Again

All'inizio la brava donnina si finse innocente

At first the good little woman played innocent

diceva di non essere la piccola Fata con i capelli azzurri

she said she was not the little Fairy with blue hair

ma Pinocchio non si poteva ingannare
but Pinocchio could not be tricked
Aveva continuato la commedia abbastanza a lungo
she had continued the comedy long enough
E così finì col farsi conoscere
and so she ended by making herself known
"Piccola canaglia birichina, Pinocchio"
"You naughty little rogue, Pinocchio"
"Come hai fatto a scoprire chi ero?"
"how did you discover who I was?"
"E' stato il mio grande affetto per te che me l'ha detto"
"It was my great affection for you that told me"
"Ti ricordi quando mi hai lasciato?"
"Do you remember when you left me?"
"Ero ancora un bambino allora"
"I was still a child back then"
"E ora sono diventata donna"
"and now I have become a woman"
"Una donna abbastanza grande per essere tua madre"
"a woman almost old enough to be your mamma"
"Ne sono felice"
"I am delighted at that"
"Non ti chiamerò più sorellina"
"I will not call you little sister anymore"
"d'ora in poi ti chiamerò mamma"
"from now I will call you mamma"
"Tutti gli altri ragazzi hanno una mamma"
"all the other boys have a mamma"
"e ho sempre desiderato avere anche una mamma"
"and I have always wished to also have a mamma"
"Ma come hai fatto a crescere così in fretta?"
"But how did you manage to grow so fast?"
"Questo è un segreto", disse la fata
"That is a secret," said the fairy
Pinocchio voleva sapere: "Insegnami il tuo segreto"
Pinocchio wanted to know, "teach me your secret"
"perché anch'io vorrei crescere"

"because I would also like to grow"
"Non vedi quanto sono piccolo?"
"Don't you see how small I am?"
"Rimango sempre non più grande di un birillo"
"I always remain no bigger than a ninepin"
"Ma tu non puoi crescere", rispose la Fata
"But you cannot grow," replied the Fairy
"Perché non posso crescere?" chiese Pinocchio
"Why can't I grow?" asked Pinocchio
"Perché i burattini non crescono mai"
"Because puppets never grow"
"Quando nascono sono burattini"
"when they are born they are puppets"
"E vivono la loro vita come burattini"
"and they live their lives as puppets"
"E quando muoiono muoiono come burattini"
"and when they die they die as puppets"
Pinocchio si prende uno schiaffo
Pinocchio game himself a slap
"Oh, sono stufo di essere un burattino!"
"Oh, I am sick of being a puppet!"
"E' tempo che io diventi un uomo"
"It is time that I became a man"
"E tu diventerai un uomo", promise la fata
"And you will become a man," promised the fairy
"ma devi saperlo meritare"
"but you must know how to deserve it"
«È vero?» domandò Pinocchio
"Is this true?" asked Pinocchio
"E cosa posso fare per meritare di essere un uomo?"
"And what can I do to deserve to be a man?"
"È una cosa molto facile meritare di essere un uomo"
"it is a very easy thing to deserve to be a man"
"Tutto quello che devi fare è imparare ad essere un bravo ragazzo"
"all you have to do is learn to be a good boy"
"E tu pensi che io non sia un bravo ragazzo?"

"And you think I am not a good boy?"

"Sei proprio l'opposto di un bravo ragazzo"
"You are quite the opposite of a good boy"

"I bravi ragazzi sono ubbidienti, e tu..."
"Good boys are obedient, and you..."

— E io non obbedisco mai, confessò Pinocchio
"And I never obey," confessed Pinocchio

"Ai bravi ragazzi piace imparare e lavorare, e tu..."
"Good boys like to learn and to work, and you..."

"E io invece conduco una vita oziosa e vagabonda"
"And I instead lead an idle, vagabond life"

"I bravi ragazzi dicono sempre la verità"
"Good boys always speak the truth"

— E io dico sempre bugie — ammise Pinocchio
"And I always tell lies," admitted Pinocchio

"I bravi ragazzi vanno volentieri a scuola"
"Good boys go willingly to school"

"E la scuola mi fa male in tutto il corpo"
"And school gives me pain all over the body"

"Ma da oggi cambierò vita"
"But from today I will change my life"

"Me lo prometti?" chiese la Fata
"Do you promise me?" asked the Fairy

"Prometto che diventerò un bravo ragazzino"
"I promise that I will become a good little boy"

"e prometto di essere la consolazione del mio papà"
"and I promise be the consolation of my papa"

"Dov'è il mio povero papà in questo momento?"
"Where is my poor papa at this moment?"

Ma la fata non sapeva dove fosse suo padre
but the fairy didn't know where his papa was

«Avrò mai la felicità di rivederlo?»
"Shall I ever have the happiness of seeing him again?"

"Lo bacerò mai più?"
"will I ever kiss him again?"

"Penso di sì; anzi, ne sono sicuro"
"I think so; indeed, I am sure of it"

A questa risposta Pinocchio si rallegrò
At this answer Pinocchio was delighted
prese le mani della Fata
he took the Fairy's hands
e cominciò a baciarle le mani con grande fervore
and he began to kiss her hands with great fervour
Sembrava fuori di sé dalla gioia
he seemed beside himself with joy
Allora Pinocchio alzò il viso
Then Pinocchio raised his face
e la guardò amorevolmente
and he looked at her lovingly
"Dimmi, mammina:"
"Tell me, little mamma:"
"Allora non era vero che eri morto?"
"then it was not true that you were dead?"
"Sembra di no" disse la Fata, sorridendo
"It seems not," said the Fairy, smiling
"Se solo tu sapessi il dolore che ho provato"
"If you only knew the sorrow I felt"
"Non puoi immaginare la stretta della mia gola"
"you can't imagined the tightening of my throat"
"Leggere quello che c'era su quella pietra mi ha quasi spezzato il cuore"
"reading what was on that stone almost broke my heart"
"So cosa ti ha fatto"
"I know what it did to you"
"ed è per questo che ti ho perdonato"
"and that is why I have forgiven you"
"L'ho visto dalla sincerità del tuo dolore"
"I saw it from the sincerity of your grief"
"Ho visto che hai un buon cuore"
"I saw that you have a good heart"
"I ragazzi di buon cuore non si perdono"
"boys with good hearts are not lost"
"C'è sempre qualcosa in cui sperare"
"there is always something to hope for"

"anche se sono canaglie"
"even if they are scamps"
"E anche se hanno cattive abitudini"
"and even if they have got bad habits"
"C'è sempre la speranza che cambino le loro abitudini"
"there is always hope they change their ways"
"Per questo sono venuto a cercarti qui"
"That is why I came to look for you here"
"Sarò la tua mamma"
"I will be your mamma"
«Oh, che delizia!» esclamò Pinocchio
"Oh, how delightful!" shouted Pinocchio
e il burattino saltò di gioia
and the little puppet jumped for joy
"Tu mi devi ubbidire, Pinocchio"
"You must obey me, Pinocchio"
"E tu devi fare tutto quello che ti dico"
"and you must do everything that I bid you"
"Ti ubbidirò volentieri"
"I will willingly obey you"
"E farò come mi è stato detto!"
"and I will do as I'm told!"
"Domani comincerai ad andare a scuola"
"Tomorrow you will begin to go to school"
Pinocchio divenne subito un po' meno allegro
Pinocchio became at once a little less joyful
"Allora devi scegliere un'operazione da seguire"
"Then you must choose a trade to follow"
"La maggior parte delle persone sceglie un lavoro in base ai propri desideri"
"you most choose a job according to your wishes"
Pinocchio si fece molto serio a queste parole
Pinocchio became very grave at this
la Fata gli chiese con voce arrabbiata:
the Fairy asked him in an angry voice:
"Che cosa stai borbottando tra i denti?"
"What are you muttering between your teeth?"

"Stavo dicendo..." gemette il burattino a bassa voce
"I was saying..." moaned the puppet in a low voice
"Mi sembra troppo tardi per andare a scuola ora"
"it seems to me too late for me to go to school now"
"No, signore, non è troppo tardi per andare a scuola"
"No, sir, it is not too late for you to go to school"
"Tieni presente che non è mai troppo tardi"
"Keep it in mind that it is never too late"
"Possiamo sempre imparare e istruirci da soli"
"we can always learn and instruct ourselves"
"Ma io non voglio fare un mestiere"
"But I do not wish to follow a trade"
"Perché non vuoi seguire un mestiere?"
"Why do you not wish to follow an trade?"
"Perché mi stanca lavorare"
"Because it tires me to work"
"Ragazzo mio", disse la Fata con amore
"My boy," said the Fairy lovingly
"Ci sono due tipi di persone che parlano così"
"there are two kinds of people who talk like that"
"Ci sono quelli che sono in prigione"
"there are those that are in prison"
"E ci sono quelli che sono in ospedale"
"and there are those that are in hospital"
— **Lascia che ti dica una cosa, Pinocchio;**
"Let me tell you one thing, Pinocchio;"
"Ogni uomo, ricco o povero, è obbligato al lavoro"
"every man, rich or poor, is obliged work"
"Deve occuparsi di qualcosa"
"he has to occupy himself with something"
"Guai a quelli che conducono una vita indolente"
"Woe to those who lead slothful lives"
"L'accidia è una malattia terribile"
"Sloth is a dreadful illness"
"Deve essere curato subito, nell'infanzia"
"it must be cured at once, in childhood"
"Perché non si può mai guarire una volta che si è vecchi"

"because it can never be cured once you are old"
Pinocchio fu commosso da queste parole
Pinocchio was touched by these words
sollevando rapidamente la testa, disse alla Fata:
lifting his head quickly, he said to the Fairy:

"Studierò e lavorerò"
"I will study and I will work"
"Farò tutto quello che mi dirai"
"I will do all that you tell me"
"perché in verità mi sono stancato di essere un burattino"
"for indeed I have become weary of being a puppet"
"E desidero ad ogni costo diventare un ragazzo"
"and I wish at any price to become a boy"
«Mi hai promesso che sarei diventato un ragazzo, vero?»

"You promised me that I can become a boy, did you not?"
"Ti ho promesso che puoi diventare un ragazzo"
"I did promise you that you can become a boy"
"E se ora diventerai un ragazzo dipende da te stesso"
"and whether you become a boy now depends upon yourself"

Il terribile pesce-cane
The Terrible Dog-Fish

Il giorno seguente Pinocchio andò a scuola
The following day Pinocchio went to school
potete immaginare la gioia di tutti i piccoli furfanti
you can imagine the delight of all the little rogues
Un burattino era entrato nella loro scuola!
a puppet had walked into their school!
Hanno scatenato uno scroscio di risate che non ha mai finito
They set up a roar of laughter that never ended
Gli hanno giocato ogni sorta di scherzi
They played all sorts of tricks on him
Un ragazzo si tolse il berretto
One boy carried off his cap
un altro ragazzo gli tirò addosso la giacca di Pinocchio
another boy pulled Pinocchio's jacket over him
Uno cercò di dargli un paio di baffi color inchiostro
one tried to give him a pair of inky mustachios
Un altro ragazzo tentò di legarsi delle corde ai piedi e alle mani
another boy attempted to tie strings to his feet and hands
e poi ha cercato di farlo ballare
and then he tried to make him dance
Per un po' Pinocchio fece finta di non curarsene
For a short time Pinocchio pretended not to care
E se la cavava bene con la scuola come poteva
and he got on as well with school as he could
ma alla fine perse tutta la pazienza
but at last he lost all his patience

Si rivolse a coloro che lo prendevano in giro di più
he turned to those who were teasing him most
"State attenti, ragazzi!", li avvertì
"Beware, boys!" he warned them
"Non sono venuto qui per essere il tuo buffone"
"I have not come here to be your buffoon"
"Rispetto gli altri", ha detto
"I respect others," he said
"e intendo essere rispettato"
"and I intend to be respected"
«Ben detto, millantatore!» urlarono i giovani mascalzoni
"Well said, boaster!" howled the young rascals
"Hai parlato come un libro!"
"You have spoken like a book!"
e si agitarono in una risata folle
and they convulsed with mad laughter
C'era un ragazzo più impertinente degli altri
there was one boy more impertinent than the others
Cercò di afferrare il burattino per la punta del naso
he tried to seize the puppet by the end of his nose
Ma non riuscì a farlo abbastanza in fretta
But he could not do so quickly enough
Pinocchio sporse la gamba da sotto il tavolo
Pinocchio stuck his leg out from under the table
e gli diede un gran calcio sugli stinchi
and he gave him a great kick on his shins
Il ragazzo ruggì di dolore
the boy roared in pain
"Oh, che piedi duri che hai!"
"Oh, what hard feet you have!"
e si strofinò il livido che il burattino gli aveva procurato
and he rubbed the bruise the puppet had given him
"E che gomiti hai!" disse un altro
"And what elbows you have!" said another
"Sono ancora più duri dei suoi piedi!"
"they are even harder than his feet!"
Anche questo ragazzo gli aveva fatto brutti scherzi

this boy had also played rude tricks on him
e aveva ricevuto un colpo nello stomaco
and he had received a blow in the stomach
Ma, ciononostante, il calcio e il colpo acquistarono simpatia
But, nevertheless, the kick and the blow acquired sympathy
e Pinocchio si guadagnò la stima dei ragazzi
and Pinocchio earned the esteem of the boys
Ben presto fecero tutti amicizia con lui
They soon all made friends with him
e ben presto gli piacque di cuore
and soon they liked him heartily
E anche il maestro lo lodò
And even the master praised him
perché Pinocchio era attento in classe
because Pinocchio was attentive in class
Era uno studente studioso e intelligente
he was a studious and intelligent student
ed era sempre il primo a venire a scuola
and he was always the first to come to school
ed era sempre l'ultimo ad andarsene quando la scuola era finita
and he was always the last to leave when school was over
Ma aveva una colpa; si è fatto troppi amici
But he had one fault; he made too many friends
e tra i suoi amici c'erano parecchi mascalzoni
and amongst his friends were several rascals
Questi ragazzi erano ben noti per la loro avversione per lo studio
these boys were well known for their dislike of study
e soprattutto amavano causare guai
and they especially loved to cause mischief
Il maestro lo metteva in guardia su di loro ogni giorno
The master warned him about them every day
anche la buona Fata non mancava mai di dirgli:
even the good Fairy never failed to tell him:
"Stai attento, Pinocchio, ai tuoi amici!"
"Take care, Pinocchio, with your friends!"

"Quei tuoi cattivi compagni di scuola sono guai"
"Those bad school-fellows of yours are trouble"
"Ti faranno perdere l'amore per lo studio"
"they will make you lose your love of study"
"Possono anche recare su di te qualche grande sventura"
"they may even bring upon you some great misfortune"
"Non c'è da temere!" rispose il burattino
"There is no fear of that!" answered the puppet
e si strinse nelle spalle e si toccò la fronte
and he shrugged his shoulders and touched his forehead
"C'è così tanto senso qui!"
"There is so much sense here!"

un bel giorno Pinocchio andava a scuola
one fine day Pinocchio was on his way to school
e incontrò molti dei suoi soliti compagni
and he met several of his usual companions
Avvicinatisi, gli chiesero:
coming up to him, they asked:
"Hai sentito la grande notizia?"
"Have you heard the great news?"
"No, non ho sentito la grande notizia"
"No, I have not heard the great news"
"Nel mare qui vicino è apparso un pesce-cane"
"In the sea near here a Dog-Fish has appeared"
"È grande come una montagna"

"he is as big as a mountain"
«È vero?» domandò Pinocchio
"Is it true?" asked Pinocchio
"Può essere lo stesso Pesce-Cane?"
"Can it be the same Dog-Fish?"
"Il pesce-cane che c'era quando mio padre è annegato"
"The Dog-Fish that was there when my papa drowned"
"Andiamo a trovarlo sulla riva"
"We are going to the shore to see him"
"Vuoi venire con noi?"
"Will you come with us?"
"No; Vado a scuola"
"No; I am going to school"
"Che importanza ha la scuola?"
"of what great importance is school?"
"Domani possiamo andare a scuola"
"We can go to school tomorrow"
"Una lezione in più o in meno non importa"
"one lesson more or less doesn't matter"
"Rimarremo sempre gli stessi asini"
"we shall always remain the same donkeys"
"Ma cosa dirà il padrone?"
"But what will the master say?"
"Il padrone può dire quello che vuole"
"The master may say what he likes"
"È pagato per brontolare tutto il giorno"
"He is paid to grumble all day"
"E cosa dirà mia mamma?"
"And what will my mamma say?"
"Le mamme non sanno niente", risposero i bambini cattivi
"Mammas know nothing," answered the bad little boys
— Sapete che cosa farò? — disse Pinocchio
"Do you know what I will do?" said Pinocchio
"Ho delle ragioni per desiderare di vedere il Pesce-Cane"
"I have reasons for wishing to see the Dog-Fish"
"ma andrò a trovarlo quando la scuola sarà finita"
"but I will go and see him when school is over"

"Povero asino!" esclamò uno dei ragazzi
"Poor donkey!" exclaimed one of the boys
«Pensi che un pesce di quelle dimensioni aspetterà la tua convenienza?»
"Do you suppose a fish of that size will wait your convenience?"
"Quando sarà stanco di stare qui andrà da un'altra parte"
"when he is tired of being here he will go another place"
"E allora sarà troppo tardi"
"and then it will be too late"
il Burattino dovette pensarci
the Puppet had to think about this
"Quanto tempo ci vuole per arrivare a riva?"
"How long does it take to get to the shore?"
"Possiamo essere lì e tornare in un'ora"
"We can be there and back in an hour"
"Allora si parte!" gridò Pinocchio
"Then off we go!" shouted Pinocchio
"E chi corre più veloce è il migliore!"
"and he who runs fastest is the best!"
e i ragazzi si precipitarono attraverso i campi
and the boys rushed off across the fields
e Pinocchio era sempre il primo
and Pinocchio was always the first
Sembrava avere le ali ai piedi
he seemed to have wings on his feet
Di tanto in tanto si voltava a deridere i suoi compagni
From time to time he turned to jeer at his companions
Erano un po' indietro
they were some distance behind
Li vide ansimare
he saw them panting for breath
ed erano coperti di polvere
and they were covered with dust
e le loro lingue pendevano dalle loro bocche
and their tongues were hanging out of their mouths
e Pinocchio rise di cuore a quella vista

and Pinocchio laughed heartily at the sight
Lo sfortunato ragazzo non sapeva cosa stava per accadere
The unfortunate boy did not know what was to come
gli orrori e gli orribili disastri che stavano arrivando!
the terrors and horrible disasters that were coming!

Pinocchio viene arrestato dai gendarmi
Pinocchio is Arrested by the Gendarmes

Pinocchio arrivò alla riva
Pinocchio arrived at the shore
e guardò verso il mare
and he looked out to sea
ma non vide nessun pescecane
but he saw no Dog-Fish
Il mare era liscio come un grande specchio di cristallo
The sea was as smooth as a great crystal mirror
«Dov'è il pescecane?» chiese
"Where is the Dog-Fish?" he asked
e si rivolse ai suoi compagni
and he turned to his companions
Tutti i ragazzi risero insieme
all the boys laughed together
"Deve essere andato a fare colazione"
"He must have gone to have his breakfast"
"O si è gettato sul letto"
"Or he has thrown himself on to his bed"
"Sì, sta facendo un pisolino"
"yes, he's having a little nap"
e risero ancora più forte
and they laughed even louder
Le loro risposte sembravano particolarmente assurde
their answers seemed particularly absurd
e la loro risata era molto sciocca
and their laughter was very silly
Pinocchio guardò i suoi amici

Pinocchio looked around at his friends
I suoi compagni sembravano prenderlo in giro
his companions seemed to be making a fool of him
lo avevano indotto a credere a una favola
they had induced him to believe a tale
Ma non c'era nulla di vero in questa storia
but there was no truth to the tale
Pinocchio non prese bene lo scherzo
Pinocchio did not take the joke well
e parlava con rabbia con i ragazzi
and he spoke angrily with the boys
"E adesso??" gridò
"And now??" he shouted
"mi hai raccontato la storia del Pesce-Cane"
"you told me a story of the Dog-Fish"
"Ma che divertimento hai trovato nell'ingannarmi?"
"but what fun did you find in deceiving me?"
"Oh, è stato molto divertente!" risposero i piccoli mascalzoni
"Oh, it was great fun!" answered the little rascals
"E in che cosa consisteva questo divertimento?"
"And in what did this fun consist of?"
"Ti abbiamo fatto perdere un giorno di scuola"
"we made you miss a day of school"
"E ti abbiamo convinto a venire con noi"
"and we persuaded you to come with us"
"Non ti vergogni della tua condotta?"
"Are you not ashamed of your conduct?"
"Sei sempre così puntuale a scuola"
"you are always so punctual to school"
"E sei sempre così diligente in classe"
"and you are always so diligent in class"
"Non ti vergogni di studiare così duramente?"
"Are you not ashamed of studying so hard?"
"E se studiassi sodo?"
"so what if I study hard?"
«Che cosa ti riguarda?»
"what concern is it of yours?"

"Ci preoccupa eccessivamente"
"It concerns us excessively"
"perché ci mette in cattiva luce"
"because it makes us appear in a bad light"
"Perché ti mette in cattiva luce?"
"Why does it make you appear in a bad light?"
"C'è chi di noi non ha voglia di studiare"
"there are those of us who have no wish to study"
"Non abbiamo alcun desiderio di imparare nulla"
"we have no desire to learn anything"
"I bravi ragazzi ci fanno sembrare peggiori al confronto"
"good boys make us seem worse by comparison"
"E questo è un peccato per te"
"And that is too bad for you"
"Anche noi abbiamo il nostro orgoglio!"
"We, too, have our pride!"
"Allora che cosa devo fare per farti piacere?"
"Then what must I do to please you?"
"Dovete seguire il nostro esempio"
"You must follow our example"
"Devi odiare la scuola come noi"
"you must hate school like us"
"Bisogna ribellarsi nelle lezioni"
"you must rebel in the lessons"
"E devi disubbidire al padrone"
"and you must disobey the master"
"Questi sono i nostri tre più grandi nemici"
"those are our three greatest enemies"
"E se volessi continuare i miei studi?"
"And if I wish to continue my studies?"
"In tal caso non avremo più nulla a che fare con te"
"In that case we will have nothing more to do with you"
"E alla prima occasione te la faremo pagare"
"and at the first opportunity we will make you pay for it"
"Davvero", disse il burattino, scuotendo la testa
"Really," said the puppet, shaking his head
"Mi fai venire voglia di ridere"

"you make me inclined to laugh"
«Eh, Pinocchio!» gridò il più grosso dei ragazzi
"Eh, Pinocchio," shouted the biggest of the boys
e affrontò direttamente Pinocchio
and he confronted Pinocchio directly
"Qui non funziona la tua superiorità"
"None of your superiority works here"
"Non venite qui a cantare su di noi"
"don't come here to crow over us"
"Se tu non hai paura di noi, noi non abbiamo paura di te"
"if you are not afraid of us, we are not afraid of you"
"Ricordati che sei uno contro sette"
"Remember that you are one against seven"
"Sette, come i sette peccati capitali", disse Pinocchio
"Seven, like the seven deadly sins," said Pinocchio
e gridò dalle risate
and he shouted with laughter
"Ascoltatelo! Ci ha insultato tutti!"
"Listen to him! He has insulted us all!"
"Ci chiamò i sette peccati capitali!"
"He called us the seven deadly sins!"
«Prendi questo per cominciare», disse uno dei ragazzi
"Take that to begin with," said one of the boys
"E tienilo per la tua cena di stasera"
"and keep it for your supper tonight"
E, così dicendo, gli diede un pugno in testa
And, so saying, he punched him on the head
Ma è stato un dare e avere
But it was a give and take
perché il burattino ha subito restituito il colpo
because the puppet immediately returned the blow
Non è stata una grande sorpresa
this was no big surprise
E la lotta divenne rapidamente disperata
and the fight quickly got desperate
è vero che Pinocchio era solo
it is true that Pinocchio was alone

ma si è difeso come un eroe
but he defended himself like a hero
Usava i piedi, che erano di legno durissimo
He used his feet, which were of the hardest wood
e tenne i suoi nemici a rispettosa distanza
and he kept his enemies at a respectful distance
Ovunque i suoi piedi toccassero, lasciavano un livido
Wherever his feet touched they left a bruise
I ragazzi si infuriarono con lui
The boys became furious with him
corpo a corpo non riuscivano a eguagliare il burattino
hand to hand they couldn't match the puppet
Così presero in mano altre armi
so they took other weapons into their hands
I ragazzi allentarono le loro cartelle
the boys loosened their satchels
e gli gettarono addosso i loro libri di scuola
and they threw their school-books at him
grammatiche, dizionari e libri di ortografia
grammars, dictionaries, and spelling-books
libri di geografia e altre opere scolastiche
geography books and other scholastic works
Ma Pinocchio reagì subito
But Pinocchio was quick to react
e aveva occhi acuti per queste cose
and he had sharp eyes for these things
Riusciva sempre ad abbassarsi in tempo
he always managed to duck in time
Così i libri passarono sopra la sua testa
so the books passed over his head

e invece i libri caddero in mare
and instead the books fell into the sea
Immaginate lo stupore dei pesci!
Imagine the astonishment of the fish!
Pensavano che i libri fossero qualcosa da mangiare
they thought the books were something to eat
e arrivarono tutti in grandi banchi di pesci
and they all arrived in large shoals of fish
ma hanno assaggiato un paio di pagine
but they tasted a couple of the pages
e sputarono di nuovo la carta
and they quickly spat the paper out again
e il pesce faceva smorfie ironiche
and the fish made wry faces
"Questo non è affatto cibo per noi"
"this isn't food for us at all"
"Siamo abituati a qualcosa di molto meglio!"
"we are accustomed to something much better!"
La battaglia nel frattempo era diventata più feroce che mai
The battle meantime had become fiercer than ever
Un grosso granchio era uscito dall'acqua
a big crab had come out of the water
e si era arrampicato lentamente sulla riva
and he had climbed slowly up on the shore

gridò con voce rauca
he called out in a hoarse voice
Suonava come una tromba con un brutto raffreddore
it sounded like a trumpet with a bad cold
"Basta con i vostri combattimenti, giovani ruffiani"
"enough of your fighting, you young ruffians"
"Perché voi non siete altro che ruffiani!"
"because you are nothing other than ruffians!"
"Questi combattimenti tra ragazzi raramente finiscono bene"
"These fights between boys seldom finish well"
"Qualche disastro accadrà sicuramente!"
"Some disaster is sure to happen!"
Ma il povero granchio avrebbe dovuto risparmiarsi la fatica
but the poor crab should have saved himself the trouble
Avrebbe potuto anche predicare al vento
He might as well have preached to the wind
Anche quel giovane mascalzone, Pinocchio, si voltò
Even that young rascal, Pinocchio, turned around
Lo guardò beffardamente e disse sgarbatamente:
he looked at him mockingly and said rudely:
"Trattieni la lingua, granchio noioso!"
"Hold your tongue, you tiresome crab!"
"Faresti meglio a succhiare delle pastiglie alla liquirizia"
"You had better suck some liquorice lozenges"
"Cura quel raffreddore in gola"
"cure that cold in your throat"
In quel momento i ragazzi non avevano più libri
Just then the boys had no more books
almeno, non avevano libri propri
at least, they had no books of their own
spiarono a poca distanza la borsa di Pinocchio
they spied at a little distance Pinocchio's bag
e presero possesso delle sue cose
and they took possession of his things
Tra i suoi libri ce n'era uno rilegato in cartoncino
Amongst his books there was one bound in card
Era un trattato di aritmetica

It was a Treatise on Arithmetic
Uno dei ragazzi ha sequestrato questo volume
One of the boys seized this volume
e puntò il libro sulla testa di Pinocchio
and he aimed the book at Pinocchio's head
Glielo lanciò addosso con tutte le sue forze
he threw it at him with all his strength
Ma il libro non colpì il burattino
but the book did not hit the puppet
invece il libro colpì un compagno in testa
instead the book hit a companion on the head
il ragazzo diventò bianco come un lenzuolo
the boy turned as white as a sheet
"Oh, mamma! aiuto, sto morendo!"
"Oh, mother! help, I am dying!"
e cadde per tutta la sua lunghezza sulla sabbia
and he fell his whole length on the sand
I ragazzi devono aver pensato che fosse morto
the boys must have thought he was dead
e corsero via più in fretta che le loro gambe poterono correre
and they ran off as fast as their legs could run
In pochi minuti erano scomparsi dalla vista
in a few minutes they were out of sight
Ma Pinocchio rimase con il ragazzo
But Pinocchio remained with the boy
anche se avrebbe preferito scappare anche lui
although he would have rather ran off too
perché anche la sua paura era grande
because his fear was also great
Ciononostante, corse verso il mare
nevertheless, he ran over to the sea
e inzuppò il fazzoletto nell'acqua
and he soaked his handkerchief in the water
Tornò di corsa dal suo povero compagno di scuola
he ran back to his poor school-fellow
e cominciò a bagnarsi la fronte
and he began to bathe his forehead

pianse amaramente per la disperazione
he cried bitterly in despair
e continuava a chiamarlo per nome
and he kept calling him by name
Ed egli gli disse molte cose:
and he said many things to him:
"Eugenio! il mio povero Eugenio!"
"Eugene! my poor Eugene!"
"Apri gli occhi e guardami!"
"Open your eyes and look at me!"
"Perché non rispondi?"
"Why do you not answer?"
"Non l'ho fatto a te"
"I did not do it to you"
"Non sono stato io a farti così male!"
"it was not I that hurt you so!"
"Credimi, non sono stato io!"
"believe me, it was not me!"
"Apri gli occhi, Eugenio"
"Open your eyes, Eugene"
"Se tieni gli occhi chiusi morirò anch'io"
"If you keep your eyes shut I shall die, too"
"Oh! che cosa devo fare?"
"Oh! what shall I do?"
"Come potrò mai tornare a casa?"
"how shall I ever return home?"
"Come potrò mai avere il coraggio di tornare dalla mia buona mamma?"
"How can I ever have the courage to go back to my good mamma?"
"Che ne sarà di me?"
"What will become of me?"
"Dove posso volare?"
"Where can I fly to?"
"Se solo fossi andato a scuola!"
"had I only gone to school!"
"Perché ho ascoltato i miei compagni?"

"Why did I listen to my companions?"
"Sono stati la mia rovina"
"they have been my ruin"
"Me l'ha detto il maestro"
"The master said it to me"
"E mia mamma lo ripeteva spesso"
"and my mamma repeated it often"
'Guardatevi dai cattivi compagni!'
'Beware of bad companions!'
"Oh, cara! Che ne sarà di me?"
"Oh, dear! what will become of me?"
E Pinocchio cominciò a piangere e a singhiozzare
And Pinocchio began to cry and sob
e si colpì la testa con i pugni
and he struck his head with his fists
All'improvviso sentì il rumore di passi
Suddenly he heard the sound of footsteps
Si voltò e vide due soldati
He turned and saw two soldiers
"Che ci fai lì?"
"What are you doing there?"
"Perché sei sdraiato a terra?"
"why are you lying on the ground?"
"Sto aiutando il mio compagno di scuola"
"I am helping my school-fellow"
«Si è fatto male?»
"Has he been hurt?"
"Sembra che sia stato ferito"
"It seems he has been hurt"
«Davvero male!» esclamò uno di loro
"Hurt indeed!" said one of them
e si chinò per esaminare attentamente Eugenio
and he stooped down to examine Eugene closely
"Questo ragazzo è stato ferito alla testa"
"This boy has been wounded on the head"
"Chi l'ha ferito?" chiesero a Pinocchio
"Who wounded him?" they asked Pinocchio

"Non io", balbettò il burattino senza fiato
"Not I," stammered the puppet breathlessly
"Se non sei stato tu, chi l'ha fatto?"
"If it was not you, who then did it?"
— Non io, — ripeté Pinocchio
"Not I," repeated Pinocchio
«E di che cosa è stato ferito?»
"And with what was he wounded?"
"È stato ferito da questo libro"
"he was hurt with this book"
E il burattino raccolse da terra il suo libro
And the puppet picked up from the ground his book
il Trattato di Aritmetica
the Treatise on Arithmetic
e mostrò il libro al soldato
and he showed the book to the soldier
"E a chi appartiene?"
"And to whom does this belong?"
— A me appartiene, — rispose Pinocchio, onestamente
"It belongs to me," answered Pinocchio, honestly
"Basta, non si vuole altro"
"That is enough, nothing more is wanted"
"Alzati e vieni subito con noi"
"Get up and come with us at once"
"Ma io..." Pinocchio cercò di obiettare
"But I..." Pinocchio tried to object
"Vieni con noi!" insistettero
"Come along with us!" they insisted
"Ma io sono innocente", supplicò
"But I am innocent" he pleaded
ma non hanno ascoltato. "Vieni con noi!"
but they didn't listen. "Come along with us!"
Prima di andarsene, i soldati chiamarono un pescatore di passaggio
Before they left, the soldiers called a passing fishermen
"Ti diamo questo ragazzo ferito"
"We give you this wounded boy"

"Lo lasciamo alle tue cure"
"we leave him in your care"
"Portatelo a casa vostra e allattatelo"
"Carry him to your house and nurse him"
"Domani verremo a trovarlo"
"Tomorrow we will come and see him"
Poi si rivolsero a Pinocchio
They then turned to Pinocchio
"Avanti! e cammina in fretta"
"Forward! and walk quickly"
"O sarà peggio per te"
"or it will be the worse for you"
Pinocchio non se lo fece ripetere due volte
Pinocchio did not need to be told twice
Il burattino si incamminò lungo la strada che portava al villaggio
the puppet set out along the road leading to the village
Ma il povero diavoletto sapeva a malapena dove si trovava
But the poor little Devil hardly knew where he was
Pensò che stesse sognando
He thought he must be dreaming
E che sogno terribile fu!
and what a dreadful dream it was!
Vide doppio e le gambe gli tremarono
He saw double and his legs shook
la sua lingua si aggrappava al palato
his tongue clung to the roof of his mouth
e non riusciva a proferire parola
and he could not utter a word
Eppure, in mezzo al suo stupore e alla sua apatia
And yet, in the midst of his stupefaction and apathy
Il suo cuore fu trafitto da una spina crudele
his heart was pierced by a cruel thorn
Sapeva dove doveva passare
he knew where he had to walk past
sotto le finestre della casa della fata buona
under the windows of the good Fairy's house

e stava andando a trovarlo con i soldati
and she was going see him with the soldiers
Avrebbe preferito morire
He would rather have died
Presto raggiunsero il villaggio
soon they reached the village
una folata di vento fece volare via il berretto di Pinocchio dalla testa
a gust of wind blew Pinocchio's cap off his head
«**Me lo permettete?» chiese il burattino ai soldati**
"Will you permit me?" said the puppet to the soldiers
"Posso andare a prendere il mio berretto?"
"can I go and get my cap?"
"Andate, dunque; ma sii veloce"
"Go, then; but be quick about it"
Il burattino andò a prendere il berretto
The puppet went and picked up his cap
ma non si è messo il berretto in testa
but he didn't put the cap on his head
Si mise il berretto tra i denti
he put the cap between his teeth
e cominciò a correre più veloce che poteva
and began to run as fast as he could
Stava correndo verso la riva del mare!
he was running back towards the seashore!
I soldati pensavano che sarebbe stato difficile raggiungerlo
The soldiers thought it would be difficult to overtake him
Così gli mandarono dietro un grosso mastino
so they sent after him a large mastiff
Aveva vinto i primi premi in tutte le corse canine
he had won the first prizes at all the dog races
Pinocchio correva, ma il cane correva più veloce
Pinocchio ran, but the dog ran faster
La gente si avvicinò alle finestre
The people came to their windows
e si affollarono in strada
and they crowded into the street

Volevano vedere la fine della corsa disperata
they wanted to see the end of the desperate race

Pinocchio corre il pericolo di essere fritto in padella come un pesce
Pinocchio Runs the Danger of being Fried in a Pan like a Fish

La gara non stava andando bene per il burattino
the race was not going well for the puppet
e Pinocchio credette d'aver perduto
and Pinocchio thought he had lost
Alidoro, il mastino, era corso veloce
Alidoro, the mastiff, had run swiftly
e l'aveva quasi raggiunto
and he had nearly caught up with him
La terribile bestia era molto vicina dietro di lui
the dreadful beast was very close behind him
Poteva sentire l'ansimare del cane
he could hear the panting of the dog
Non c'era una mano di larghezza tra loro
there was not a hand's breadth between them
Riusciva persino a sentire l'alito caldo del cane
he could even feel the dog's hot breath
Per fortuna la riva era vicina
Fortunately the shore was close
e il mare era a pochi passi
and the sea was but a few steps off
Presto raggiunsero le sabbie della spiaggia
soon they reached the sands of the beach
Ci sono arrivati quasi nello stesso momento
they got there almost at the same time
ma il burattino fece un salto meraviglioso
but the puppet made a wonderful leap
Una rana non avrebbe potuto fare di meglio
a frog could have done no better
e si tuffò nell'acqua

and he plunged into the water
Alidoro, al contrario, voleva fermarsi
Alidoro, on the contrary, wished to stop himself
ma si lasciò trasportare dall'impeto della corsa
but he was carried away by the impetus of the race
Andò anche in mare
he also went into the sea
Lo sfortunato cane non sapeva nuotare
The unfortunate dog could not swim
ma fece grandi sforzi per mantenersi a galla
but he made great efforts to keep himself afloat
e nuotava meglio che poteva con le zampe
and he swam as well as he could with his paws
ma più lottava e più sprofondava
but the more he struggled the farther he sank
e ben presto la sua testa fu sott'acqua
and soon his head was under the water
La sua testa si sollevò dall'acqua per un attimo
his head rose above the water for a moment
e i suoi occhi roteavano per il terrore
and his eyes were rolling with terror
e il povero cane abbaiò:
and the poor dog barked out:
"Sto annegando! Sto annegando!"
"I am drowning! I am drowning!"
«Annega!» gridò Pinocchio da lontano
"Drown!" shouted Pinocchio from a distance
Sapeva di non essere più in pericolo
he knew that he was in no more danger
"Aiutami, caro Pinocchio!"
"Help me, dear Pinocchio!"
"Salvami dalla morte!"
"Save me from death!"
in realtà Pinocchio aveva un ottimo cuore
in reality Pinocchio had an excellent heart
Sentì il grido straziante del cane
he heard the agonizing cry from the dog

e il burattino fu mosso a compassione
and the puppet was moved with compassion
Si rivolse al cane e disse:
he turned to the dog, and said:
— Io vi salverò, — disse Pinocchio
"I will save you," said Pinocchio
«Ma mi prometti di non darmi più fastidio?»
"but do you promise to give me no further annoyance?"
"Te lo prometto! Te lo prometto!" abbaiò il cane
"I promise! I promise!" barked the dog
"Affrettati, per pietà"
"Be quick, for pity's sake"
"se indugi di un altro mezzo minuto sarò morto"
"if you delay another half-minute I shall be dead"
Pinocchio esitò un momento
Pinocchio hesitated for a moment
ma poi si ricordò di ciò che suo padre gli aveva detto spesso
but then he remembered what his father had often told him
"Una buona azione non è mai perduta"
"a good action is never lost"
nuotò rapidamente verso Alidoro
he quickly swam over to Alidoro
e gli afferrò la coda con entrambe le mani
and took hold of his tail with both hands
Presto si ritrovarono di nuovo sulla terraferma
soon they were on dry land again
e Alidoro era sano e salvo
and Alidoro was safe and sound
Il povero cane non riusciva a stare in piedi
The poor dog could not stand
Aveva bevuto molta acqua salata
He had drunk a lot of salt water
e ora era come un pallone
and now he was like a balloon
Il burattino, però, non si fidava del tutto di lui
The puppet, however, didn't entirely trust him
Pensò che fosse più prudente tuffarsi di nuovo in acqua

he thought it more prudent to jump again into the water
Nuotò per un po' nell'acqua
he swam a little distance into the water
e chiamò il suo amico che aveva salvato
and he called out to his friend he had rescued
"Addio, Alidoro; buon viaggio a te"
"Good-bye, Alidoro; a good journey to you"
"E porta i miei complimenti a tutti a casa"
"and take my compliments to all at home"
— Addio, Pinocchio, — rispose il cane
"Good-bye, Pinocchio," answered the dog
"mille grazie per avermi salvato la vita"
"a thousand thanks for having saved my life"
"Mi hai reso un grande servizio"
"You have done me a great service"
"E in questo mondo ciò che è dato è restituito"
"and in this world what is given is returned"
"Se si presenta un'occasione, non la dimenticherò"
"If an occasion offers I shall not forget it"
Pinocchio nuotò lungo la riva
Pinocchio swam along the shore
Alla fine pensò di aver raggiunto un luogo sicuro
At last he thought he had reached a safe place
Così diede un'occhiata lungo la riva
so he gave a look along the shore
Vide tra le rocce una specie di caverna
he saw amongst the rocks a kind of cave
Dalla grotta usciva una nuvola di fumo
from the cave there was a cloud of smoke
"In quella grotta ci deve essere un fuoco"
"In that cave there must be a fire"
"Tanto meglio", pensò Pinocchio
"So much the better," thought Pinocchio
"Andrò ad asciugarmi e a riscaldarmi"
"I will go and dry and warm myself"
"E poi?" Pinocchio si chiese
"and then?" Pinocchio wondered

"E poi vedremo", concluse
"and then we shall see," he concluded
Presa la decisione, nuotò verso terra
Having taken the resolution he swam landwards
stava per arrampicarsi sulle rocce
he was was about to climb up the rocks
ma sentiva qualcosa sotto l'acqua
but he felt something under the water
Qualunque cosa fosse, saliva sempre più in alto
whatever it was rose higher and higher
e lo portò in aria
and it carried him into the air
Cercò di fuggire
He tried to escape from it
ma era troppo tardi per andarsene
but it was too late to get away
Rimase estremamente sorpreso quando vide di cosa si trattava
he was extremely surprised when he saw what it was
Si trovò chiuso in una grande rete
he found himself enclosed in a great net
Era con uno sciame di pesci di ogni dimensione e forma
he was with a swarm of fish of every size and shape
Sbattevano le ali e si dibattevano
they were flapping and struggling around
come uno sciame di anime disperate
like a swarm of despairing souls
Nello stesso istante un pescatore uscì dalla grotta
At the same moment a fisherman came out of the cave
Il pescatore era orribilmente brutto
the fisherman was horribly ugly
e sembrava un mostro marino
and he looked like a sea monster
la sua testa non era coperta di capelli
his head was not covered in hair
invece aveva un folto cespuglio di erba verde
instead he had a thick bush of green grass

la sua pelle era verde e i suoi occhi erano verdi
his skin was green and his eyes were green
e la sua lunga barba scese a terra
and his long beard came down to the ground
e naturalmente anche la sua barba era verde
and of course his beard was also green
Aveva l'aspetto di un'immensa lucertola
He had the appearance of an immense lizard
una lucertola in piedi sulle zampe posteriori
a lizard standing on its hind-paws

Il pescatore tirò fuori la rete dal mare
the fisherman pulled his net out of the sea
"Grazie al cielo!" esclamò molto soddisfatto
"Thank Heaven!" he exclaimed greatly satisfied
"Anche oggi farò una splendida festa a base di pesce!"
"Again today I shall have a splendid feast of fish!"
Pinocchio pensò un momento tra sé
Pinocchio thought to himself for a moment
"Che misericordia che io non sia un pesce!"
"What a mercy that I am not a fish!"
e riacquistò un po' di coraggio
and he regained a little courage
La rete piena di pesci fu portata nella grotta
The netful of fish was carried into the cave
e la grotta era buia e fumosa

and the cave was dark and smoky
Al centro della grotta c'era una grande padella
In the middle of the cave was a large frying-pan
e la padella era piena d'olio
and the frying-pan was full of oil
C'era un odore soffocante di funghi
there was a suffocating smell of mushrooms
Ma il pescatore era molto eccitato
but the fisherman was very excited
"Ora vedremo che pesce abbiamo preso!"
"Now we will see what fish we have taken!"
e mise nella rete una mano enorme
and he put into the net an enormous hand
La sua mano aveva le proporzioni di una pala da fornaio
his hand had the proportions of a baker's shovel
e tirò fuori una manciata di pesci
and he pulled out a handful of fish
"Questi pesci sono buoni!" disse
"These fish are good!" he said
e annusò il pesce con compiacimento
and he smelled the fish complacently
E poi gettò il pesce in una padella senz'acqua
And then he threw the fish into a pan without water
Ha ripetuto la stessa operazione molte volte
He repeated the same operation many times
e mentre tirava fuori il pesce gli veniva l'acquolina in bocca
and as he drew out the fish his mouth watered
e il Pescatore ridacchiò tra sé e sé
and the Fisherman chuckled to himself
"Che sardine squisite ho pescato!"
"What exquisite sardines I've caught!"
"Questi sgombri saranno deliziosi!"
"These mackerel are going to be delicious!"
"E questi granchi saranno eccellenti!"
"And these crabs will be excellent!"
"Che care acciughe piccole!"
"What dear little anchovies they are!"

L'ultimo a rimanere nella rete del pescatore fu Pinocchio
The last to remain in the fisher's net was Pinocchio
I suoi grandi occhi verdi si aprirono per lo stupore
his big green eyes opened with astonishment
"Che specie di pesce è questa??"
"What species of fish is this??"
"Pesce di questo tipo non ricordo di averlo mangiato"
"Fish of this kind I don't remember to have eaten"
E lo guardò di nuovo con attenzione
And he looked at him again attentively
e lo esaminò bene dappertutto
and he examined him well all over
"Lo so: dev'essere un gambero"
"I know: he must be a craw-fish"
Pinocchio era mortificato per essere stato scambiato per un gambero
Pinocchio was mortified at being mistaken for a craw-fish
"Mi prendi per un gambero?"
"Do you take me for a craw-fish?"
"Non è questo il modo di trattare i tuoi ospiti!"
"that's no way to treat your guests!"
"Lascia che ti dica che sono un burattino"
"Let me tell you that I am a puppet"
«Un burattino?» rispose il pescatore
"A puppet?" replied the fisherman
"allora devo dirti la verità"
"then I must tell you the truth"
"Un burattino è un pesce abbastanza nuovo per me"
"a puppet is quite a new fish to me"
"Ma questo è ancora meglio!"
"but that is even better!"
"Ti mangerò con maggior piacere"
"I shall eat you with greater pleasure"
"Puoi mangiarmi quanto vuoi"
"you can eat me all you want"
"Ma capirai che non sono un pesce?"
"but will you understand that I am not a fish?"

"Non senti che parlo?"
"Do you not hear that I talk?"
"Non vedi che io ragion come te?"
"can you not see that I reason as you do?"
«È proprio vero» disse il pescatore
"That is quite true," said the fisherman
"Sei davvero un pesce con il talento di parlare"
"you are indeed a fish with the talent of talking"
"e tu sei un pesce che sa ragionare come me"
"and you are a fish that can reason as I do"
"Devo trattarti con la dovuta attenzione"
"I must treat you with appropriate attention"
"E quale sarebbe questa attenzione?"
"And what would this attention be?"
"Lascia che ti dia un segno della mia amicizia"
"let me give you a token of my friendship"
"E permettetemi di mostrare il mio particolare riguardo"
"and let me show my particular regard"
"Ti lascerò scegliere come vuoi essere cucinato"
"I will let you choose how you would like to be cooked"
"Ti piacerebbe essere fritto in padella?"
"Would you like to be fried in the frying-pan?"
"O preferisci essere stufato con salsa di pomodoro?"
"or would you prefer to be stewed with tomato sauce?"
— Lasciate che vi dica la verità, — rispose Pinocchio
"let me tell you the truth," answered Pinocchio
"se dovessi scegliere, vorrei essere liberato"
"if I had to choose, I would like to be set free"
"Stai scherzando!" rise il pescatore
"You are joking!" laughed the fisherman
"Perché dovrei perdere l'opportunità di assaggiare un pesce così raro?"
"why would I lose the opportunity to taste such a rare fish?"
"Posso assicurarvi che i pesci marionetta sono rari qui"
"I can assure you puppet fish are rare here"
"Non si prende un pesce fantoccio tutti i giorni"
"one does not catch a puppet fish every day"

"Lascia che sia io a fare la scelta per te"
"Let me make the choice for you"
"Tu sarai con gli altri pesci"
"you will be with the other fish"
"Ti friggerò in padella"
"I will fry you in the frying-pan"
"E sarai abbastanza soddisfatto"
"and you will be quite satisfied"
"E' sempre consolazione essere fritti in compagnia"
"It is always consolation to be fried in company"
A questo discorso l'infelice Pinocchio si mise a piangere
At this speech the unhappy Pinocchio began to cry
Urlava e implorava pietà
he screamed and implored for mercy
"Quanto sarebbe stato meglio se fossi andato a scuola!"
"How much better it would have been if I had gone to school!"
"Non avrei dovuto ascoltare i miei compagni"
"I shouldn't have listened to my companions"
"e ora sto pagando per questo"
"and now I am paying for it"
E si dimenava come un'anguilla
And he wriggled like an eel
e fece sforzi indescrivibili per sgattaiolare via
and he made indescribable efforts to slip out
ma era stretto nelle grinfie del pescatore verde
but he was tight in clutches of the green fisherman
e tutti gli sforzi di Pinocchio furono inutili
and all of Pinocchio's efforts were useless
Il pescatore prese una lunga striscia di giunco
the fisherman took a long strip of rush
e legò le marionette mani e piedi
and he bound the puppets hands and feet
Il povero Pinocchio era legato come una salsiccia
Poor Pinocchio was tied up like a sausage
e lo gettò nella padella con l'altro pesce
and he threw him into the pan with the other fish
Poi andò a prendere una ciotola di legno piena di farina

He then fetched a wooden bowl full of flour
e uno dopo l'altro cominciò a infarinare ogni pesce
and one by one he began to flour each fish
Ben presto tutti i pesciolini furono pronti
soon all the little fish were ready
e li gettò nella padella
and he threw them into the frying-pan
I primi a danzare nell'olio bollente furono i poveri merlani
The first to dance in the boiling oil were the poor whitings
I granchi erano i prossimi a seguire la danza
the crabs were next to follow the dance
E poi sono arrivate anche le sardine
and then the sardines came too
e infine si buttavano dentro le acciughe
and finally the anchovies were thrown in
finalmente era venuto il turno di Pinocchio
at last it had come to Pinocchio's turn
Vide l'orribile morte che lo attendeva
he saw the horrible death waiting for him
E potete immaginare quanto fosse spaventato
and you can imagine how frightened he was
tremava violentemente e con grande sforzo
he trembled violently and with great effort
e non gli era rimasta né voce né fiato per ulteriori suppliche
and he had neither voice nor breath left for further entreaties
Ma il povero ragazzo implorò con gli occhi!
But the poor boy implored with his eyes!
Al pescatore verde, però, non importava minimamente
The green fisherman, however, didn't care the least
e lo immerse cinque o sei volte nella farina
and he plunged him five or six times in the flour
Finalmente era bianco dalla testa ai piedi
finally he was white from head to foot
e sembrava un burattino di gesso
and he looked like a puppet made of plaster

Pinocchio ritorna alla casa della fata
Pinocchio Returns to the Fairy's House

Pinocchio penzolava sopra la padella
Pinocchio was dangling over the frying pan
Il pescatore stava per gettarlo dentro
the fisherman was just about to throw him in
Ma poi un grosso cane entrò nella grotta
but then a large dog entered the cave
Il cane aveva sentito l'odore saporito del pesce fritto
the dog had smelled the savoury odour of fried fish
ed era stato attirato nella caverna
and he had been enticed into the cave
«Vattene!» gridò il pescatore
"Get out!" shouted the fisherman
Teneva in una mano il burattino infarinato
he was holding the floured puppet in one hand
e minacciò il cane con l'altra mano
and he threatened the dog with the other hand
Ma il povero cane era affamato come un lupo
But the poor dog was as hungry as a wolf
e piagnucolò e scodinzolò
and he whined and wagged his tail
Se avesse potuto parlare, avrebbe detto:
if he could have talked he would have said:
"Dammi un po' di pesce e ti lascerò in pace"
"Give me some fish and I will leave you in peace"
«Vattene, te lo dico io!» ripeté il pescatore
"Get out, I tell you!" repeated the fisherman
e allungò la gamba per dargli un calcio
and he stretched out his leg to give him a kick
Ma il cane non sopportava le sciocchezze
But the dog would not stand trifling
Era troppo affamato per vedersi negato il cibo
he was too hungry to be denied the food
Cominciò a ringhiare contro il pescatore
he started growling at the fisherman

e mostrò i suoi terribili denti
and he showed his terrible teeth
In quel momento una vocina flebile gridò
At that moment a little feeble voice called out
"Salvami, Alidoro, ti prego!"
"Save me, Alidoro, please!"
"Se non mi salvi, sarò fritto!"
"If you do not save me I shall be fried!"
Il cane riconobbe la voce di Pinocchio
The dog recognized Pinocchio's voice
Tutto ciò che vide fu il fagotto infarinato nella mano del pescatore
all he saw was the floured bundle in the fisherman's hand
Doveva essere da lì che proveniva la voce
that must be where the voice had come from
Allora, cosa pensi che abbia fatto?
So what do you think he did?
Alidoro balzò verso il pescatore
Alidoro sprung up to the fisherman
e afferrò il fagotto in bocca
and he seized the bundle in his mouth
Teneva delicatamente il fagotto tra i denti
he held the bundle gently in his teeth
e si precipitò di nuovo fuori dalla caverna
and he rushed out of the cave again
e poi se n'era andato come un lampo
and then he was gone like a flash of lightning
Il pescatore era furioso
The fisherman was furious
Il raro pesce fantoccio gli era stato strappato
the rare puppet fish had been snatched from him
e corse dietro al cane
and he ran after the dog
Cercò di riavere indietro il suo pesce
he tried to get his fish back
ma il pescatore non corse lontano
but the fisherman did not run far

perché era stato colto da un attacco di tosse
because he had been taken by a fit of coughing

Alidoro corse quasi al paese
Alidoro ran almost to the village
Quando arrivò al sentiero si fermò
when he got to the path he stopped
appoggiò dolcemente a terra l'amico Pinocchio
he put his friend Pinocchio gently on the ground
"Per quanto devo ringraziarti!" disse il burattino
"How much I have to thank you for!" said the puppet
"Non ce n'è bisogno", rispose il cane
"There is no necessity," replied the dog
"Mi hai salvato e ora l'ho restituito"
"You saved me and I have now returned it"
"Tu sai che tutti dobbiamo aiutarci l'un l'altro in questo mondo"
"You know that we must all help each other in this world"
Pinocchio era felice di aver salvato Alidoro
Pinocchio was happy to have saved Alidoro
"Ma come hai fatto a entrare nella grotta?"
"But how did you get into the cave?"
"Ero sdraiato sulla riva più morto che vivo"
"I was lying on the shore more dead than alive"
"poi il vento mi ha portato l'odore del pesce fritto"

"then the wind brought to me the smell of fried fish"
"L'odore mi ha eccitato l'appetito"
"The smell excited my appetite"
"e ho seguito il mio naso"
"and I followed my nose"
"Se fossi arrivato un secondo dopo..."
"If I had arrived a second later..."
«Non parlarne!» sospirò Pinocchio
"Do not mention it!" sighed Pinocchio
Tremava ancora per lo spavento
he was still trembling with fright
"A quest'ora sarei un burattino fritto"
"I would be a fried puppet by now"
"Mi vengono i brividi solo a pensarci!"
"It makes me shudder just to think of it!"
Alidoro rise un po' all'idea
Alidoro laughed a little at the idea
ma allungò la zampa destra verso il burattino
but he extended his right paw to the puppet
Pinocchio scosse di cuore la zampa
Pinocchio shook his paw heartily
E poi se ne andarono per la loro strada
and then they went their separate ways
Il cane ha preso la strada di casa
The dog took the road home
e Pinocchio andò in una casetta non lontana
and Pinocchio went to a cottage not far off
C'era un vecchietto che si scaldava al sole
there was a little old man warming himself in the sun
Pinocchio parlò al vecchietto
Pinocchio spoke to the little old man
«Dimmi, brav'uomo», cominciò
"Tell me, good man," he started
«Sai qualcosa di un povero ragazzo di nome Eugenio?»
"do you know anything of a poor boy called Eugene?"
"È stato ferito alla testa"
"he was wounded in the head"

"Il ragazzo è stato portato da alcuni pescatori in questa casetta"
"The boy was brought by some fishermen to this cottage"
"e ora non so che fine abbia fatto"
"and now I do not know what happened to him"
«E ora è morto!» interruppe Pinocchio con gran dolore
"And now he is dead!" interrupted Pinocchio with great sorrow
«No, è vivo» lo interruppe il pescatore
"No, he is alive," interrupted the fisherman
"Ed è tornato a casa sua"
"and he has been returned to his home"
«È vero?» esclamò il burattino
"Is it true?" cried the puppet
e Pinocchio ballava di gioia
and Pinocchio danced with delight
«Allora la ferita non era grave?»
"Then the wound was not serious?"
rispose il vecchietto a Pinocchio
the little old man answered Pinocchio
"Avrebbe potuto essere molto grave"
"It might have been very serious"
"Avrebbe potuto anche essere fatale"
"it could even have been fatal"
"Gli gettarono in testa un grosso libro"
"they threw a thick book at his head"
"E chi gliel'ha lanciata?"
"And who threw it at him?"
"Uno dei suoi compagni di scuola, di nome Pinocchio"
"One of his school-fellows, by the name of Pinocchio"
"E chi è questo Pinocchio?" chiese il burattino
"And who is this Pinocchio?" asked the puppet
e fingeva la sua ignoranza come meglio poteva
and he pretended his ignorance as best he could
"Dicono che sia un cattivo ragazzo"
"They say that he is a bad boy"
"un vagabondo, un normale buono a nulla"

"a vagabond, a regular good-for-nothing"

"Calunnie! tutte calunnie!"

"Calumnies! all calumnies!"

"Conosci questo Pinocchio?"

"Do you know this Pinocchio?"

"Di vista!" rispose il burattino

"By sight!" answered the puppet

«E qual è la tua opinione di lui?» chiese l'omino

"And what is your opinion of him?" asked the little man

"Mi sembra un bravo ragazzo"

"He seems to me to be a very good boy"

— è ansioso di imparare, — soggiunse Pinocchio

"he is anxious to learn," added Pinocchio

"Ed è ubbidiente e affettuoso verso suo padre e la sua famiglia"

"and he is obedient and affectionate to his father and family"

Il burattino ha sparato un mucchio di bugie

the puppet fired off a bunch of lies

ma poi si ricordò di toccarsi il naso

but then he remembered to touch his nose

Il suo naso sembrava essere cresciuto di più di una mano

his nose seemed to have grown by more than a hand

Molto allarmato si mise a piangere:

Very much alarmed he began to cry:

"Non credermi, brav'uomo"

"Don't believe me, good man"

"quello che ho detto erano tutte bugie"

"what I said were all lies"

"Conosco molto bene Pinocchio"

"I know Pinocchio very well"

"e ti posso assicurare che è un pessimo ragazzo"

"and I can assure you that he is a very bad boy"

"Egli è disubbidiente e ozioso"

"he is disobedient and idle"

"Invece di andare a scuola, scappa con i suoi compagni"

"instead of going to school, he runs off with his companions"

Aveva appena finito di parlare quando il suo naso si accorciò

He had hardly finished speaking when his nose became shorter
e finalmente il suo naso tornò alla vecchia dimensione
and finally his nose returned to the old size
Il vecchietto notò il colore dei ragazzi
the little old man noticed the boys' colour
"E perché siete tutti coperti di bianco?"
"And why are you all covered with white?"
— Vi dirò perché, — disse Pinocchio
"I will tell you why," said Pinocchio
"Senza accorgermene mi sono strofinato contro un muro"
"Without observing it I rubbed myself against a wall"
"Non sapevo che il muro era stato appena imbiancato"
"little did I know that the wall had been freshly whitewashed"
si vergognava di confessare la verità
he was ashamed to confess the truth
infatti era stato infarinato come un pesce
in fact he had been floured like a fish
"E cosa hai fatto con la tua giacca?"
"And what have you done with your jacket?"
"Dove sono i tuoi pantaloni e il tuo berretto?"
"where are your trousers, and your cap?"
"Ho incontrato alcuni ladri durante il mio viaggio"
"I met some robbers on my journey"
"E mi hanno tolto tutte le mie cose"
"and they took all my things from me"
"Buon vecchio, ho un favore da chiederti"
"Good old man, I have a favour to ask"
«Potresti darmi dei vestiti per tornare a casa?»
"could you perhaps give me some clothes to return home in?"
"Ragazzo mio, vorrei aiutarti"
"My boy, I would like to help you"
"ma non ho altro che un piccolo sacco"
"but I have nothing but a little sack"
"non è che un sacco in cui tengo i fagioli"
"it is but a sack in which I keep beans"
"Ma se ne hai bisogno, prendilo"

"but if you have need of it, take it"
Pinocchio non si fece ripetere due volte
Pinocchio did not wait to be asked twice
Prese subito il sacco
He took the sack at once
e prese in prestito un paio di forbici
and he borrowed a pair of scissors
e fece un buco all'estremità del sacco
and he cut a hole at the end of the sack
Su ogni lato, ha praticato piccoli fori per le braccia
at each side, he cut out small holes for his arms
e indossò il sacco come una camicia
and he put the sack on like a shirt
E con i suoi vestiti nuovi partì per il villaggio
And with his new clothing he set off for the village
Ma mentre se ne andava non si sentiva affatto a suo agio
But as he went he did not feel at all comfortable
per ogni passo avanti ne faceva un altro indietro
for each step forward he took another step backwards
"Come potrò mai presentarmi alla mia buona fata?"
"How shall I ever present myself to my good little Fairy?"
"Che cosa dirà quando mi vedrà?"
"What will she say when she sees me?"
"Mi perdonerà questa seconda scappatella?"
"Will she forgive me this second escapade?"
"Oh, sono sicuro che non mi perdonerà!"
"Oh, I am sure that she will not forgive me!"
"E mi serve bene, perché sono un mascalzone"
"And it serves me right, because I am a rascal"
"Prometto sempre di correggermi"
"I am always promising to correct myself"
"Ma io non mantengo mai la mia parola!"
"but I never keep my word!"
Quando raggiunse il villaggio era notte
When he reached the village it was night
ed era diventato molto buio
and it had gotten very dark

Una tempesta era arrivata dalla riva
A storm had come in from the shore
e la pioggia cadeva a torrenti
and the rain was coming down in torrents
andò dritto a casa della Fata
he went straight to the Fairy's house
Era deciso a bussare alla porta
he was resolved to knock at the door
Ma quando era lì, il suo coraggio gli venne meno
But when he was there his courage failed him
Invece di bussare, scappò via per una ventina di passi
instead of knocking he ran away some twenty paces
Tornò alla porta una seconda volta
He returned to the door a second time
e teneva in mano il battente della porta
and he held the door knocker in his hand
Tremante, bussò un po' alla porta
trembling, he gave a little knock at the door
Aspettò e aspettò che sua madre aprisse la porta
He waited and waited for his mother to open the door
Pinocchio deve aver aspettato non meno di mezz'ora
Pinocchio must have waited no less than half an hour
Alla fine si aprì una finestra all'ultimo piano
At last a window on the top floor was opened
La casa era alta quattro piani
the house was four stories high
e Pinocchio vide una grossa lumaca
and Pinocchio saw a big Snail
Aveva una candela accesa in testa per guardare fuori
it had a lighted candle on her head to look out
"Chi c'è a quest'ora?"
"Who is there at this hour?"
"La Fata è in casa?" chiese il burattino
"Is the Fairy at home?" asked the puppet
"La Fata dorme" rispose la lumaca
"The Fairy is asleep," answered the snail
"E non deve essere risvegliata"

"and she must not be awakened"
"Ma tu chi sei?" chiese la Lumaca
"but who are you?" asked the Snail
— Sono io, — rispose Pinocchio
"It is I," answered Pinocchio
"Chi sono io?" chiese la Lumaca
"Who is I?" asked the Snail
— Sono io, Pinocchio, — rispose Pinocchio
"It is I, Pinocchio," answered Pinocchio
"E chi è Pinocchio?" chiese la Lumaca
"And who is Pinocchio?" asked the Snail
"Il burattino che abita nella casa della Fata"
"The puppet who lives in the Fairy's house"
"Ah, ho capito!" disse la Lumaca
"Ah, I understand!" said the Snail
"Aspettami lì"
"Wait for me there"
"Scenderò e aprirò la porta"
"I will come down and open the door"
"Affrettati, per pietà"
"Be quick, for pity's sake"
"perché sto morendo di freddo"
"because I am dying of cold"
"Ragazzo mio, sono una lumaca"
"My boy, I am a snail"
"E le lumache non hanno mai fretta"
"and snails are never in a hurry"
Passò un'ora, poi due
An hour passed, and then two
e la porta non era ancora aperta
and the door was still not opened
Pinocchio era bagnato in tutto e per tutto
Pinocchio was wet through and through
e tremava per il freddo e la paura
and he was trembling from cold and fear
Alla fine ebbe il coraggio di bussare di nuovo
at last he had the courage to knock again

Questa volta bussò più forte di prima
this time he knocked louder than before
A questo secondo bussare si aprì una finestra sul piano inferiore
At this second knock a window on the lower story opened
e la stessa Lumaca apparve alla finestra
and the same Snail appeared at the window
«Bella lumaca!» esclamò Pinocchio
"Beautiful little Snail," cried Pinocchio
"Sto aspettando da due ore!"
"I have been waiting for two hours!"
"Due ore in una notte del genere sembrano più lunghe di due anni"
"two hours on such a night seems longer than two years"
"Affrettati, per pietà"
"Be quick, for pity's sake"
"Ragazzo mio", rispose l'animaletto calmo
"My boy," answered the calm little animal
"tu sai che sono una lumaca"
"you know that I am a snail"
"E le lumache non hanno mai fretta"
"and snails are never in a hurry"
E la finestra si chiuse di nuovo
And the window was shut again
Poco dopo scoccò la mezzanotte
Shortly afterwards midnight struck
poi l'una, poi le due
then one o'clock, then two o'clock
e la porta rimaneva ancora chiusa
and the door still remained unopened
Pinocchio perse finalmente la pazienza
Pinocchio finally lost all patience
Afferrò il battente della porta in preda alla rabbia
he seized the door knocker in a rage
Aveva intenzione di sbattere la porta più forte che poteva
he intended bang the door as hard as he could
un colpo che risuonerebbe per tutta la casa

a blow that would resound through the house
Il battente della porta era di ferro
the door knocker was made from iron
ma all'improvviso si trasformò in un'anguilla
but suddenly it turned into an eel
e l'anguilla scivolò di mano a Pinocchio
and the eel slipped out of Pinocchio's hand
In fondo alla strada c'era un ruscello d'acqua
down the street was a stream of water
e l'anguilla scomparve lungo il torrente
and the eel disappeared down the stream
Pinocchio fu accecato dalla rabbia
Pinocchio was blinded with rage
"Ah! Quindi è così?"
"Ah! so that's the way it is?"
"allora scalcierò con tutte le mie forze"
"then I will kick with all my might"
Pinocchio corse un po' verso la porta
Pinocchio took a little run up to the door
e diede un calcio alla porta con tutte le sue forze
and he kicked the door with all his might
Era davvero un calcio potente e forte
it was indeed a mighty strong kick
e il suo piede attraversò la porta
and his foot went through the door
Pinocchio cercò di tirare fuori il piede
Pinocchio tried to pull his foot out
Ma poi si rese conto della sua difficile situazione
but then he realized his predicament
Era come se il suo piede fosse stato inchiodato
it was as if his foot had been nailed down
Pensate alla situazione del povero Pinocchio!
Think of poor Pinocchio's situation!
Dovette passare il resto della notte su un piede solo
He had to spend the rest of the night on one foot
e l'altro piede era in aria
and the other foot was in the air

Dopo molte ore finalmente arrivò l'alba
after many hours daybreak finally came
e alla fine la porta si aprì
and at last the door was opened
la lumaca aveva impiegato solo nove ore
it had only taken the Snail nine hours
Era arrivato fin dal quarto piano
he had come all the way from the fourth story
È evidente che i suoi sforzi devono essere stati grandi
It is evident that her exertions must have been great
ma era ugualmente confusa da Pinocchio
but she was equally confused by Pinocchio
"Che ci fai con il piede nella porta?"
"What are you doing with your foot in the door?"
"È stato un incidente", rispose il burattino
"It was an accident," answered the puppet
"Oh bella lumaca, ti prego aiutami"
"oh beautiful snail, please help me"
"Prova a mettere il piede fuori dalla porta"
"try and get my foot out the door"
"Ragazzo mio, questo è il lavoro di un falegname""
"My boy, that is the work of a carpenter""
"e non ho mai fatto il falegname"
"and I have never been a carpenter"
"in tal caso, per favore, prendi la Fata per me!"
"in that case please get the Fairy for me!"
"La Fata dorme ancora"
"The Fairy is still asleep"
"E non deve essere risvegliata"
"and she must not be awakened"
"Ma cosa posso fare con il piede incastrato nella porta?"
"But what can I do with me foot stuck in the door?"
"Ci sono molte formiche in questa zona"
"there are many ants in this area"
"Divertiti a contare tutte le formiche"
"Amuse yourself by counting all the little ants"
"Portami almeno qualcosa da mangiare"

"Bring me at least something to eat"
"perché sono abbastanza esausto e affamato"
"because I am quite exhausted and hungry"
"Subito," disse la Lumaca
"At once," said the Snail
In effetti è stato quasi veloce come aveva detto
it was in fact almost as fast as she had said
dopo tre ore tornò da Pinocchio
after three hours she returned to Pinocchio
e sul suo capo c'era un vassoio d'argento
and on her head was a silver tray
Il vassoio conteneva una pagnotta di pane
The tray contained a loaf of bread
e c'era un pollo arrosto
and there was a roast chicken
e c'erano quattro albicocche mature
and there were four ripe apricots
"Ecco la colazione che la Fata ti ha mandato"
"Here is the breakfast that the Fairy has sent you"
queste erano tutte cose che Pinocchio amava mangiare
these were all things Pinocchio liked to eat
Il burattino si sentì molto confortato a quella vista
The puppet felt very much comforted at the sight
Ma poi cominciò a mangiare il cibo
But then he began to eat the food
ed era molto disgustato dal sapore
and he was most disgusted by the taste
Scoprì che il pane era intonacato
he discovered that the bread was plaster
Il pollo era di cartone
the chicken was made of cardboard
e le quattro albicocche erano di alabastro
and the four apricots were alabaster
Il povero Pinocchio voleva piangere
Poor Pinocchio wanted to cry
In preda alla disperazione cercò di buttare via il vassoio
In his desperation he tried to throw away the tray

forse era a causa del suo dolore
perhaps it was because of his grief
o potrebbe essere che fosse esausto
or it could have been that he was exhausted
e il burattino svenne per lo sforzo
and the little puppet fainted from the effort
Alla fine ha ripreso conoscenza
eventually he regained consciousness
e scoprì che era sdraiato su un divano
and he found that he was lying on a sofa
e la buona Fata era accanto a lui
and the good Fairy was beside him
"Ti perdonerò ancora una volta", disse la Fata
"I will pardon you once more," the Fairy said
"Ma guai a te se ti comporti male per la terza volta!"
"but woe to you if you behave badly a third time!"
Pinocchio promise e giurò che avrebbe studiato
Pinocchio promised and swore that he would study
e giurò che si sarebbe sempre comportato bene
and he swore he would always conduct himself well
E mantenne la parola per il resto dell'anno
And he kept his word for the remainder of the year
Pinocchio prendeva ottimi voti a scuola
Pinocchio got very good grades at school
ed ebbe l'onore di essere il miglior allievo
and he had the honour of being the best student
Il suo comportamento in generale è stato molto lodevole
his behaviour in general was very praiseworthy
e la Fata fu molto contenta di lui
and the Fairy was very much pleased with him
"Domani il tuo desiderio sarà esaudito"
"Tomorrow your wish shall be gratified"
"Che desiderio era quello?" chiese Pinocchio
"what wish was that?" asked Pinocchio
"Domani cesserai di essere un burattino di legno"
"Tomorrow you shall cease to be a wooden puppet"
"E alla fine diventerai un ragazzo"

"and you shall finally become a boy"
non avreste potuto immaginare la gioia di Pinocchio
you could not have imagined Pinocchio's joy
e a Pinocchio fu permesso di fare una festa
and Pinocchio was allowed to have a party
Tutti i suoi compagni di scuola dovevano essere invitati
All his school-fellows were to be invited
ci sarebbe stata una grande colazione a casa della Fata
there would be a grand breakfast at the Fairy's house
Insieme avrebbero festeggiato il grande evento
together they would celebrate the great event
La Fata aveva preparato duecento tazze di caffè e latte
The Fairy had prepared two hundred cups of coffee and milk
e quattrocento rotoli di pane furono tagliati
and four hundred rolls of bread were cut
e tutto il pane era imburrato da ogni parte
and all the bread was buttered on each side
Il giorno prometteva di essere felicissimo e delizioso
The day promised to be most happy and delightful
ma...
but...
Purtroppo nella vita dei burattini c'è sempre un "ma" che rovina tutto
Unfortunately in the lives of puppets there is always a "but" that spoils everything

La terra degli uccelli boobie
The Land of the Boobie Birds

Naturalmente Pinocchio chiese il permesso alla Fata
Of course Pinocchio asked the Fairy's permission
"Posso andare in giro per la città a distribuire gli inviti?"
"may I go round the town to give out the invitations?"
e la Fata gli disse:
and the Fairy said to him:
"Vai, se vuoi, hai il mio permesso"
"Go, if you like, you have my permission"
"Invita i tuoi compagni per la colazione di domani"
"invite your companions for the breakfast tomorrow"
"ma ricordati di tornare a casa prima che faccia buio"
"but remember to return home before dark"
«**Hai capito?**» **chiese**
"Have you understood?" she checked
"Prometto di tornare tra un'ora"
"I promise to be back in an hour"
«**Stai attento, Pinocchio!**» **lo avvertì**
"Take care, Pinocchio!" she cautioned him
"I ragazzi sono sempre pronti a promettere"
"Boys are always very ready to promise"
"Ma in genere i ragazzi faticano a mantenere la parola data"
"but generally boys struggle to keep their word"
"Ma io non sono come gli altri ragazzi"
"But I am not like other boys"
"Quando dico una cosa, la faccio"
"When I say a thing, I do it"
"Vedremo se manterrai la tua promessa"
"We shall see if you will keep your promise"
"Se sei disubbidiente, tanto peggio per te"
"If you are disobedient, so much the worse for you"
"Perché dovrebbe essere così peggio per me?"
"Why would it be so much the worse for me?"
"Ci sono ragazzi che non ascoltano i consigli"
"there are boys who do not listen to the advice"

"consigli di persone che ne sanno più di loro"
"advice from people who know more than them"
"E vanno sempre incontro a qualche disgrazia"
"and they always meet with some misfortune or other"
— L'ho sperimentato, — disse Pinocchio
"I have experienced that," said Pinocchio
"ma non farò mai più quell'errore"
"but I shall never make that mistake again"
"Vedremo se è vero"
"We shall see if that is true"
e il burattino si congedò dalla sua buona Fata
and the puppet took leave of his good Fairy
la fata buona era ora come una mamma per lui
the good Fairy was now like a mamma to him
e uscì di casa cantando e ballando
and he went out of the house singing and dancing
In meno di un'ora tutti i suoi amici furono invitati
In less than an hour all his friends were invited
Alcuni accettarono subito di cuore
Some accepted at once heartily
altri all'inizio hanno richiesto un po' di convincimento
others at first required some convincing
ma poi hanno sentito che ci sarebbe stato il caffè
but then they heard that there would be coffee
e il pane sarebbe stato imburrato da entrambi i lati
and the bread was going to be buttered on both sides
"Verremo anche noi, per farvi un piacere"
"We will come also, to do you a pleasure"

Ora devo dirvi che Pinocchio aveva molti amici
Now I must tell you that Pinocchio had many friends
e c'erano molti ragazzi con cui andava a scuola
and there were many boys he went to school with
Ma c'era un ragazzo che gli piaceva particolarmente
but there was one boy he especially liked
Il nome di questo ragazzo era Romeo
This boy's name was Romeo
ma ha sempre usato il suo soprannome
but he always went by his nickname
tutti i ragazzi lo chiamavano Lucignolo
all the boys called him Candle-wick
perché era così magro, dritto e brillante
because he was so thin, straight and bright
come il nuovo stoppino di una piccola luce notturna

like the new wick of a little nightlight
Lo stoppino era il più pigro dei ragazzi
Candle-wick was the laziest of the boys
ed era anche più cattivo degli altri ragazzi
and he was naughtier than the other boys too
ma Pinocchio gli era devoto
but Pinocchio was devoted to him
era andato a casa di Lucignolo prima degli altri
he had gone to Candle-wick's house before the others
ma non l'aveva trovato
but he had not found him
Tornò una seconda volta, ma Lucignolo non c'era
He returned a second time, but Candle-wick was not there
Ci andò una terza volta, ma invano
He went a third time, but it was in vain
Dove poteva cercarlo?
Where could he search for him?
Guardava qua, là e dappertutto
He looked here, there, and everywhere
e alla fine trovò il suo amico Lucignolo
and at last he found his friend Candle-wick
Si nascondeva sotto il portico della casetta di un contadino
he was hiding on the porch of a peasant's cottage
«Che ci fai là?» chiese Pinocchio
"What are you doing there?" asked Pinocchio
"Sto aspettando la mezzanotte"
"I am waiting for midnight"
"Sto per scappare"
"I am going to run away"
"E dove stai andando?"
"And where are you going?"
"Vado a vivere in un altro paese"
"I am going to live in another country"
"Il paese più delizioso del mondo"
"the most delightful country in the world"
"Una vera terra di dolci!"
"a real land of sweetmeats!"

"E come si chiama?"
"And what is it called?"
"Si chiama il Paese delle Tette"
"It is called the Land of Boobies"
"Perché non vieni anche tu?"
"Why do you not come, too?"
"Io? No, anche se volessi!"
"I? No, even if I wanted to!"
"Ti sbagli, Pinocchio"
"You are wrong, Pinocchio"
"Se non venite, ve ne pentirete"
"If you do not come you will repent it"
"Dove potresti trovare un paese migliore per i ragazzi?"
"Where could you find a better country for boys?"
"Lì non ci sono scuole"
"There are no schools there"
"Lì non ci sono padroni"
"there are no masters there"
"E non ci sono libri lì"
"and there are no books there"
"In quella terra deliziosa nessuno studia mai"
"In that delightful land nobody ever studies"
"Il sabato non c'è mai scuola"
"On Saturday there is never school"
"ogni settimana è composta da sei sabati"
"every week consists of six Saturdays"
"e il resto della settimana sono domeniche"
"and the remainder of the week are Sundays"
"Pensa a tutto il tempo che c'è da giocare"
"think of all the time there is to play"
"le vacanze autunnali iniziano il primo gennaio"
"the autumn holidays begin on the first of January"
"e finiscono l'ultimo giorno di dicembre"
"and they finish on the last day of December"
"Questo è il paese che fa per me!"
"That is the country for me!"
"Questo è ciò che dovrebbero essere tutti i paesi civilizzati!"

"That is what all civilized countries should be like!"
"Ma come si trascorrono le giornate nel Paese delle Tette?"
"But how are the days spent in the Land of Boobies?"
"Le giornate sono trascorse nel gioco e nel divertimento"
"The days are spent in play and amusement"
"Ti diverti dalla mattina alla sera"
"you enjoy yourself from morning till night"
"E quando viene la notte vai a letto"
"and when night comes you go to bed"
"E poi ricominci a divertirti il giorno dopo"
"and then you recommence the fun the next day"
"Che ne pensi?"
"What do you think of it?"
— Hum! — disse Pinocchio pensieroso
"Hum!" said Pinocchio thoughtfully
e scosse leggermente la testa
and he shook his head slightly
Il gesto sembrava dire qualcosa
the gesture did seem to say something
"Questa è una vita che anch'io condurrei volentieri"
"That is a life that I also would willingly lead"
ma non aveva ancora accettato l'invito
but he had not accepted the invitation yet
"Ebbene, vuoi venire con me?"
"Well, will you go with me?"
"Sì o no? Risolvi rapidamente"
"Yes or no? Resolve quickly"
"No, no, no, e di nuovo no"
"No, no, no, and no again"
"Ho promesso alla mia buona Fata di essere un bravo ragazzo"
"I promised my good Fairy to be good boy"
"e manterrò la mia parola"
"and I will keep my word"
"Il sole tramonterà presto"
"the sun will soon be setting"
"quindi devo lasciarti e scappare"

"so I must leave you and run away"
"Arrivederci e buon viaggio a voi"
"Good-bye, and a pleasant journey to you"
"Dove ti stai precipitando così in fretta?"
"Where are you rushing off to in such a hurry?"
— Me ne vado a casa, — disse Pinocchio
"I am going home," said Pinocchio
"La mia buona Fata desidera che io torni prima che faccia buio"
"My good Fairy wishes me to be back before dark"
"Aspetta altri due minuti"
"Wait another two minutes"
"Mi farà troppo tardi"
"It will make me too late"
«Solo due minuti» supplicò Lucignolo
"Only two minutes," Candle-wick pleaded
"E se la Fata mi rimprovera?"
"And if the Fairy scolds me?"
"Lascia che ti rimproveri", suggerì
"Let her scold you," he suggested
Lo stoppino era un mascalzone piuttosto persuasivo
Candle-wick was quite a persuasive rascal
"Quando avrà rimproverato bene, tacerà la lingua"
"When she has scolded well she will hold her tongue"
"E cosa hai intenzione di fare?"
"And what are you going to do?"
"Vai da solo o con dei compagni?"
"Are you going alone or with companions?"
"Ohhh
"oh don't worry about that Pinocchio"
"Non sarò solo nella Terra delle Tette"
"I will not be alone in the Land of Boobies"
"Ci saranno più di cento ragazzi"
"there will be more than a hundred boys"
"E tu fai il viaggio a piedi?"
"And do you make the journey on foot?"
"A breve passerà un pullman"

"A coach will pass by shortly"
"La carrozza mi porterà in quel paese felice"
"the carriage will take me to that happy country"
"Cosa non darei per far passare l'allenatore adesso!"
"What would I not give for the coach to pass by now!"
"Perché vuoi che l'allenatore passi così male?"
"Why do you want the coach to come by so badly?"
"in modo che io possa vedervi andare tutti insieme"
"so that I can see you all go together"
"Resta qui ancora un po', Pinocchio"
"Stay here a little longer, Pinocchio"
"Resta ancora un po' e ci vedrai"
"stay a little longer and you will see us"
"No, no, devo andare a casa"
"No, no, I must go home"
"Aspetta solo altri due minuti"
"just wait another two minutes"
"Ho già ritardato troppo"
"I have already delayed too long"
"La Fata sarà ansiosa per me"
"The Fairy will be anxious about me"
"Ha paura che i pipistrelli ti mangino?"
"Is she afraid that the bats will eat you?"
Pinocchio era diventato un po' curioso
Pinocchio had grown a little curious
"Sei sicuro che non ci siano scuole?"
"are you certain that there are no schools?"
"Non c'è nemmeno l'ombra di una scuola"
"there is not even the shadow of a school"
«E non ci sono nemmeno padroni?»
"And are there no masters either?"
"la Terra delle Tette è libera da padroni"
"the Land of the Boobies is free of masters"
«E nessuno è mai costretto a studiare?»
"And no one is ever made to study?"
"Mai, mai e mai più!"
"Never, never, and never again!"

Pinocchio ebbe l'acquolina in bocca all'idea
Pinocchio's mouth watered at the idea
«**Che bel paese!**» **esclamò Pinocchio**
"What a delightful country!" said Pinocchio
«**Non ci sono mai stato**» **disse Lucignolo**
"I have never been there," said Candle-wick
"**ma me lo immagino perfettamente**"
"but I can imagine it perfectly well"
"**Perché non vieni anche tu?**"
"Why will you not come also?"
"**E' inutile tentarmi**"
"It is useless to tempt me"
"**Ho fatto una promessa alla mia buona Fata**"
"I made a promise to my good Fairy"
"**Diventerò un ragazzo assennato**"
"I will become a sensible boy"
"**e non verrò meno alla mia parola**"
"and I will not break my word"
«**Addio, allora**» **disse Lucignolo**
"Good-bye, then," said Candle-wick
"**Fai i miei complimenti a tutti i ragazzi della scuola**"
"give my compliments to all the boys at school"
"**Addio, stoppino; un buon viaggio per te**"
"Good-bye, Candle-wick; a pleasant journey to you"
"**Divertiti in questa terra amata**"
"amuse yourself in this pleasant land"
"**E pensa qualche volta ai tuoi amici**"
"and think sometimes of your friends"
Così dicendo, il burattino fece due passi per andarsene
Thus saying, the puppet made two steps to go
ma poi si fermò a metà strada
but then he stopped halfway in his track
e, volgendosi all'amico, domandò:
and, turning to his friend, he inquired:
«**Ma sei proprio sicuro di tutto questo?**»
"But are you quite certain about all this?"
"**in quel paese tutte le settimane consistono di sei sabati?**"

"in that country all the weeks consist of six Saturdays?"
"E il resto della settimana è costituito dalla domenica?"
"and the rest of the week consists of Sundays?"
"tutti i giorni feriali consistono certamente in sei sabati"
"all the weekdays most certainly consist of six Saturdays"
"e il resto dei giorni sono davvero domeniche"
"and the rest of the days are indeed Sundays"
"E sei proprio sicuro delle vacanze?"
"and are you quite sure about the holidays?"
"Le vacanze iniziano sicuramente il primo gennaio?"
"the holidays definitely begin on the first of January?"
"E sei sicuro che le vacanze finiscano l'ultimo giorno di dicembre?"
"and you're sure the holidays finish on the last day of December?"
"Sono certo che le cose stanno così"
"I am assuredly certain that this is how it is"
«Che bel paese!» ripeté Pinocchio
"What a delightful country!" repeated Pinocchio
e rimase incantato da tutto ciò che aveva udito
and he was enchanted by all that he had heard
questa volta Pinocchio parlò più risoluto
this time Pinocchio spoke more resolute
"Questa volta davvero arrivederci"
"This time really good-bye"
"Ti auguro buon viaggio e vita"
"I wish you pleasant journey and life"
«Addio, amico mio» s'inchinò Lucignolo
"Good-bye, my friend," bowed Candle-wick
«Quando cominciate?» domandò Pinocchio
"When do you start?" inquired Pinocchio
"Me ne andrò molto presto"
"I will be leaving very soon"
"Che peccato che tu debba andartene così presto!"
"What a pity that you must leave so soon!"
"Sarei quasi tentato di aspettare"
"I would almost be tempted to wait"

«E la Fata?» chiese Lucignolo
"And the Fairy?" asked Candle-wick
— E' già tardi, — confermò Pinocchio
"It is already late," confirmed Pinocchio
"Posso tornare a casa un'ora prima"
"I can return home an hour sooner"
"oppure posso tornare a casa un'ora dopo"
"or I can return home an hour later"
"In realtà sarà lo stesso"
"really it will be all the same"
"E se la Fata ti rimproverasse?"
"but what if the Fairy scolds you?"
"Devo avere pazienza!"
"I must have patience!"
"Lascerò che mi rimproveri"
"I will let her scold me"
"Quando avrà rimproverato bene, tacerà la lingua"
"When she has scolded well she will hold her tongue"
Nel frattempo era scesa la notte
In the meantime night had come on
e ormai si era fatto buio
and by now it had gotten quite dark
All'improvviso videro in lontananza una piccola luce che si muoveva
Suddenly they saw in the distance a small light moving

Sentirono un rumore di chiacchiere
they heard a noise of talking
e si udì il suono di una tromba
and there was the sound of a trumpet
ma il suono era ancora debole e debole
but the sound was still small and feeble
Quindi il suono assomigliava ancora al ronzio di una zanzara
so the sound still resembled the hum of a mosquito
«Eccolo!» gridò Lucignolo, balzando in piedi
"Here it is!" shouted Candle-wick, jumping to his feet
«Che cos'è?» chiese Pinocchio in un sussurro
"What is it?" asked Pinocchio in a whisper
"E' la carrozza che viene a prendermi"
"It is the carriage coming to take me"
"Allora, vuoi venire, sì o no?"
"so will you come, yes or no?"
"Ma è proprio vero?" chiese il burattino
"But is it really true?" asked the puppet
"In quel paese i ragazzi non sono mai obbligati a studiare?"
"in that country boys are never obliged to study?"
"Mai, mai e mai più!"
"Never, never, and never again!"
"Che paese delizioso!"
"What a delightful country!"

Pinocchio si gode sei mesi di felicità
Pinocchio Enjoys Six Months of Happiness

Finalmente il carro arrivò
At last the wagon finally arrived
Ed è arrivato senza fare il minimo rumore
and it arrived without making the slightest noise
perché le sue ruote erano legate con lino e stracci
because its wheels were bound with flax and rags
Era trainato da dodici coppie di asini

It was drawn by twelve pairs of donkeys
Tutti gli asini erano della stessa taglia
all the donkeys were the same size
ma ogni asino era di un colore diverso
but each donkey was a different colour
Alcuni degli asini erano grigi
Some of the donkeys were gray
e alcuni degli asini erano bianchi
and some of the donkeys were white
e alcuni asini erano tigrati come pepe e sale
and some donkeys were brindled like pepper and salt
e gli altri asini avevano larghe strisce gialle e azzurre
and other donkeys had large stripes of yellow and blue
Ma c'era qualcosa di straordinario in loro
But there was something most extraordinary about them
non erano calzati come le altre bestie da soma
they were not shod like other beasts of burden
Ai piedi gli asini avevano stivali da uomo
on their feet the donkeys had men's boots
"E il cocchiere?", vi chiederete
"And the coachman?" you may ask
Immagina a te stesso un ometto più largo che lungo
Picture to yourself a little man broader than long
flaccido e untuoso come un pezzo di burro
flabby and greasy like a lump of butter
con una piccola faccia rotonda come un'arancia
with a small round face like an orange
una piccola bocca che rideva sempre
a little mouth that was always laughing
e la voce dolce e carezzevole di un gatto
and a soft, caressing voice of a cat
Tutti i ragazzi hanno lottato per il loro posto in pullman
All the boys fought for their place in the coach
tutti volevano essere condotti nella Terra delle Tette
they all wanted to be conducted to the Land of Boobies
La carrozza era, infatti, piena di ragazzi
The carriage was, in fact, quite full of boys

e tutti i ragazzi avevano tra gli otto e i quattordici anni
and all the boys were between eight and fourteen years
i ragazzi erano ammucchiati l'uno sull'altro
the boys were heaped one upon another
proprio come le aringhe vengono schiacciate in un barile
just like herrings are squeezed into a barrel
Erano scomodi e ammassati l'uno accanto all'altro
They were uncomfortable and packed closely together
e riuscivano a malapena a respirare
and they could hardly breathe
ma nessuno dei ragazzi pensò di brontolare
but not one of the boys thought of grumbling
Erano consolati dalle promesse della loro destinazione
they were consoled by the promises of their destination
Un posto senza libri, senza scuole e senza maestri
a place with no books, no schools, and no masters
Li rendeva così felici e rassegnati
it made them so happy and resigned
e non sentivano né stanchezza né disagio
and they felt neither fatigue nor inconvenience
né fame, né sete, né mancanza di sonno
neither hunger, nor thirst, nor want of sleep
Ben presto il carro li raggiunse
soon the wagon had reached them
l'omino si voltò dritto verso lo stoppino
the little man turned straight to Candle-wick
Aveva mille sorrisi e smorfie
he had a thousand smirks and grimaces
"Dimmi, mio bravo ragazzo;"
"Tell me, my fine boy;"
"Ti piacerebbe andare anche tu in questo paese fortunato?"
"would you also like to go to the fortunate country?"
"Desidero proprio andare"
"I certainly wish to go"
"Ma devo avvertirti, mia cara figlia"
"But I must warn you, my dear child"
"Non c'è più posto nel carro"

"there is not a place left in the wagon"
"Puoi vedere tu stesso che è abbastanza pieno"
"You can see for yourself that it is quite full"
«Non importa» rispose Lucignolo
"No matter," replied Candle-wick
"Non ho bisogno di sedermi nel carro"
"I do not need to sit in the wagon"
"Mi siederò sull'arco della ruota"
"I will sit on the arch of the wheel"
E con un balzo si sedette sopra la ruota
And with a leap he sat above the wheel
"E tu, amore mio!" disse l'omino
"And you, my love!" said the little man
e si rivolse in modo lusinghiero a Pinocchio
and he turned in a flattering manner to Pinocchio
"Che cosa intendi fare?"
"what do you intend to do?"
"Vieni con noi?
"Are you coming with us?
"O hai intenzione di rimanere indietro?"
"or are you going to remain behind?"
— Io rimarrò indietro, — rispose Pinocchio
"I will remain behind," answered Pinocchio
"Me ne vado a casa", rispose con orgoglio
"I am going home," he answered proudly
"Ho intenzione di studiare, come fanno tutti i ragazzi ben condotti"
"I intend to study, as all well conducted boys do"
"Che ti faccia molto bene!"
"Much good may it do you!"
«Pinocchio!» gridò Lucignolo
"Pinocchio!" called out Candle-wick
"Vieni con noi e ci divertiremo tanto"
"come with us and we shall have such fun"
"No, no, e di nuovo no!" rispose Pinocchio
"No, no, and no again!" answered Pinocchio
un coro di cento voci gridava dalla carrozza

a chorus of hundred voices shouted from the the coach
"Vieni con noi e ci divertiremo tanto"
"Come with us and we shall have so much fun"
ma il burattino non ne era affatto sicuro
but the puppet was not at all sure
"Se vengo con te, cosa dirà la mia buona Fata?"
"if I come with you, what will my good Fairy say?"
e cominciava a cedere
and he was beginning to yield
"Non turbare la tua testa con pensieri malinconici"
"Do not trouble your head with melancholy thoughts"
"Considera solo quanto sarà delizioso"
"consider only how delightful it will be"
"stiamo andando nel Paese delle Tette"
"we are going to the Land of the Boobies"
"Tutto il giorno saremo liberi di scatenarci"
"all day we shall be at liberty to run riot"
Pinocchio non rispose, ma sospirò
Pinocchio did not answer, but he sighed
Sospirò di nuovo, e poi sospirò per la terza volta
he sighed again, and then sighed for the third time
finalmente Pinocchio si decise
finally Pinocchio made up his mind
"Fatti un po' di spazio per me"
"Make a little room for me"
"perché vorrei venire anch'io"
"because I would like to come, too"
"I posti sono tutti pieni", rispose l'omino
"The places are all full," replied the little man
"Ma, lascia che ti mostri quanto sei il benvenuto"
"but, let me show you how welcome you are"
"Ti lascerò il mio posto sul palco"
"I will let you have my seat on the box"
"E dove ti siederai?"
"And where will you sit?"
"Oh, andrò a piedi"
"Oh, I will go on foot"

"No, anzi, non potevo permetterlo"
"No, indeed, I could not allow that"
"Preferirei montare uno di questi asini"
"I would rather mount one of these donkeys"
così Pinocchio salì sul primo asino
so Pinocchio went up the the first donkey
e tentò di montare l'animale
and he attempted to mount the animal
ma l'asinello si voltò verso di lui
but the little donkey turned on him
e l'asino gli diede un gran colpo nello stomaco
and the donkey gave him a great blow in the stomach
e lo fece rotolare con le gambe in aria
and it rolled him over with his legs in the air
tutti i ragazzi l'avevano guardato
all the boys had been watching this
così potete immaginare le risate dal carro
so you can imagine the laughter from the wagon
Ma l'omino non rise
But the little man did not laugh
Si avvicinò all'asino ribelle
He approached the rebellious donkey
e dapprima finse di baciarlo
and at first he pretended to kiss him
ma poi si è staccato con un morso metà dell'orecchio
but then he bit off half of his ear
Pinocchio intanto si era alzato da terra
Pinocchio in the meantime had gotten up from the ground
Era ancora molto arrabbiato con l'animale
he was still very cross with the animal
ma con un balzo gli saltò addosso
but with a spring he jumped onto him
e si sedette sul dorso del povero animale
and he seated himself on the poor animal's back
E saltò così bene che i ragazzi smisero di ridere
And he sprang so well that the boys stopped laughing
e cominciarono a gridare: "Evviva, Pinocchio!"

and they began to shout: "Hurrah, Pinocchio!"
Ed essi battevano le mani e lo applaudivano
and they clapped their hands and applauded him
Ben presto gli asini galopparono lungo la pista
soon the donkeys were galloping down the track
e il carro sferragliava sulle pietre
and the wagon was rattling over the stones
ma il burattino credette di udire una voce bassa
but the puppet thought that he heard a low voice
"Povero sciocco! avresti dovuto seguire la tua strada"
"Poor fool! you should have followed your own way"
"Ma tu ti pentirai di essere venuto!"
"but but you will repent having come!"
Pinocchio era un po' spaventato da quello che aveva sentito
Pinocchio was a little frightened by what he had heard
Guardò da una parte all'altra per vedere di cosa si trattasse
he looked from side to side to see what it was
Cercò di capire da dove potessero provenire quelle parole
he tried to see where these words could have come from
ma indipendentemente da dove guardasse, non vedeva nessuno
but regardless of of where he looked he saw nobody
Gli asini galoppavano e il carro sferragliava
The donkeys galloped and the wagon rattled
e per tutto il tempo i ragazzi dentro dormivano
and all the while the boys inside slept
Lo stoppino russava come un ghiro
Candle-wick snored like a dormouse
e l'omino si sedette sulla scatola
and the little man seated himself on the box
e cantava canzoni tra i denti
and he sang songs between his teeth
"Durante la notte tutti dormono"
"During the night all sleep"
"Ma io non dormo mai"
"But I sleep never"
Presto avevano percorso un altro miglio

soon they had gone another mile
Pinocchio udì di nuovo la stessa vocina bassa
Pinocchio heard the same little low voice again
"Tienilo a mente, sempliciotto!"
"Bear it in mind, simpleton!"
"Ci sono ragazzi che si rifiutano di studiare"
"there are boys who refuse to study"
"Voltano le spalle ai libri"
"they turn their backs upon books"
"Pensano di essere troppo bravi per andare a scuola
"they think they're too good to go to school
"E non obbediscono ai loro padroni"
"and they don't obey their masters"
"Passano il loro tempo nel gioco e nel divertimento"
"they pass their time in play and amusement"
"ma prima o poi fanno una brutta fine"
"but sooner or later they come to a bad end"
"Lo so per esperienza"
"I know it from my experience"
"e posso dirti come va sempre a finire"
"and I can tell you how it always ends"
"Verrà un giorno in cui piangerete"
"A day will come when you will weep"
"tu piangerai come io piango ora"
"you will weep just as I am weeping now"
"Ma allora sarà troppo tardi!"
"but then it will be too late!"
Le parole erano state sussurrate a bassa voce
the words had been whispered very softly
ma Pinocchio poteva essere sicuro di quello che aveva udito
but Pinocchio could be sure of what he had heard
Il burattino era più spaventato che mai
the puppet was more frightened than ever
Balzò giù dal dorso dell'asino
he sprang down from the back of his donkey
Ed egli andò e afferrò la bocca dell'asino
and he went and took hold of the donkey's mouth

potete immaginare la sorpresa di Pinocchio per quello che vide
you can imagine Pinocchio's surprise at what he saw
L'asino piangeva proprio come un bambino!
the donkey was crying just like a boy!
"Eh! Signor cocchiere, — esclamò Pinocchio
"Eh! Sir Coachman," cried Pinocchio
"Ecco una cosa straordinaria!"
"here is an extraordinary thing!"
"Questo asino piange"
"This donkey is crying"
«Lasciatelo piangere!» disse il cocchiere
"Let him cry," said the coachman
"Riderà quando sarà sposo"
"he will laugh when he is a bridegroom"
«Ma per caso gli hai insegnato a parlare?»
"But have you by chance taught him to talk?"
"No; ma passò tre anni con cani istruiti"
"No; but he spent three years with learned dogs"
"E imparò a borbottare qualche parola"
"and he learned to mutter a few words"
«Povera bestia!» aggiunse il cocchiere
"Poor beast!" added the coachman
"Ma non ti preoccupare", disse l'omino
"but don't you worry," said the little man
"Non perdiamo tempo a vedere un asino piangere"
"don't let us waste time in seeing a donkey cry"
"Montatelo e andiamo avanti"
"Mount him and let us go on"
"La notte è fredda e la strada è lunga"
"the night is cold and the road is long"
Pinocchio obbedì senza dire una parola
Pinocchio obeyed without another word

Al mattino, verso l'alba, arrivarono
In the morning about daybreak they arrived
ora erano al sicuro nella Terra degli Uccelli Sule
they were now safely in the Land of Boobie Birds
Era un paese diverso da qualsiasi altro paese al mondo
It was a country unlike any other country in the world
La popolazione era composta interamente da ragazzi
The population was composed entirely of boys
Il più grande dei ragazzi aveva quattordici anni
The oldest of the boys were fourteen
e i più piccoli avevano appena otto anni
and the youngest were scarcely eight years old
Per le strade c'era grande allegria
In the streets there was great merriment
La sua vista era sufficiente a far girare la testa a chiunque
the sight of it was enough to turn anybody's head
C'erano schiere di ragazzi dappertutto
There were troops of boys everywhere
Alcuni giocavano con le noci che avevano trovato
Some were playing with nuts they had found
Alcuni giocavano con i battledores
some were playing games with battledores
Un sacco di ragazzi giocavano a calcio

lots of boys were playing football
Alcuni cavalcavano velocipedi, altri cavalli di legno
Some rode velocipedes, others wooden horses
Un gruppo di ragazzi giocava a nascondino
A party of boys were playing hide and seek
Alcuni ragazzi si rincorrevano
a few boys were chasing each other
Alcuni recitavano e cantavano cantici
Some were reciting and singing songs
altri stavano solo saltando in aria
others were just leaping into the air
Alcuni si divertivano a camminare sulle mani
Some amused themselves with walking on their hands
altri stavano facendo i salti mortali lungo la strada
others were trundling hoops along the road
e alcuni se ne andavano in giro impettiti vestiti da generali
and some were strutting about dressed as generals
Indossavano caschi fatti di foglie
they were wearing helmets made from leaves
e comandavano uno squadrone di soldati di cartone
and they were commanding a squadron of cardboard soldiers
Alcuni ridevano e altri gridavano
Some were laughing and some shouting
e alcuni gridavano sciocchezze
and some were calling out silly things
altri battevano le mani, o fischiavano
others clapped their hands, or whistled
alcuni chiocciavano come una gallina che ha appena deposto un uovo
some clucked like a hen who has just laid an egg
In ogni piazza erano stati eretti teatri di tela
In every square, canvas theatres had been erected
ed erano affollati di ragazzi tutto il giorno
and they were crowded with boys all day long
Sui muri delle case c'erano iscrizioni
On the walls of the houses there were inscriptions
"Lunga vita ai giocattoli"

"Long live the playthings"
"Non avremo più scuole"
"we will have no more schools"
"giù per il water con l'aritmetica"
"down the toilet with arithmetic"
e simili altri bei sentimenti furono scritti
and similar other fine sentiments were written
Naturalmente tutti gli slogan erano scritti male
of course all the slogans were in bad spelling
Pinocchio, Lucignolo e gli altri ragazzi andarono in paese
Pinocchio, Candle-wick and the other boys went to the town
Erano nel bel mezzo del tumulto
they were in the thick of the tumult
e non c'è bisogno che vi dica quanto è stato divertente
and I need not tell you how fun it was
In pochi minuti si sono familiarizzati con tutti
within minutes they acquainted themselves with everybody
Dove si potevano trovare ragazzi più felici o più contenti?
Where could happier or more contented boys be found?
Le ore, i giorni e le settimane passavano come fulmini
the hours, days and weeks passed like lightning
Il tempo vola quando ti diverti
time flies when you're having fun
«Oh, che bella vita!» esclamò Pinocchio
"Oh, what a delightful life!" said Pinocchio
«Vedi, dunque, non avevo ragione?» rispose Lucignolo
"See, then, was I not right?" replied Candle-wick
"E pensare che non volevi venire!"
"And to think that you did not want to come!"
"immagina di essere tornato a casa dalla tua Fata"
"imagine you had returned home to your Fairy"
"Volevi perdere il tuo tempo nello studio!"
"you wanted to lose your time in studying!"
"Ora sei libero dal fastidio dei libri"
"now you are free from the bother of books"
"Devi riconoscere che lo devi a me"
"you must acknowledge that you owe it to me"

"Solo gli amici sanno come rendere servizi così grandi"
"only friends know how to render such great services"
— È vero, Lucignolo! — confermò Pinocchio
"It is true, Candle-wick!" confirmed Pinocchio
"Se ora sono un ragazzo felice, è tutta colpa tua"
"If I am now a happy boy, it is all your doing"
«Ma sai cosa diceva il maestro?»
"But do you know what the master used to say?"
"Non associarti a quel mascalzone Stoppino"
"Do not associate with that rascal Candle-wick"
"Perché è un cattivo compagno per te"
"because he is a bad companion for you"
"E ti condurrà solo nel male!"
"and he will only lead you into mischief!"
«Povero padrone!» rispose l'altro, scuotendo la testa
"Poor master!" replied the other, shaking his head
"So fin troppo bene che non gli piacevo"
"I know only too well that he disliked me"
"E si divertiva a rendermi la vita difficile"
"and he amused himself by making my life hard"
"Ma io sono generoso, e lo perdono!"
"but I am generous, and I forgive him!"
"Tu sei un'anima nobile!" disse Pinocchio
"you are a noble soul!" said Pinocchio
e abbracciò affettuosamente l'amico
and he embraced his friend affectionately
e lo baciò tra gli occhi
and he kissed him between the eyes
Questa vita deliziosa era andata avanti per cinque mesi
This delightful life had gone on for five months
Le giornate erano state interamente trascorse nel gioco e nel divertimento
The days had been entirely spent in play and amusement
Non un pensiero è stato speso sui libri o sulla scuola
not a thought was spent on books or school
ma una mattina Pinocchio si svegliò con una sgradevole sorpresa

but one morning Pinocchio awoke to a most disagreeable surprise
Ciò che vide lo mise di pessimo umore
what he saw put him into a very bad humour

Pinocchio si trasforma in asino
Pinocchio Turns into a Donkey

quando Pinocchio si svegliò si grattò la testa
when he Pinocchio awoke he scratched his head
Grattandosi la testa scoprì qualcosa...
when scratching his head he discovered something...
Le sue orecchie erano cresciute più di una mano!
his ears had grown more than a hand!
Potete immaginare la sua sorpresa
You can imagine his surprise
perché aveva sempre avuto orecchie molto piccole
because he had always had very small ears
Andò subito in cerca di uno specchio
He went at once in search of a mirror
Doveva guardare meglio se stesso
he had to have a better look at himself
ma non è stato in grado di trovare alcun tipo di specchio
but he was not able to find any kind of mirror
Così riempì d'acqua la bacinella
so he filled the basin with water
e vide un riflesso che non avrebbe mai voluto vedere
and he saw a reflection he never wished to see
Un magnifico paio di orecchie d'asino gli abbelliva la testa!
a magnificent pair of donkey's ears embellished his head!
pensate al dolore, alla vergogna e alla disperazione del povero Pinocchio!
think of poor Pinocchio's sorrow, shame and despair!
Cominciò a piangere e a ruggire
He began to cry and roar
e sbatté la testa contro il muro

and he beat his head against the wall
ma più piangeva, più le sue orecchie crescevano
but the more he cried the longer his ears grew
e le sue orecchie crebbero, e crebbero, e crebbero
and his ears grew, and grew, and grew
e le sue orecchie divennero pelose verso le punte
and his ears became hairy towards the points
una piccola marmotta udì le alte grida di Pinocchio
a little Marmot heard Pinocchio's loud cries
Vedendo il burattino così addolorato, chiese con fervore:
Seeing the puppet in such grief she asked earnestly:
«Che cosa ti è successo, mio caro compagno di stanza?»
"What has happened to you, my dear fellow-lodger?"
"Sono malata, mia cara piccola Marmotta"
"I am ill, my dear little Marmot"
"Molto malato, e la mia malattia mi spaventa"
"very ill, and my illness frightens me"
"Capisci contare un polso?"
"Do you understand counting a pulse?"
— Un poco, — singhiozzò Pinocchio
"A little," sobbed Pinocchio
"Allora senti e vedi se per caso ho la febbre"
"Then feel and see if by chance I have got fever"
La piccola marmotta sollevò la zampa anteriore destra
The little Marmot raised her right fore-paw
e la piccola marmotta sentì il polso di Pinocchio
and the little Marmot felt Pinocchio's pulse
e gli disse, sospirando:
and she said to him, sighing:
"Amico mio, mi addolora molto"
"My friend, it grieves me very much"
"Ma sono obbligato a darti cattive notizie!"
"but I am obliged to give you bad news!"
«Che cos'è?» chiese Pinocchio
"What is it?" asked Pinocchio
"Hai una febbre molto forte!"
"You have got a very bad fever!"

"Che febbre è?"
"What fever is it?"
"Hai un caso di febbre d'asino"
"you have a case of donkey fever"
"Questa è una febbre che non capisco"
"That is a fever that I do not understand"
ma l'aveva capito fin troppo bene
but he understood it only too well
"Allora te lo spiegherò", disse la marmotta
"Then I will explain it to you," said the Marmot
"Presto non sarai più un burattino"
"soon you will no longer be a puppet"
"Non ci vorranno più di due o tre ore"
"it won't take longer than two or three hours"
"E nemmeno tu sarai un ragazzo"
"nor will you be a boy either"
"E allora che cosa sarò?"
"Then what shall I be?"
"Sarai davvero un asinello"
"you will well and truly be a little donkey"
"un asino come quelli che tirano i carri"
"a donkey like those that draw the carts"
"Un asino che porta i cavoli al mercato"
"a donkey that carries cabbages to market"
«Oh, come sono sventurato!» esclamò Pinocchio
"Oh, how unfortunate I am!" cried Pinocchio
e gli afferrò le due orecchie con le mani
and he seized his two ears with his hands
e si tirava e si strappava furiosamente le orecchie
and he pulled and tore at his ears furiously
Tirò come se fossero state le orecchie di qualcun altro
he pulled as if they had been someone else's ears
"Mio caro ragazzo," disse la marmotta
"My dear boy," said the Marmot
e fece del suo meglio per consolarlo
and she did her best to console him
"Non puoi farci niente"

"you can do nothing about it"
"Il tuo destino è diventare un asino"
"It is your destiny to become a donkey"
"E' scritto nei decreti della sapienza"
"It is written in the decrees of wisdom"
"Succede a tutti i ragazzi che sono pigri"
"it happens to all boys who are lazy"
"Succede ai ragazzi a cui non piacciono i libri"
"it happens to the boys that dislike books"
"Succede ai ragazzi che non vanno a scuola"
"it happens to the boys that don't go to schools"
"E succede ai ragazzi che disobbediscono ai loro padroni"
"and it happens to boys who disobey their masters"
"Tutti i ragazzi che passano il loro tempo divertendosi"
"all boys who pass their time in amusement"
"Tutti i ragazzi che giocano tutto il giorno"
"all the boys who play games all day"
"ragazzi che si distraggono con diversivi"
"boys who distract themselves with diversions"
"La stessa sorte attende tutti quei ragazzi"
"the same fate awaits all those boys"
"prima o poi diventano asinelli"
"sooner or later they become little donkeys"
«Ma è davvero così?» chiese il burattino, singhiozzando
"But is it really so?" asked the puppet, sobbing
"E' proprio troppo vero!"
"It is indeed only too true!"
"E le lacrime sono ormai inutili"
"And tears are now useless"
"Avresti dovuto pensarci prima!"
"You should have thought of it sooner!"
"Ma non è stata colpa mia; credimi, piccola Marmotta"
"But it was not my fault; believe me, little Marmot"
"la colpa è tutta di Stoppino!"
"the fault was all Candle-wick's!"
"E chi è questo stoppino?"
"And who is this Candle-wick?"

"Lo stoppino è uno dei miei compagni di scuola"
"Candle-wick is one of my school-fellows"
"Volevo tornare a casa ed essere ubbidiente"
"I wanted to return home and be obedient"
"Volevo studiare ed essere un bravo ragazzo"
"I wished to study and be a good boy"
"ma Stoppino mi ha convinto del contrario"
"but Candle-wick convinced me otherwise"
"Perché dovresti preoccuparti di studiare?"
'Why should you bother yourself by studying?'
«Perché dovresti andare a scuola?»
'Why should you go to school?'
'Vieni con noi invece nella terra delle sule'
'Come with us instead to the Land of Boobies Birds'
"Lì nessuno di noi dovrà imparare"
'there we shall none of us have to learn'
'Ci divertiremo dalla mattina alla sera'
'we will amuse ourselves from morning to night'
'E saremo sempre allegri'
'and we shall always be merry'
"Quel tuo amico era falso"
"that friend of yours was false"
"Perché hai seguito il suo consiglio?"
"why did you follow his advice?"
"Perché, mia cara piccola Marmotta, sono un burattino"
"Because, my dear little Marmot, I am a puppet"
"Non ho senno e non ho cuore"
"I have no sense and no heart"
"se avessi avuto un cuore non me ne sarei mai andato"
"if I had had a heart I would never have left"
"Ho lasciato la mia buona Fata che mi amava come una mamma"
"I left my good Fairy who loved me like a mamma"
"La buona Fata che aveva fatto tanto per me!"
"the good Fairy who had done so much for me!"
"E non sarei più stato un burattino"
"And I was going to be a puppet no longer"

"A quest'ora sarei diventato un ragazzino"
"I would by this time have become a little boy"
"e io sarei come gli altri ragazzi"
"and I would be like the other boys"
"Ma se incontro Lucignolo, guai a lui!"
"But if I meet Candle-wick, woe to him!"
"Sentirà quello che penso di lui!"
"He shall hear what I think of him!"
E si voltò per uscire
And he turned to go out
Ma poi si ricordò di avere le orecchie d'asino
But then he remembered he had donkey's ears
Naturalmente si vergognava di mostrare le orecchie in pubblico
of course he was ashamed to show his ears in public
Allora, cosa pensi che abbia fatto?
so what do you think he did?
Prese un grande cappello di cotone
He took a big cotton hat
e si mise in testa il cappello di cotone
and he put the cotton hat on his head
e si tirò giù il cappello fin sopra il naso
and he pulled the hat well down over his nose
Poi partì alla ricerca di Stoppino
He then set out in search of Candle-wick
Lo cercava per le strade
He looked for him in the streets
e lo cercava nei teatrini
and he looked for him in the little theatres
Guardò in ogni luogo possibile
he looked in every possible place
ma non riusciva a trovarlo ovunque guardasse
but he could not find him wherever he looked
Chiedeva di lui a tutti quelli che incontrava
He inquired for him of everybody he met
ma nessuno sembrava averlo visto
but no one seemed to have seen him

Poi andò a cercarlo a casa sua
He then went to seek him at his house
e, giunto alla porta, bussò
and, having reached the door, he knocked
«Chi c'è?» chiese Lucignolo dall'interno
"Who is there?" asked Candle-wick from within
"Sono io!" rispose il burattino
"It is I!" answered the puppet
"Aspetta un attimo e ti farò entrare"
"Wait a moment and I will let you in"
Dopo mezz'ora la porta si aprì
After half an hour the door was opened
ora potete immaginare il sentimento di Pinocchio a ciò che vide
now you can imagine Pinocchio's feeling at what he saw
Anche il suo amico aveva un grande cappello di cotone in testa
his friend also had a big cotton hat on his head
Alla vista del berretto Pinocchio si sentì quasi consolato
At the sight of the cap Pinocchio felt almost consoled
e Pinocchio pensò tra sé:
and Pinocchio thought to himself:
"Il mio amico ha la mia stessa malattia?"
"Has my friend got the same illness that I have?"
"Soffre anche lui di febbre d'asino?"
"Is he also suffering from donkey fever?"
ma in un primo momento Pinocchio finse di non accorgersene
but at first Pinocchio pretended not to have noticed
Gli fece una domanda con noncuranza, sorridendo:
he just casually asked him a question, smiling:
"Come stai, mio caro Lucignolo?"
"How are you, my dear Candle-wick?"
"così come un topo in un parmigiano"
"as well as a mouse in a Parmesan cheese"
"Lo dici sul serio?"
"Are you saying that seriously?"

"Perché dovrei dirti una bugia?"
"Why should I tell you a lie?"
"Ma perché, allora, indossi un cappello di cotone?"
"but why, then, do you wear a cotton hat?"
"Ti copre tutte le orecchie"
"is covers up all of your ears"
"Il dottore mi ha ordinato di indossarlo"
"The doctor ordered me to wear it"
"perché mi sono fatto male a questo ginocchio"
"because I have hurt this knee"
«E tu, caro burattino!» chiese Lucignolo
"And you, dear puppet," asked Candle-wick
"Perché ti sei infilato quel cappello di cotone davanti al naso?"
"why have you pulled that cotton hat passed your nose?"
"Il medico me l'ha prescritto perché mi sono sfiorato il piede"
"The doctor prescribed it because I have grazed my foot"
"Oh, povero Pinocchio!" - "Oh, povero Lucignolo!"
"Oh, poor Pinocchio!" - "Oh, poor Candle-wick!"
A queste parole seguì un lungo silenzio
After these words a long silence followed
I due amici non fecero altro che guardarsi beffardamente
the two friends did nothing but look mockingly at each other
Alla fine il burattino disse con voce sommessa al suo compagno:
At last the puppet said in a soft voice to his companion:
"Soddisfa la mia curiosità, mio caro Lucignolo"
"Satisfy my curiosity, my dear Candle-wick"
"Hai mai sofferto di malattie alle orecchie?"
"have you ever suffered from disease of the ears?"
"Non ho mai sofferto di malattie alle orecchie!"
"I have never suffered from disease of the ears!"
«E tu, Pinocchio?» chiese Lucignolo
"And you, Pinocchio?" asked Candle-wick
"Hai mai sofferto di malattie alle orecchie?"
"have you ever suffered from disease of the ears?"

"**Neanche io ho mai sofferto di quella malattia**"
"I have never suffered from that disease either"
"**Solo da stamattina mi fa male un orecchio**"
"Only since this morning one of my ears aches"
"**Anche l'orecchio mi fa male**"
"my ear is also paining me"
"**E quale delle tue orecchie ti fa male?**"
"And which of your ears hurts you?"
"**Mi fanno male entrambe le orecchie**"
"Both of my ears happen to hurt"
"**E tu?**"
"And what about you?"
"**Mi fanno male anche entrambe le orecchie**"
"Both of my ears happen to hurt too"
Possiamo avere la stessa malattia?"
Can we have got the same illness?"
"**Temo che potremmo aver preso la febbre**"
"I fear we might have caught a fever"
«**Mi farai una cortesia, Lucignolo?**»
"Will you do me a kindness, Candle-wick?"
"**Volentieri! Con tutto il cuore**"
"Willingly! With all my heart"
"**Mi lasci vedere le tue orecchie?**"
"Will you let me see your ears?"
"**Perché dovrei rifiutare la tua richiesta?**"
"Why would I deny your request?"
"**Ma prima, mio caro Pinocchio, vorrei vedere il tuo**"
"But first, my dear Pinocchio, I should like to see yours"
"**No: devi farlo prima tu**"
"No: you must do so first"
"**No, cara. Prima tu e poi io!**"
"No, dear. First you and then I!"
"**Bene**", disse il burattino
"Well," said the puppet
"**Mettiamoci d'accordo come buoni amici**"
"let us come to an agreement like good friends"
"**Fammi sentire cos'è questo accordo**"

"Let me hear what this agreement is"
"Ci toglieremo entrambi il cappello nello stesso momento"
"We will both take off our hats at the same moment"
"Sei d'accordo a farlo?"
"Do you agree to do it?"
"Sono d'accordo, e tu hai la mia parola"
"I agree, and you have my word"
E Pinocchio cominciò a contare a gran voce:
And Pinocchio began to count in a loud voice:
«Uno, due, tre!» contò
"One, two, three!" he counted
A "Tre!" i due ragazzi si tolsero il cappello
At "Three!" the two boys took off their hats
e gettarono in aria i loro cappelli
and they threw their hats into the air
e avreste dovuto vedere la scena che seguì
and you should have seen the scene that followed
Sembrerebbe incredibile se non fosse vero
it would seem incredible if it were not true
videro che entrambi erano stati colpiti dalla stessa disgrazia
they saw they were both struck by the same misfortune
ma non provavano né mortificazione né dolore
but they felt neither mortification nor grief
invece cominciarono a drizzarsi le orecchie sgraziate
instead they began to prick their ungainly ears
e cominciarono a fare mille buffonate
and they began to make a thousand antics
Finirono scoppiando a ridere
they ended by going into bursts of laughter
Ed essi risero, e risero, e risero
And they laughed, and laughed, and laughed
fino a quando non dovettero tenersi insieme
until they had to hold themselves together

Ma nel bel mezzo della loro allegria accadde qualcosa
But in the midst of their merriment something happened
Stoppino di candela smise improvvisamente di ridere e di scherzare
Candle-wick suddenly stopped laughing and joking
barcollò e cambiò colore
he staggered around and changed colour
«Aiuto, aiuto, Pinocchio!» gridò
"Help, help, Pinocchio!" he cried
"Che cosa ti succede?"
"What is the matter with you?"
"Ahimè, non riesco più a stare in piedi"
"Alas, I cannot any longer stand upright"
«Nemmeno io!» esclamò Pinocchio
"Neither can I," exclaimed Pinocchio
e cominciò a barcollare e a piangere
and he began to totter and cry
E mentre parlavano, entrambi si raddoppiarono
And whilst they were talking, they both doubled up
e cominciarono a correre per la stanza con le mani e i piedi
and they began to run round the room on their hands and feet
E mentre correvano, le loro mani diventavano zoccoli
And as they ran, their hands became hoofs

i loro volti si allungarono in muso
their faces lengthened into muzzles
e le loro schiene si coprirono di peli grigio chiaro
and their backs became covered with a light gray hairs
e i loro capelli erano cosparsi di nero
and their hair was sprinkled with black
Ma sapete qual è stato il momento peggiore?
But do you know what was the worst moment?
Un momento è stato peggiore di tutti gli altri
one moment was worse than all the others
Entrambi i ragazzi si sono fatti crescere code d'asino
both of the boys grew donkey tails
i ragazzi furono vinti dalla vergogna e dal dolore
the boys were vanquished by shame and sorrow
e piangevano e si lamentavano della loro sorte
and they wept and lamented their fate
Oh, se solo fossero stati più saggi!
Oh, if they had but been wiser!
ma non potevano lamentarsi del loro destino
but they couldn't lament their fate
perché non potevano che ragliare come asini
because they could only bray like asses
e ragliarono rumorosamente in coro: "Hee-haw!"
and they brayed loudly in chorus: "Hee-haw!"
Mentre questo accadeva, qualcuno bussò alla porta
Whilst this was going on someone knocked at the door
E c'era una voce all'esterno che diceva:
and there was a voice on the outside that said:
"Apri la porta! Io sono l'ometto"
"Open the door! I am the little man"
"Io sono il cocchiere che ti ha portato in questo paese"
"I am the coachman who brought you to this country"
"Apri subito, o sarà peggio per te!"
"Open at once, or it will be the worse for you!"

Pinocchio si allena per il circo
Pinocchio gets Trained for the Circus

la porta non si apriva al suo comando
the door wouldn't open at his command
Così l'omino diede un violento calcio alla porta
so the little man gave the door a violent kick
e il cocchiere irruppe nella stanza
and the coachman burst into the room
Parlò con la sua solita risata:
he spoke with his usual little laugh:
"Ben fatto, ragazzi! Hai ragliato bene"
"Well done, boys! You brayed well"
"E vi ho riconosciuto dalle vostre voci"
"and I recognized you by your voices"
"Ecco perché sono qui"
"That is why I am here"
I due asinelli erano piuttosto stupefatti
the two little donkeys were quite stupefied
Stavano a testa bassa
they stood with their heads down
avevano le orecchie abbassate
they had their ears lowered
e avevano la coda tra le gambe
and they had their tails between their legs
All'inizio l'omino li accarezzò e li accarezzò
At first the little man stroked and caressed them
Poi tirò fuori un pettine di curry
then he took out a currycomb
e si pettinò bene gli asini
and he currycombed the donkeys well
Con questo processo li aveva lucidati
by this process he had polished them
e i due asini brillavano come due specchi
and the two donkeys shone like two mirrors
Mise loro una cavezza al collo
he put a halter around their necks

e li condusse alla piazza del mercato
and he led them to the market-place

Sperava di venderli
he was in hopes of selling them
Pensava di poter ottenere un buon profitto
he thought he could get a good profit
E in effetti c'erano acquirenti per gli asini
And indeed there were buyers for the donkeys
Lo stoppino della candela è stato comprato da un contadino
Candle-wick was bought by a peasant
Il suo asino era morto il giorno prima
his donkey had died the previous day
Pinocchio è stato venduto al direttore di una società
Pinocchio was sold to the director of a company
Erano una compagnia di buffoni e ballerini funamboli
they were a company of buffoons and tight-rope dancers
Lo comprò perché gli insegnasse a ballare
he bought him so that he might teach him to dance
Poteva ballare con gli altri animali del circo
he could dance with the other circus animals
E ora, miei piccoli lettori, capite
And now, my little readers, you understand
L'omino era solo un uomo d'affari
the little man was just a businessman
Ed era un'attività redditizia quella che conduceva

and it was a profitable business that he led
Il mostriciattolo malvagio con la faccia di latte e miele
The wicked little monster with a face of milk and honey
Fece frequenti viaggi in tutto il mondo
he made frequent journeys round the world
prometteva e lusingava ovunque andasse
he promised and flattered wherever he went
e raccolse tutti i fanciulli oziosi
and he collected all the idle boys
e c'erano molti ragazzi oziosi da raccogliere
and there were many idle boys to collect
tutti i ragazzi che avevano preso in antipatia i libri
all the boys who had taken a dislike to books
e tutti i ragazzi che non amavano la scuola
and all the boys who weren't fond of school
ogni volta il suo carro si riempiva di questi ragazzi
each time his wagon filled up with these boys
e li condusse tutti nella Terra degli Uccelli Spollosi
and he took them all to the Land of Boobie Birds
Qui passavano il tempo a giocare
here they passed their time playing games
e ci fu tumulto e molto divertimento
and there was uproar and much amusement
ma la stessa sorte attendeva tutti i ragazzi illusi
but the same fate awaited all the deluded boys
Troppo gioco e nessuno studio li hanno trasformati in asini
too much play and no study turned them into donkeys
poi ne prese possesso con grande gioia
then he took possession of them with great delight
e li portava alle fiere e ai mercati
and he carried them off to the fairs and markets
E in questo modo ha fatto un mucchio di soldi
And in this way he made heaps of money
Che fine abbia fatto lo stoppino non lo so
What became of Candle-wick I do not know
ma so cos'è successo al povero Pinocchio
but I do know what happened to poor Pinocchio

Fin dal primo giorno ha sopportato una vita molto dura
from the very first day he endured a very hard life
Pinocchio fu messo nella sua stalla
Pinocchio was put into his stall
e il suo padrone riempì la mangiatoia di paglia
and his master filled the manger with straw
ma a Pinocchio non piaceva affatto mangiare la paglia
but Pinocchio didn't like eating straw at all
e l'asinello sputò di nuovo la paglia
and the little donkey spat the straw out again
Allora il padrone, brontolando, riempì la mangiatoia di fieno
Then his master, grumbling, filled the manger with hay
ma il fieno non piacque nemmeno a Pinocchio
but hay did not please Pinocchio either
«Ah!» esclamò il padrone in preda alla passione
"Ah!" exclaimed his master in a passion
«Non ti piace nemmeno il fieno?»
"Does not hay please you either?"
"Lascia fare a me, mio bell'asino"
"Leave it to me, my fine donkey"
"Vedo che sei pieno di capricci"
"I see you are full of caprices"
"Ma non ti preoccupare, troverò il modo di curarti!"
"but worry not, I will find a way to cure you!"
E colpì le zampe dell'asino con la frusta
And he struck the donkey's legs with his whip
Pinocchio cominciò a piangere e a ragliare di dolore
Pinocchio began to cry and bray with pain
"Ehi! Non riesco a digerire la paglia!"
"Hee-haw! I cannot digest straw!"
"Allora mangia il fieno!" disse il suo padrone
"Then eat hay!" said his master
Capiva perfettamente il dialetto asinino
he understood perfectly the asinine dialect
"Ehi! Il fieno mi fa venire il mal di stomaco"
"Hee-haw! hay gives me a pain in my stomach"

"Vedo com'è asinello"
"I see how it is little donkey"
"Vorresti essere nutrito con capponi in gelatina"
"you would like to be fed with capons in jelly"
e si arrabbiava sempre di più
and he got more and more angry
e frustò di nuovo il povero Pinocchio
and he whipped poor Pinocchio again
la seconda volta Pinocchio trattenne la lingua
the second time Pinocchio held his tongue
e imparò a non dire più nulla
and he learned to say nothing more
La stalla è stata poi chiusa
The stable was then shut
e Pinocchio rimase solo
and Pinocchio was left alone
Non mangiava da molte ore
He had not eaten for many hours
e cominciò a sbadigliare per la fame
and he began to yawn from hunger
I suoi sbadigli sembravano larghi come un forno
his yawns seemed as wide as an oven
ma non trovò nient'altro da mangiare
but he found nothing else to eat
Così si rassegnò al suo destino
so he resigned himself to his fate
e cedette e masticò un po' di fieno
and gave in and chewed a little hay
Masticava bene il fieno, perché era asciutto
he chewed the hay well, because it was dry
e chiuse gli occhi e lo inghiottì
and he shut his eyes and swallowed it
"Questo fieno non è male", si disse
"This hay is not bad," he said to himself
"Ma sarebbe stato meglio se avessi studiato!"
"but better would have been if I had studied!"
"Al posto del fieno ora potrei mangiare il pane"

"Instead of hay I could now be eating bread"
"e forse avrei mangiato delle belle salsicce"
"and perhaps I would have been eating fine sausages"
"Ma devo avere pazienza!"
"But I must have patience!"
La mattina dopo si svegliò di nuovo
The next morning he woke up again
Cercò nella mangiatoia un po' più di fieno
he looked in the manger for a little more hay
ma non c'era più fieno da trovare
but there was no more hay to be found
perché aveva mangiato tutto il fieno durante la notte
for he had eaten all the hay during the night
Poi prese un boccone di paglia tritata
Then he took a mouthful of chopped straw
ma dovette riconoscere l'orribile sapore
but he had to acknowledge the horrible taste
Non aveva affatto il sapore dei maccheroni o della torta
it tasted not in the least like macaroni or pie
"Spero che altri ragazzi cattivi imparino dalla mia lezione"
"I hope other naughty boys learn from my lesson"
"Ma devo avere pazienza!"
"But I must have patience!"
e l'asinello continuava a masticare la paglia
and the little donkey kept chewing the straw
«Pazienza!» gridò il padrone
"Patience indeed!" shouted his master
In quel momento era entrato nella stalla
he had come at that moment into the stable
"Ma non metterti troppo comodo, asinello mio"
"but don't get too comfortable, my little donkey"
"Non ti ho comprato per darti da mangiare e da bere"
"I didn't buy you to give you food and drink"
"Ti ho comprato per farti lavorare"
"I bought you to make you work"
"Ti ho comprato perché tu mi faccia guadagnare denaro"
"I bought you so that you earn me money"

«Alzati, allora, subito!»
"Up you get, then, at once!"
"Devi venire con me nel circo"
"you must come with me into the circus"
"lì ti insegnerò a fare i salti mortali"
"there I will teach you to jump through hoops"
"Imparerai a stare in piedi sulle zampe posteriori"
"you will learn to stand upright on your hind legs"
"E imparerai a ballare valzer e polke"
"and you will learn to dance waltzes and polkas"
Il povero Pinocchio dovette imparare tutte queste belle cose
Poor Pinocchio had to learn all these fine things
e non posso dire che sia stato facile da imparare
and I can't say it was easy to learn
Gli ci vollero tre mesi per imparare i trucchi
it took him three months to learn the tricks
Ha ricevuto molte frustate che gli hanno quasi tolto la pelle
he got many a whipping that nearly took off his skin
Alla fine il suo padrone diede l'annuncio
At last his master made the announcement
molti cartelli colorati attaccati agli angoli delle strade
many coloured placards stuck on the street corners
"Grande rappresentazione dell'abito completo"
"Great Full Dress Representation"
"STASERA si svolgeranno le solite imprese e sorprese"
"TONIGHT will Take Place the Usual Feats and Surprises"
"Spettacoli eseguiti da tutti gli artisti e dai cavalli"
"Performances Executed by All the Artists and horses"
"E inoltre; Il famoso ASINO PINOCCHIO"
"and moreover; The Famous LITTLE DONKEY PINOCCHIO"
"LA STELLA DELLA DANZA"
"THE STAR OF THE DANCE"
"Il teatro sarà illuminato a festa"
"the theatre will be brilliantly illuminated"
Potete immaginare quanto fosse pieno il teatro
you can imagine how crammed the theatre was
Il circo era pieno di bambini di tutte le età

The circus was full of children of all ages
tutti sono venuti a vedere il famoso asinello Pinocchio ballare
all came to see the famous little donkey Pinocchio dance
La prima parte dell'esibizione era finita
the first part of the performance was over
Il direttore della società si è presentato al pubblico
the director of the company presented himself to the public
Era vestito con un cappotto nero e calzoni bianchi
he was dressed in a black coat and white breeches
e grossi stivali di pelle che gli arrivavano sopra le ginocchia
and big leather boots that came above his knees
Fece un profondo inchino alla folla
he made a profound bow to the crowd
Cominciò con molta solennità un discorso ridicolo:
he began with much solemnity a ridiculous speech:
"Pubblico rispettabile, signore e signori!"
"Respectable public, ladies and gentlemen!"
"E' con grande onore e piacere"
"it is with great honour and pleasure"
"Sono qui davanti a questo illustre uditorio"
"I stand here before this distinguished audience"
"e vi presento il celebre asinello"
"and I present to you the celebrated little donkey"
"L'asinello che ha già avuto l'onore"
"the little donkey who has already had the honour"
"l'onore di danzare alla presenza di Sua Maestà"
"the honour of dancing in the presence of His Majesty"
"E, ringraziandovi, vi prego di aiutarci"
"And, thanking you, I beg of you to help us"
"Aiutaci con la tua presenza ispiratrice"
"help us with your inspiring presence"
"E per favore, stimato uditorio, sii indulgente con noi"
"and please, esteemed audience, be indulgent to us"
Questo discorso è stato accolto con molte risate e applausi
This speech was received with much laughter and applause
Ma l'applauso fu presto ancora più forte di prima

but the applause soon was even louder than before
l'asinello Pinocchio fece la sua comparsa
the little donkey Pinocchio made his appearance
e si fermò in mezzo al circo
and he stood in the middle of the circus
Era addobbato per l'occasione
He was decked out for the occasion
Aveva una nuova briglia di cuoio lucido
He had a new bridle of polished leather
e indossava fibbie e borchie di ottone
and he was wearing brass buckles and studs
e aveva due camelie bianche nelle orecchie
and he had two white camellias in his ears
La sua criniera era divisa e arricciata
His mane was divided and curled
e ogni ricciolo era legato con fiocchi di nastro colorato
and each curl was tied with bows of coloured ribbon
Aveva una circonferenza d'oro e d'argento intorno al corpo
He had a girth of gold and silver round his body
La sua coda era intrecciata con nastri di amaranto e velluto blu
his tail was plaited with amaranth and blue velvet ribbons
Era, infatti, un asinello di cui innamorarsi!
He was, in fact, a little donkey to fall in love with!
Il regista ha aggiunto queste poche parole:
The director added these few words:
"I miei rispettabili auditor!"
"My respectable auditors!"
"Non sono qui per dirvi falsità"
"I am not here to tell you falsehoods"
"c'erano grandi difficoltà che ho dovuto superare"
"there were great difficulties I had to overcome"
"Ho capito e soggiogato questo mammifero"
"I understood and subjugated this mammifer"
"Pascolava libero tra le montagne"
"he was grazing at liberty amongst the mountains"
"Viveva nelle pianure della zona torrida"

"he lived in the plains of the torrid zone"
"Ti prego di osservare il selvaggio roteare dei suoi occhi"
"I beg you will observe the wild rolling of his eyes"
"Invano si era tentato in tutti i modi di addomesticarlo"
"Every means had been tried in vain to tame him"
"L'ho abituato alla vita dei quadrupedi domestici"
"I have accustomed him to the life of domestic quadrupeds"
"e gli ho risparmiato l'argomento convincente della frusta"
"and I spared him the convincing argument of the whip"
"Ma tutta la mia bontà non ha fatto altro che aumentare la sua cattiveria"
"But all my goodness only increased his viciousness"
"Tuttavia, ho scoperto nel suo cranio una cartilagine ossea"
"However, I discovered in his cranium a bony cartilage"
"L'ho fatto ispezionare dalla Facoltà di Medicina di Parigi"
"I had him inspected by the Faculty of Medicine of Paris"
"Non ho badato a spese per il trattamento del mio asinello"
"I spared no cost for my little donkey's treatment"
"In lui i medici trovarono la corteccia rigenerante della danza"
"in him the doctors found the regenerating cortex of dance"
"Per questo non gli ho solo insegnato a ballare"
"For this reason I have not only taught him to dance"
"ma gli ho anche insegnato a fare i salti mortali"
"but I also taught him to jump through hoops"
"Ammiratelo, e poi esprimete la vostra opinione su di lui!"
"Admire him, and then pass your opinion on him!"
"Ma prima di congedarmi da te, permettimi questo;"
"But before taking my leave of you, permit me this;"
"Signore e signori, stimati membri della folla"
"ladies and gentlemen, esteemed members of the crowd"
"Ti invito allo spettacolo quotidiano di domani"
"I invite you to tomorrow's daily performance"
Qui il regista fece un altro profondo inchino
Here the director made another profound bow
e, volgendosi poi a Pinocchio, disse:
and, then turning to Pinocchio, he said:

"Coraggio, Pinocchio! Ma prima di cominciare:"
"Courage, Pinocchio! But before you begin:"
"Inchinatevi a questo illustre uditorio"
"bow to this distinguished audience"
Pinocchio obbedì agli ordini del suo padrone
Pinocchio obeyed his master's commands
e piegò ambedue le ginocchia finché toccarono terra
and he bent both his knees till they touched the ground
Il regista schioccò la frusta e gridò:
the director cracked his whip and shouted:
"A passo d'uomo, Pinocchio!"
"At a foot's pace, Pinocchio!"
Allora l'asinello si sollevò sulle quattro zampe
Then the little donkey raised himself on his four legs
e cominciò a fare il giro del teatro
and began to walk round the theatre
e per tutto il tempo si mantenne a passo d'uomo
and the whole time he kept at a foot's pace
Dopo un po' di tempo il regista gridò di nuovo:
After a little time the director shouted again:
«Trot!» e Pinocchio, obbedì all'ordine
"Trot!" and Pinocchio, obeyed the order
e cambiò passo al trotto
and he changed his pace to a trot
«Galoppo!» e Pinocchio si mise al galoppo
"Gallop!" and Pinocchio broke into a gallop
"Al galoppo!" e Pinocchio galoppò a tutta velocità
"Full gallop!" and Pinocchio went full gallop
Correva per il circo come un cavallo da corsa
he was running round the circus like a racehorse
Ma poi il regista ha sparato con una pistola
but then the director fired off a pistol
A tutta velocità cadde a terra
at full speed he fell to the floor
e l'asinello finse di essere ferito
and the little donkey pretended to be wounded
Si alzò da terra in mezzo a uno scroscio di applausi

he got up from the ground amidst an outburst of applause
si udirono grida e battiti di mani
there were shouts and clapping of hands
E naturalmente alzò la testa e guardò in alto
and he naturally raised his head and looked up
e vide in uno dei palchi una bella signora
and he saw in one of the boxes a beautiful lady
portava al collo una spessa catena d'oro
she wore round her neck a thick gold chain
e dalla catena pendeva un medaglione
and from the chain hung a medallion
Sul medaglione era dipinto il ritratto di un burattino
On the medallion was painted the portrait of a puppet
"Questo è il mio ritratto!" esclamò Pinocchio
"That is my portrait!" realized Pinocchio
"Quella signora è la Fata!" disse Pinocchio tra sé
"That lady is the Fairy!" said Pinocchio to himself
Pinocchio l'aveva riconosciuta subito
Pinocchio had recognized her immediately
e, sopraffatto dalla gioia, cercò di chiamarla
and, overcome with delight, he tried to call her
"Oh, mia piccola Fata! Oh, mia piccola Fata!"
"Oh, my little Fairy! Oh, my little Fairy!"
Ma invece di queste parole gli uscì dalla gola un raglio
But instead of these words a bray came from his throat
un raglio così prolungato che tutti gli spettatori risero
a bray so prolonged that all the spectators laughed
e tutti i bambini del teatro ridevano specialmente
and all the children in the theatre especially laughed
Poi il regista gli ha dato una lezione
Then the director gave him a lesson
Non è buona educazione ragliare davanti al pubblico
it is not good manners to bray before the public
Con il manico della frusta colpì il naso dell'asino
with the handle of his whip he smacked the donkey's nose
Il povero asinello tirò fuori la lingua di un centimetro
The poor little donkey put his tongue out an inch

e si leccò il naso per almeno cinque minuti
and he licked his nose for at least five minutes
Pensò che forse avrebbe alleviato il dolore
he thought perhaps that it would ease the pain
Ma come si disperò quando alzò lo sguardo una seconda volta
But how he despaired when looking up a second time
Vide che il posto era vuoto
he saw that the seat was empty
la sua buona Fata era scomparsa!
the good Fairy of his had disappeared!
Pensava di morire
He thought he was going to die
I suoi occhi si riempirono di lacrime e cominciò a piangere
his eyes filled with tears and he began to weep
Nessuno, però, si accorse delle sue lacrime
Nobody, however, noticed his tears
«Coraggio, Pinocchio!» gridò il direttore
"Courage, Pinocchio!" shouted the director
"Mostra al pubblico con quanta grazia puoi fare i salti mortali"
"show the audience how gracefully you can jump through the hoops"
Pinocchio ci provò due o tre volte
Pinocchio tried two or three times
Ma passare attraverso il cerchio non è facile per un asino
but going through the hoop is not easy for a donkey
e ha trovato più facile andare sotto il canestro
and he found it easier to go under the hoop
Alla fine fece un salto e attraversò il cerchio
At last he made a leap and went through the hoop
ma la sua gamba destra purtroppo si è impigliata nel canestro
but his right leg unfortunately caught in the hoop
e questo lo fece cadere a terra
and that caused him to fall to the ground
Era in due in un mucchio dall'altra parte

he was doubled up in a heap on the other side
Quando si alzò era zoppo
When he got up he was lame
Solo con grande difficoltà ritornò alla stalla
only with great difficulty did he return to the stable
"Tirate fuori Pinocchio!" gridarono tutti i ragazzi
"Bring out Pinocchio!" shouted all the boys
"Vogliamo l'asinello!" ruggì il teatro
"We want the little donkey!" roared the theatre
Erano commossi e dispiaciuti per il triste incidente
they were touched and sorry for the sad accident
Ma l'asinello non si vide più quella sera
But the little donkey was seen no more that evening
La mattina seguente il veterinario gli fece visita
The following morning the veterinary paid him a visit
I veterinari sono i medici degli animali
the vets are doctors to the animals
e dichiarò che sarebbe rimasto zoppo per tutta la vita
and he declared that he would remain lame for life
Il direttore disse allora allo stalliere:
The director then said to the stable-boy:
"Che cosa pensi che io possa fare con un asino zoppo?"
"What do you suppose I can do with a lame donkey?"
"Mangerà il cibo senza guadagnarselo"
"He will eat food without earning it"
"Portatelo al mercato e vendetelo"
"Take him to the market and sell him"
Quando raggiunsero il mercato, si trovò subito un acquirente
When they reached the market a purchaser was found at once
Chiese allo stalliere:
He asked the stable-boy:
"Quanto vuoi per quell'asino zoppo?"
"How much do you want for that lame donkey?"
"Venti dollari e te lo vendo"
"Twenty dollars and I'll sell him to you"
"Ti darò due dollari"

"I will give you two dollars"
"ma non crediate che io mi servirò di lui"
"but don't suppose that I will make use of him"
"Lo compro solo per la sua pelle"
"I am buying him solely for his skin"
"Vedo che la sua pelle è molto dura"
"I see that his skin is very hard"
"Ho intenzione di fare un tamburo con lui"
"I intend to make a drum with him"
Sentì dire che era destinato a diventare un tamburo!
he heard that he was destined to become a drum!
potete immaginare i sentimenti del povero Pinocchio
you can imagine poor Pinocchio's feelings
I due dollari sono stati consegnati
the two dollars were handed over
e all'uomo fu dato il suo asino
and the man was given his donkey
Condusse l'asinello in riva al mare
he led the little donkey to the seashore
Poi gli mise una pietra al collo
he then put a stone round his neck
e gli diede un'improvvisa spinta nell'acqua
and he gave him a sudden push into the water
Pinocchio era appesantito dalla pietra
Pinocchio was weighted down by the stone
e andò dritto in fondo al mare
and he went straight to the bottom of the sea
Il suo padrone teneva stretta la corda
his owner kept tight hold of the cord
Si sedette tranquillamente su un pezzo di roccia
he sat down quietly on a piece of rock
e aspettò che l'asinello fosse annegato
and he waited until the little donkey was drowned
e poi intendeva scuoiarlo
and then he intended to skin him

Pinocchio viene inghiottito dal pescecane
Pinocchio gets Swallowed by the Dog-Fish

Pinocchio era stato cinquanta minuti sott'acqua
Pinocchio had been fifty minutes under the water
Il suo compratore disse ad alta voce a se stesso:
his purchaser said aloud to himself:
"Il mio asinello zoppo deve essere ormai del tutto annegato"
"My little lame donkey must by now be quite drowned"
"Perciò lo tirerò fuori dall'acqua"
"I will therefore pull him out of the water"
"E farò della sua pelle un bel tamburo"
"and I will make a fine drum of his skin"
E cominciò a tirare la corda
And he began to haul in the rope
la corda che aveva legato alla zampa dell'asino
the rope he had tied to the donkey's leg
e tirava, e tirava, e tirava
and he hauled, and hauled, and hauled
Ha tirato fino a quando...
he hauled until at last...
Cosa pensi sia apparso sopra l'acqua?
what do you think appeared above the water?
non ha tirato a terra un asino morto
he did not pull a dead donkey to land
invece vide un piccolo burattino vivente
instead he saw a living little puppet

e questo piccolo burattino si dimenava come un'anguilla!
and this little puppet was wriggling like an eel!
Il pover'uomo credette di sognare
the poor man thought he was dreaming
e rimase ammutolito dallo stupore
and he was struck dumb with astonishment
Alla fine si riprese dal suo stordimento
he eventually recovered from his stupefaction
e chiese al burattino con voce tremante:
and he asked the puppet in a quavering voice:
"Dov'è l'asinello che ho gettato in mare?"
"where is the little donkey I threw into the sea?"
"Io sono l'asinello!" disse Pinocchio
"I am the little donkey!" said Pinocchio
e Pinocchio rideva di essere di nuovo un burattino
and Pinocchio laughed at being a puppet again
"Come puoi essere l'asinello??"
"How can you be the little donkey??"
"Io ero l'asinello" rispose Pinocchio
"I was the little donkey," answered Pinocchio
"E ora sono di nuovo un piccolo burattino"
"and now I'm a little puppet again"
"Ah, un giovane scampone è quello che sei!!"

"Ah, a young scamp is what you are!!"
"Hai il coraggio di prenderti gioco di me?"
"Do you dare to make fun of me?"
«Per prenderti in giro?» chiese Pinocchio
"To make fun of you?" asked Pinocchio
«Al contrario, mio caro padrone?»
"Quite the contrary, my dear master?"
"Sto parlando seriamente con te"
"I am speaking seriously with you"
"Poco tempo fa eri un asinello"
"a short time ago you were a little donkey"
"Come puoi essere diventato un burattino di legno?"
"how can you have become a wooden puppet?"
"Essere lasciati in acqua non fa questo a un asino!"
"being left in the water does not do that to a donkey!"
"Dev'essere stato l'effetto dell'acqua di mare"
"It must have been the effect of sea water"
"Il mare provoca cambiamenti straordinari"
"The sea causes extraordinary changes"
"Attento, burattino, non sono dell'umore giusto!"
"Beware, puppet, I am not in the mood!"
"Non pensare di poterti divertire a mie spese"
"Don't imagine that you can amuse yourself at my expense"
"Guai a te se perdo la pazienza!"
"Woe to you if I lose patience!"
«Ebbene, padrone, volete conoscere la vera storia?»
"Well, master, do you wish to know the true story?"
"Se mi liberi la gamba, te lo dirò"
"If you set my leg free I will tell it you"
Il brav'uomo era curioso di sentire la vera storia
The good man was curious to hear the true story
e subito sciolse il nodo
and he immediately untied the knot
Pinocchio era di nuovo libero come un uccello nell'aria
Pinocchio was again as free as a bird in the air
e cominciò a raccontare la sua storia
and he commenced to tell his story

"Devi sapere che una volta ero un burattino"
"You must know that I was once a puppet"
"vale a dire, non sono sempre stato un asino"
"that is to say, I wasn't always a donkey"
"Ero sul punto di diventare un ragazzo"
"I was on the point of becoming a boy"
"Sarei stato come gli altri ragazzi del mondo"
"I would have been like the other boys in the world"
"ma come gli altri ragazzi, non mi piaceva studiare"
"but like other boys, I wasn't fond of study"
"e ho seguito il consiglio dei cattivi compagni"
"and I followed the advice of bad companions"
"e alla fine sono scappato di casa"
"and finally I ran away from home"
"Un bel giorno, quando mi svegliai, mi ritrovai cambiato"
"One fine day when I awoke I found myself changed"
"Ero diventato un asino con le orecchie lunghe"
"I had become a donkey with long ears"
"e mi ero anche fatto crescere una lunga coda"
"and I had grown a long tail too"
"Che vergogna è stata per me!"
"What a disgrace it was to me!"
"Nemmeno il tuo peggior nemico te lo infliggerebbe!"
"even your worst enemy would not inflict it upon you!"
"Sono stato portato al mercato per essere venduto"
"I was taken to the market to be sold"
"e sono stato acquistato da una compagnia equestre"
"and I was bought by an equestrian company"
"Volevano fare di me una ballerina famosa"
"they wanted to make a famous dancer of me"
"Ma una sera, durante uno spettacolo, ho avuto una brutta caduta"
"But one night during a performance I had a bad fall"
"e rimasi con due gambe zoppe"
"and I was left with two lame legs"
"Non ero più utile al circo"
"I was of no use to the circus no more"

"**E di nuovo fui portato al mercato**
"and again I was taken to the market
"**E al mercato tu eri il mio compratore!**"
"and at the market you were my purchaser!"
"**Verissimo**", ricordò l'uomo
"Only too true," remembered the man
"**E ho pagato due dollari per te**"
"And I paid two dollars for you"
"**E ora, chi mi restituirà i miei bei soldi?**"
"And now, who will give me back my good money?"
"**E perché mi hai comprato?**"
"And why did you buy me?"
"**Mi hai comprato per fare un tamburo con la mia pelle!**"
"You bought me to make a drum of my skin!"
«**Verissimo!**» esclamò l'uomo
"Only too true!" said the man
"**E ora, dove troverò un'altra pelle?**"
"And now, where shall I find another skin?"
"**Non disperare, padrone**"
"Don't despair, master"
"**Ci sono tanti asinelli nel mondo!**"
"There are many little donkeys in the world!"
"**Dimmi, impertinente mascalzone;**"
"Tell me, you impertinent rascal;"
"**La tua storia finisce qui?**"
"does your story end here?"
"**No**", rispose il burattino
"No," answered the puppet
"**Ho altre due parole da dire**"
"I have another two words to say"
"**E allora la mia storia sarà finita**"
"and then my story shall have finished"
"**Mi hai portato in questo posto per uccidermi**"
"you brought me to this place to kill me"
"**Ma poi hai ceduto a un sentimento di compassione**"
"but then you yielded to a feeling of compassion"
"**E tu hai preferito legarmi una pietra intorno al collo**

"and you preferred to tie a stone round my neck"
"E mi hai gettato in mare"
"and you threw me into the sea"
"Questo sentimento umano ti fa grande onore"
"This humane feeling does you great honour"
"e te ne sarò sempre grato"
"and I shall always be grateful to you"
"Ma, tuttavia, caro padrone, hai dimenticato una cosa"
"But, nevertheless, dear master, you forgot one thing"
"hai fatto i tuoi calcoli senza considerare la Fata!"
"you made your calculations without considering the Fairy!"
"E chi è la Fata?"
"And who is the Fairy?"
— È la mia mamma, — rispose Pinocchio
"She is my mamma," replied Pinocchio
"E assomiglia a tutte le altre brave mamme"
"and she resembles all other good mammas"
"E tutte le buone mamme si prendono cura dei loro figli"
"and all good mammas care for their children"
"Mamme che non perdono mai di vista i loro figli""
"mammas who never lose sight of their children""
"Mamme che aiutano amorevolmente i loro figli"
"mammas who help their children lovingly"
"E li amano anche quando meritano di essere abbandonati"
"and they love them even when they deserve to be abandoned"
"La mia buona mamma mi teneva d'occhio"
"my good mamma kept me in her sight"
"E vide che ero in pericolo di annegare"
"and she saw that I was in danger of drowning"
"Così mandò subito un immenso banco di pesci"
"so she immediately sent an immense shoal of fish"
"prima pensavano davvero che fossi un asinello morto"
"first they really thought I was a little dead donkey"
"E così cominciarono a mangiarmi a grossi bocconi"
"and so they began to eat me in big mouthfuls"
"Non ho mai saputo che i pesci fossero più avidi dei

ragazzi!"
"I never knew fish were greedier than boys!"
"Alcuni mi hanno mangiato le orecchie e il muso"
"Some ate my ears and my muzzle"
"e altri pesci il mio collo e la mia criniera"
"and other fish my neck and mane"
"Alcuni di loro hanno mangiato la pelle delle mie gambe"
"some of them ate the skin of my legs"
"E altri presero a mangiare la mia pelliccia"
"and others took to eating my fur"
"Tra loro c'era un pesciolino particolarmente educato"
"Amongst them there was an especially polite little fish"
"Ed egli accondiscese a mangiarmi la coda"
"and he condescended to eat my tail"
L'acquirente è rimasto inorridito da ciò che ha sentito
the purchaser was horrified by what he heard
"Giuro che non toccherò mai più il pesce!"
"I swear that I will never touch fish again!"
"Immagina di aprire una triglia e trovare la coda di un asino!"
"imagine opening a mullet and finding a donkey's tail!"
"Sono d'accordo con te", disse il burattino, ridendo
"I agree with you," said the puppet, laughing
"Comunque, devo dirti cosa è successo dopo"
"However, I must tell you what happened next"
"Il pesce aveva finito di mangiare la pelle dell'asino"
"the fish had finished eating the donkey's hide"
"La pelle d'asino che mi aveva coperto"
"the donkey's hide that had covered me"
"poi hanno raggiunto naturalmente l'osso"
"then they naturally reached the bone"
"ma non era osso, bensì legno"
"but it was not bone, but rather wood"
"perché, come vedete, io sono fatto del legno più duro"
"for, as you see, I am made of the hardest wood"
"Hanno provato a dare qualche morso in più"
"they tried to take a few more bites"

"Ma presto hanno scoperto che non ero per mangiare"
"But they soon discovered I was not for eating"
"Disgustati da un cibo così indigesto, se ne andarono a nuoto"
"disgusted with such indigestible food, they swam off"
"E se ne sono andati senza nemmeno dire grazie"
"and they left without even saying thank you"
"E ora, finalmente, hai sentito la mia storia"
"And now, at last, you have heard my story"
"Ed è per questo che non hai trovato un asino morto"
"and that is why you didn't find a dead donkey"
"E invece hai trovato un burattino vivente"
"and instead you found a living puppet"
"Rido della tua storia", gridò l'uomo infuriato
"I laugh at your story," cried the man in a rage
"So solo che ho speso due dollari per comprarti"
"I only know that I spent two dollars to buy you"
"e riavrò indietro i miei soldi"
"and I will have my money back"
"Devo dirti cosa farò?"
"Shall I tell you what I will do?"
"Ti riporterò al mercato"
"I will take you back to the market"
"e ti venderò a peso come legna stagionata"
"and I will sell you by weight as seasoned wood"
e l'acquirente può accendere fuochi con te"
and the purchaser can light fires with you"
Pinocchio non se ne preoccupò troppo
Pinocchio was not too worried about this
"Vendimi, se vuoi; Sono contento"
"Sell me if you like; I am content"
e si rituffò in acqua
and he plunged back into the water
nuotò allegramente lontano dalla riva
he swam gaily away from the shore
e chiamò il suo povero padrone
and he called to his poor owner

"Addio, padrone, non ti scordar di me"
"Good-bye, master, don't forget me"
"il burattino di legno che volevi per la sua pelle"
"the wooden puppet you wanted for its skin"
"E spero che un giorno tu abbia il tuo tamburo"
"and I hope you get your drum one day"
E lui rise e continuò a nuotare
And he laughed and went on swimming
e dopo un po' si voltò di nuovo
and after a while he turned around again
«Addio, padrone» gridò più forte
"Good-bye, master," he shouted louder
"E ricordati di me quando hai bisogno di legna ben stagionata"
"and remember me when you need well seasoned wood"
"E pensa a me quando accendi un fuoco"
"and think of me when you're lighting a fire"
ben presto Pinocchio aveva nuotato verso l'orizzonte
soon Pinocchio had swam towards the horizon
e ora era appena visibile dalla riva
and now he was scarcely visible from the shore
Era un puntino nero sulla superficie del mare
he was a little black speck on the surface of the sea
Di tanto in tanto si sollevava dall'acqua
from time to time he lifted out of the water
e saltava e saltellava come un delfino felice
and he leaped and capered like a happy dolphin
Pinocchio nuotava e non sapeva dove
Pinocchio was swimming and he knew not whither
vide in mezzo al mare uno scoglio
he saw in the midst of the sea a rock
La roccia sembrava fatta di marmo bianco
the rock seemed to be made of white marble
e sulla cima c'era una bella capretta
and on the summit there stood a beautiful little goat
la capra belò amorevolmente a Pinocchio
the goat bleated lovingly to Pinocchio

e la capra gli fece segno di avvicinarsi
and the goat made signs to him to approach
Ma la cosa più singolare era questa:
But the most singular thing was this:
Il pelo della capretta non era né bianco né nero
The little goat's hair was not white nor black
né era un miscuglio di due colori
nor was it a mixture of two colours
Questo è normale con altre capre
this is usual with other goats
ma il pelo della capra era di un blu molto vivido
but the goat's hair was a very vivid blue
un azzurro vivido come i capelli del bel Bambino
a vivid blue like the hair of the beautiful Child
immaginate con quanta rapidità cominciò a battere il cuore di Pinocchio
imagine how rapidly Pinocchio's heart began to beat
Nuotò con forza ed energia raddoppiate
He swam with redoubled strength and energy
e in men che non si dica era a metà strada
and in no time at all he was halfway there
ma poi vide qualcosa uscire dall'acqua
but then he saw something came out the water
l'orribile testa di un mostro marino!
the horrible head of a sea-monster!
La sua bocca era spalancata e cavernosa
His mouth was wide open and cavernous
C'erano tre file di denti enormi
there were three rows of enormous teeth
Anche una foto di If ti terrorizzerebbe
even a picture of if would terrify you
E sapete cos'era questo mostro marino?
And do you know what this sea-monster was?
non era altri che quel gigantesco Pesce-Cane
it was none other than that gigantic Dog-Fish
il Pesce-Cane menzionato molte volte in questa storia
the Dog-Fish mentioned many times in this story

Dovrei dirti il nome di questo terribile pesce
I should tell you the name of this terrible fish
Attila del Pesce e dei Pescatori
Attila of Fish and Fishermen
a causa della sua strage, e della sua insaziabile voracità
on account of his slaughter and insatiable voracity
pensa al terrore del povero Pinocchio a quella vista
think of poor Pinocchio's terror at the sight
Un vero mostro marino stava nuotando verso di lui
a true sea monster was swimming at him
Cercò di evitare il Pesce-Cane
He tried to avoid the Dog-Fish
Provò a nuotare in altre direzioni
he tried to swim in other directions
Ha fatto tutto il possibile per fuggire
he did everything he could to escape
ma quell'immensa bocca spalancata era troppo grande
but that immense wide-open mouth was too big
e arrivava con la velocità di una freccia
and it was coming with the velocity of an arrow
la bella capretta cercò di belare
the beautiful little goat tried to bleat
— Presto, Pinocchio, per pietà!
"Be quick, Pinocchio, for pity's sake!"
E Pinocchio nuotava disperatamente con tutto quello che poteva
And Pinocchio swam desperately with all he could
le sue braccia, il suo petto, le sue gambe e i suoi piedi
his arms, his chest, his legs, and his feet
"Presto, Pinocchio, il mostro è vicino a te!"
"Quick, Pinocchio, the monster is close upon you!"
E Pinocchio nuotava più veloce che mai
And Pinocchio swam quicker than ever
Volò avanti con la rapidità di una palla di un fucile
he flew on with the rapidity of a ball from a gun
Aveva quasi raggiunto la roccia
He had nearly reached the rock

e aveva quasi raggiunto la capretta
and he had almost reached the little goat
e la capretta si sporse verso il mare
and the little goat leaned over towards the sea
Allungò le zampe anteriori per aiutarlo
she stretched out her fore-legs to help him
Forse avrebbe potuto tirarlo fuori dall'acqua
perhaps she could get him out of the water
Ma tutti i loro sforzi erano troppo tardi!
But all their efforts were too late!
Il mostro aveva raggiunto Pinocchio
The monster had overtaken Pinocchio
Inspirò una grande boccata d'aria e d'acqua
he drew in a big breath of air and water
e ha risucchiato il povero burattino
and he sucked in the poor puppet
come se avesse succhiato un uovo di gallina
like he would have sucked a hen's egg
e il pescecane lo inghiottì intero
and the Dog-Fish swallowed him whole

Pinocchio ruzzolò tra i denti
Pinocchio tumbled through his teeth
e ruzzolò giù per la gola del Pescecane
and he tumbled down the Dog-Fish's throat
e alla fine atterrò pesantemente nello stomaco
and finally he landed heavily in his stomach
Rimase incosciente per un quarto d'ora
he remained unconscious for a quarter of an hour
ma alla fine tornò in sé
but eventually he came to himself again
non riusciva minimamente a immaginare in che mondo si trovasse
he could not in the least imagine in what world he was
Intorno a lui non c'era altro che oscurità
All around him there was nothing but darkness
Era come se fosse caduto in un barattolo d'inchiostro
it was as if he had fallen into a pot of ink
Ascoltò, ma non sentì alcun rumore
He listened, but he could hear no noise
Di tanto in tanto grandi raffiche di vento gli soffiavano in faccia
occasionally great gusts of wind blew in his face
All'inizio non riusciva a capire da dove provenisse
first he could not understand from where it came from
ma alla fine scoprì la fonte
but at last he discovered the source
Uscì dai polmoni del mostro
it came out of the monster's lungs
c'è una cosa che devi sapere sul Pesce-Cane
there is one thing you must know about the Dog-Fish
il Pesce-Cane soffriva molto di asma
the Dog-Fish suffered very much from asthma
Quando respirava era esattamente come il vento del nord
when he breathed it was exactly like the north wind
Pinocchio in un primo momento cercò di farsi coraggio
Pinocchio at first tried to keep up his courage
Ma la realtà della situazione si fece lentamente strada

but the reality of the situation slowly dawned on him
Era davvero rinchiuso nel corpo di questo mostro marino
he was really shut up in the body of this sea-monster
e cominciò a piangere e gridare e singhiozzare
and he began to cry and scream and sob
"Aiuto! Guida! Oh, come sono sfortunato!"
"Help! help! Oh, how unfortunate I am!"
"Nessuno verrà a salvarmi?"
"Will nobody come to save me?"
Dal buio giunse una voce
from the dark there came a voice
La voce suonava come una chitarra stonata
the voice sounded like a guitar out of tune
"Chi credi che possa salvarti, infelice disgraziato?"
"Who do you think could save you, unhappy wretch?"
Pinocchio si raggelò per il terrore di quella voce
Pinocchio froze with terror at the voice
«Chi parla?» domandò infine Pinocchio
"Who is speaking?" asked Pinocchio, finally
"Sono io! Sono un povero Tonno"
"It is I! I am a poor Tunny Fish"
"Sono stato inghiottito dal Pesce-Cane insieme a te"
"I was swallowed by the Dog-Fish along with you"
"E tu che pesce sei?"
"And what fish are you?"
"Non ho niente in comune con il pesce"
"I have nothing in common with fish"
«Io sono un burattino» aggiunse Pinocchio
"I am a puppet," added Pinocchio
"Allora perché ti sei lasciato inghiottire?"
"Then why did you let yourself be swallowed?"
"Non mi sono lasciata inghiottire"
"I didn't let myself be swallowed"
"È stato il mostro che mi ha inghiottito!"
"it was the monster that swallowed me!"
"E ora, cosa dobbiamo fare qui al buio?"
"And now, what are we to do here in the dark?"

"Non c'è molto che possiamo fare se non rassegnarci"
"there's not much we can do but to resign ourselves"
"e ora aspettiamo che il Pesce-Cane ci abbia digerito"
"and now we wait until the Dog-Fish has digested us"
"Ma io non voglio essere digerito!" urlò Pinocchio
"But I do not want to be digested!" howled Pinocchio
e ricominciò a piangere
and he began to cry again
«Nemmeno io voglio essere digerito» aggiunse il Tonno
"Neither do I want to be digested," added the Tunny Fish
"ma io sono abbastanza filosofo per consolarmi"
"but I am enough of a philosopher to console myself"
"quando si nasce a un Tonno si può dare un senso alla vita"
"when one is born a Tunny Fish life can be made sense of"
"È più dignitoso morire nell'acqua che nell'olio"
"it is more dignified to die in the water than in oil"
«Sono tutte sciocchezze!» esclamò Pinocchio
"That is all nonsense!" cried Pinocchio
"E' la mia opinione", rispose il Tonno
"It is my opinion," replied the Tunny Fish
"E le opinioni vanno rispettate"
"and opinions ought to be respected"
"questo è quello che dicono i Tonno politici"
"that is what the political Tunny Fish say"
"Per riassumere, voglio andarmene da qui"
"To sum it all up, I want to get away from here"
"Voglio scappare."
"I do want to escape."
"Scappa, se puoi!"
"Escape, if you are able!"
"Questo pesce-cane che ci ha inghiottito è molto grande?"
"Is this Dog-Fish who has swallowed us very big?"
"Grande? Ragazzo mio, puoi solo immaginare"
"Big? My boy, you can only imagine"
"Il suo corpo è lungo due miglia senza contare la coda"
"his body is two miles long without counting his tail"
Hanno tenuto questa conversazione al buio per un po' di

tempo
they held this conversation in the dark for some time
alla fine gli occhi di Pinocchio si adattarono all'oscurità
eventually Pinocchio's eyes adjusted to the darkness
Pinocchio credette di vedere una luce lontana
Pinocchio thought that he saw a light a long way off
"Cos'è quella piccola luce che vedo in lontananza?"
"What is that little light I see in the distance?"
"Molto probabilmente è un compagno di sventura"
"It is most likely some companion in misfortune"
"Lui, come noi, aspetta di essere digerito"
"he, like us, is waiting to be digested"
"Andrò a cercarlo"
"I will go and find him"
"Forse è un vecchio pesce che sa come muoversi"
"perhaps it is an old fish that knows his way around"
"Spero che sia così, con tutto il cuore, caro burattino"
"I hope it may be so, with all my heart, dear puppet"
"Addio, tonno" - "Addio, burattino"
"Good-bye, Tunny Fish" - "Good-bye, puppet"
"E ti auguro buona fortuna"
"and I wish a good fortune to you"
"Dove ci incontreremo di nuovo?"
"Where shall we meet again?"
"Chi può vedere queste cose in futuro?"
"Who can see such things in the future?"
"È meglio non pensarci nemmeno!"
"It is better not even to think of it!"

Una felice sorpresa per Pinocchio
A Happy Surprise for Pinocchio

Pinocchio disse addio al suo amico Tonno
Pinocchio said farewell to his friend the Tunny Fish
e cominciò a brancolare attraverso il Pesce-Cane
and he began to grope his way through the Dog-Fish
Fece piccoli passi in direzione della luce
he took small steps in the direction of the light
la piccola luce che brilla fiocamente a grande distanza
the small light shining dimly at a great distance
Più avanzava, più la luce diventava luminosa
the farther he advanced the brighter became the light
e camminò e camminò finché alla fine lo raggiunse
and he walked and walked until at last he reached it
E quando raggiunse la luce, cosa trovò?
and when he reached the light, what did he find?
Ti lascerò fare mille e una ipotesi
I will let you have a thousand and one guesses
Quello che trovò fu un tavolino tutto apparecchiato
what he found was a little table all prepared
Sul tavolo c'era una candela accesa in una bottiglia verde
on the table was a lighted candle in a green bottle
e seduto a tavola c'era un vecchietto
and seated at the table was a little old man
Il vecchietto stava mangiando del pesce vivo
the little old man was eating some live fish
e i pesciolini vivi erano vivissimi
and the little live fish were very much alive
Alcuni dei pesciolini gli saltarono persino fuori dalla bocca
some of the little fish even jumped out of his mouth
a questa vista Pinocchio si riempì di felicità
at this sight Pinocchio was filled with happiness
Divenne quasi delirante di una gioia inaspettata
he became almost delirious with unexpected joy
Voleva ridere e piangere allo stesso tempo
He wanted to laugh and cry at the same time

Voleva dire mille cose contemporaneamente
he wanted to say a thousand things at once
ma tutto ciò che riuscì a fare furono poche parole confuse
but all he managed were a few confused words
Alla fine riuscì a lanciare un grido di gioia
At last he succeeded in uttering a cry of joy
e gettò il braccio intorno al vecchietto
and he threw his arm around the little old man
«Oh, mio caro papà!» esclamò di gioia
"Oh, my dear papa!" he shouted with joy
"Finalmente ti ho trovato!" gridò Pinocchio
"I have found you at last!" cried Pinocchio
"Non ti lascerò mai, mai, mai, mai"
"I will never never never never leave you again"
Anche il vecchietto non riusciva a crederci
the little old man couldn't believe it either
"I miei occhi stanno dicendo la verità?", ha detto
"are my eyes telling the truth?" he said
e si strofinò gli occhi per assicurarsi
and he rubbed his eyes to make sure
"Allora tu sei davvero il mio caro Pinocchio?"
"then you are really my dear Pinocchio?"
"Sì, sì, sono Pinocchio, lo sono davvero!"
"Yes, yes, I am Pinocchio, I really am!"
"E tu mi hai perdonato, non è vero?"
"And you have forgiven me, have you not?"
"Oh, mio caro papà, come sei bravo!"
"Oh, my dear papa, how good you are!"
"E pensare a quanto sono stato cattivo con te"
"And to think how bad I've been to you"
"ma se solo sapessi cosa ho passato"
"but if you only knew what I've gone through"
"tutte le disgrazie che ho avuto si sono riversate su di me"
"all the misfortunes I've had poured on me"
"E tutte le altre cose che mi sono accadute!"
"and all the other things that have befallen me!"
"Oh, ripensa al giorno in cui hai venduto la tua giacca"

"oh think back to the day you sold your jacket"
"Oh, devi aver avuto terribilmente freddo"
"oh you must have been terribly cold"
"Ma l'hai fatto per comprarmi un libro di ortografia"
"but you did it to buy me a spelling book"
"per poter studiare come gli altri ragazzi"
"so that I could study like the other boys"
"invece sono scappato a vedere lo spettacolo dei burattini"
"but instead I escaped to see the puppet show"
"E lo showman voleva darmi fuoco"
"and the showman wanted to put me on the fire"
"in modo che potessi arrostire il suo montone per lui"
"so that I could roast his mutton for him"
"Ma poi lo stesso showman mi ha regalato cinque monete d'oro"
"but then the same showman gave me five gold pieces"
"Voleva che ti dessi l'oro"
"he wanted me to give you the gold"
"ma poi ho incontrato la Volpe e il Gatto"
"but then I met the Fox and the Cat"
"E mi portarono alla locanda del Gambero Rosso"
"and they took me to the inn of The Red Craw-Fish"
"E all'osteria mangiavano come lupi affamati"
"and at the inn they ate like hungry wolves"
"e me ne sono andato da solo nel cuore della notte"
"and I left by myself in the middle of the night"
"e ho incontrato degli assassini che mi hanno rincorso"
"and I encountered assassins who ran after me"
"e sono scappato dagli assassini"
"and I ran away from the assassins"
"Ma gli assassini mi hanno seguito altrettanto velocemente"
"but the assassins followed me just as fast"
"e sono scappato da loro più in fretta che potevo"
"and I ran away from them as fast as I could"
"ma mi seguivano sempre per quanto corressi veloce"
"but they always followed me however fast I ran"
"e io continuavo a correre per allontanarmi da loro"

"and I kept running to get away from them"
"Ma alla fine mi hanno preso, dopotutto"
"but eventually they caught me after all"
"e mi hanno appeso a un ramo di una Grande Quercia"
"and they hung me to a branch of a Big Oak"
"ma poi c'era il bellissimo Bambino con i capelli azzurri"
"but then there was the beautiful Child with blue hair"
"Ha mandato una carrozzina a prendermi"
"she sent a little carriage to fetch me"
"E tutti i dottori mi hanno guardato bene"
"and the doctors all had a good look at me"
"E hanno subito fatto la stessa diagnosi"
"and they immediately made the same diagnosis"
"Se non è morto, è la prova che è ancora vivo"
"If he is not dead, it is a proof that he is still alive"
"e poi per caso ho detto una bugia"
"and then by chance I told a lie"
"E il mio naso cominciò a crescere e crescere e crescere"
"and my nose began to grow and grow and grow"
"e presto non riuscii più a varcare la porta"
"and soon I could no longer get through the door"
"così sono tornato con la Volpe e il Gatto"
"so I went again with the Fox and the Cat"
"E insieme seppellimmo le quattro monete d'oro"
"and together we buried the four gold pieces"
"perché una moneta d'oro l'avevo spesa alla locanda"
"because one piece of gold I had spent at the inn"
"e il pappagallo cominciò a ridere di me"
"and the Parrot began to laugh at me"
"E non c'erano duemila pezzi d'oro"
"and there were not two thousand pieces of gold"
"Non c'erano più pezzi d'oro"
"there were no pieces of gold at all anymore"
"così andai dal giudice del paese a dirglielo"
"so I went to the judge of the town to tell him"
"Disse che ero stato derubato e mi mise in prigione"
"he said I had been robbed, and put me in prison"

"mentre scappavo vidi un bel grappolo d'uva"
"while escaping I saw a beautiful bunch of grapes"
"ma nel campo sono caduto in una trappola"
"but in the field I was caught in a trap"
"E il contadino aveva tutto il diritto di prendermi"
"and the peasant had every right to catch me"
"Mi ha messo un collare al collo"
"he put a dog-collar round my neck"
"E mi ha fatto il cane da guardia del pollaio"
"and he made me the guard dog of the poultry-yard"
"Ma lui riconobbe la mia innocenza e mi lasciò andare"
"but he acknowledged my innocence and let me go"
"e il Serpente dalla coda fumante si mise a ridere"
"and the Serpent with the smoking tail began to laugh"
"ma il Serpente rise fino a rompere un vaso sanguigno"
"but the Serpent laughed until he broke a blood-vessel"
"e così tornai alla casa del bel Bambino"
"and so I returned to the house of the beautiful Child"
"ma poi il bel Bambino era morto"
"but then the beautiful Child was dead"
"e il Piccione vide che piangevo"
"and the Pigeon could see that I was crying"
"E il Piccione disse: 'Ho visto tuo padre'"
"and the Pigeon said, 'I have seen your father'"
"Stava costruendo una barchetta per cercarti"
'he was building a little boat to search of you'
"E io gli dissi: 'Oh! se anch'io avessi le ali'".
"and I said to him, 'Oh! if I also had wings,'"
"E lui mi disse: 'Vuoi vedere tuo padre?'"
"and he said to me, 'Do you want to see your father?'"
"E io dissi: 'Senza dubbio mi piacerebbe vederlo!'"
"and I said, 'Without doubt I would like to see him!'"
"'Ma chi mi condurrà da lui?' Ho chiesto"
"'but who will take me to him?' I asked"
"Ed egli mi disse: 'Ti prenderò'".
"and he said to me, 'I will take you,'"
"E io gli dissi: 'Come mi prenderai?'"

"and I said to him, 'How will you take me?'"
"E lui mi disse: 'Sali sulla mia schiena'".
"and he said to me, 'Get on my back,'"
"E così abbiamo volato per tutta quella notte"
"and so we flew through all that night"
"E poi la mattina c'erano tutti i pescatori"
"and then in the morning there were all the fishermen"
"E i pescatori guardavano verso il mare"
"and the fishermen were looking out to sea"
"E uno mi disse: 'C'è un povero in una barca'"
"and one said to me, 'There is a poor man in a boat'"
"È sul punto di annegare"
"he is on the point of being drowned"
"E ti riconobbi subito, anche a quella distanza
"and I recognized you at once, even at that distance
"Perché il mio cuore mi diceva che eri tu"
"because my heart told me that it was you"
"E ho fatto dei segni perché tu tornassi a terra"
"and I made signs so that you would return to land"
"Anch'io ti ho riconosciuto", disse Geppetto
"I also recognized you," said Geppetto
"e sarei tornato volentieri a riva"
"and I would willingly have returned to the shore"
"Ma cosa dovevo fare così lontano in mare?"
"but what was I to do so far out at sea?"
"Quel giorno il mare era tremendamente arrabbiato"
"The sea was tremendously angry that day"
"E una grande onda si avvicinò e rovesciò la mia barca"
"and a great wave came over and upset my boat"
"Poi ho visto l'orribile Pesce-Cane"
"Then I saw the horrible Dog-Fish"
"e anche l'orribile Pesce-Cane mi ha visto"
"and the horrible Dog-Fish saw me too"
"e così l'orribile Pesce-Cane venne da me"
"and so the horrible Dog-Fish came to me"
"Ed egli tirò fuori la lingua e mi inghiottì"
"and he put out his tongue and swallowed me"

"come se fossi stata una piccola crostata di mele"
"as if I had been a little apple tart"
"E da quanto tempo sei rinchiuso qui?"
"And how long have you been shut up here?"
"Quel giorno deve essere stato quasi due anni fa"
"that day must have been nearly two years ago"
— Due anni, mio caro Pinocchio, — disse
"two years, my dear Pinocchio," he said
"Quei due anni mi sono sembrati due secoli!"
"those two years seemed like two centuries!"
"E come hai fatto a vivere?"
"And how have you managed to live?"
"E dove hai preso la candela?"
"And where did you get the candle?"
"E da dove vengono i fiammiferi per la candela?
"And from where are the matches for the candle?
"Fermati, e ti dirò tutto"
"Stop, and I will tell you everything"
"Non ero l'unico in mare quel giorno"
"I was not the only one at sea that day"
"La tempesta aveva anche sconvolto una nave mercantile"
"the storm had also upset a merchant vessel"
"I marinai della nave si sono salvati tutti"
"the sailors of the vessel were all saved"
"ma il carico della nave è affondato"
"but the cargo of the vessel sunk to the bottom"
"il Pescecane aveva un ottimo appetito quel giorno"
"the Dog-Fish had an excellent appetite that day"
"Dopo avermi inghiottito, ha ingoiato il vaso"
"after swallowing me he swallowed the vessel"
"Come ha fatto a ingoiare l'intero vaso?"
"How did he swallow the entire vessel?"
"Ha ingoiato tutta la barca in un boccone"
"He swallowed the whole boat in one mouthful"
"L'unica cosa che ha sputato è stato l'albero"
"the only thing that he spat out was the mast"
"Gli si era infilato tra i denti come una lisca di pesce"

"it had stuck between his teeth like a fish-bone"
"Fortunatamente per me, la nave era completamente carica"
"Fortunately for me, the vessel was fully laden"
"C'erano carni conservate in scatola, biscotti"
"there were preserved meats in tins, biscuit"
"E c'erano bottiglie di vino e uva passa"
"and there were bottles of wine and dried raisins"
"e ho avuto formaggio e caffè e zucchero"
"and I had cheese and coffee and sugar"
"E con le candele c'erano scatole di fiammiferi"
"and with the candles were boxes of matches"
"Con questo sono riuscito a vivere per due anni"
"With this I have been able to live for two years"
"Ma sono arrivato alla fine delle mie risorse"
"But I have arrived at the end of my resources"
"Non c'è più niente nella dispensa"
"there is nothing left in the larder"
"E questa candela è l'ultima che resta"
"and this candle is the last that remains"
"E dopo cosa faremo?"
"And after that what will we do?"
«Oh mio caro ragazzo, Pinocchio!» esclamò
"oh my dear boy, Pinocchio," he cried
"Dopodiché rimarremo entrambi all'oscuro"
"After that we shall both remain in the dark"
"Allora, caro papà non c'è tempo da perdere"
"Then, dear little papa there is no time to lose"
"Dobbiamo pensare a una via di fuga"
"We must think of a way of escaping"
"A quale via di fuga possiamo pensare?"
"what way of escaping can we think of?"
"Dobbiamo fuggire attraverso la bocca del Pesce-Cane"
"We must escape through the mouth of the Dog-Fish"
"Dobbiamo gettarci in mare e nuotare via"
"we must throw ourselves into the sea and swim away"
"Tu parli bene, mio caro Pinocchio"
"You talk well, my dear Pinocchio"

"ma non so nuotare"
"but I don't know how to swim"
"Che importa?" rispose Pinocchio
"What does that matter?" replied Pinocchio
"Sono un buon nuotatore", suggerì
"I am a good swimmer," he suggested
"Puoi salire sulle mie spalle"
"you can get on my shoulders"
"e ti porterò sano e salvo a riva"
"and I will carry you safely to shore"
"Tutte illusioni, ragazzo mio!" rispose Geppetto
"All illusions, my boy!" replied Geppetto
e scosse la testa con un sorriso malinconico
and he shook his head with a melancholy smile
"Mio caro Pinocchio, tu sei alto appena un metro"
"my dear Pinocchio, you are scarcely a yard high"
"Come hai potuto nuotare con me sulle spalle?"
"how could you swim with me on your shoulders?"
"Provalo e vedrai!" rispose Pinocchio
"Try it and you will see!" replied Pinocchio
Senza dire altro, Pinocchio prese la candela
Without another word Pinocchio took the candle
"Seguimi e non temere"
"Follow me, and don't be afraid"
e camminarono per un po' di tempo attraverso il Pescecane
and they walked for some time through the Dog-Fish
Hanno camminato fino in fondo attraverso lo stomaco
they walked all the way through the stomach
ed erano dove cominciava la gola del Pescecane
and they were where the Dog-Fish's throat began
e qui pensarono che sarebbe stato meglio fermarsi
and here they thought they should better stop
e hanno pensato al momento migliore per fuggire
and they thought about the best moment for escaping
Ora, devo dirti che il Pescecane era molto vecchio
Now, I must tell you that the Dog-Fish was very old
e soffriva di asma e palpitazioni cardiache

and he suffered from asthma and heart palpitations
così fu costretto a dormire con la bocca aperta
so he was obliged to sleep with his mouth open
e attraverso la sua bocca si vedeva il cielo stellato
and through his mouth they could see the starry sky
e il mare era illuminato da una bella luce di luna
and the sea was lit up by beautiful moonlight
Pinocchio si rivolse con cautela e sottovoce a suo padre
Pinocchio carefully and quietly turned to his father
"Questo è il momento di scappare", gli sussurrò
"This is the moment to escape," he whispered to him
"il pesce-cane dorme come un ghiro"
"the Dog-Fish is sleeping like a dormouse"
"Il mare è calmo, ed è leggero come il giorno"
"the sea is calm, and it is as light as day"
"Seguimi, caro papà", gli disse
"follow me, dear papa," he told him
"E in breve tempo saremo al sicuro"
"and in a short time we shall be in safety"
Si arrampicarono sulla gola del mostro marino
they climbed up the throat of the sea-monster
e presto raggiunsero la sua immensa bocca
and soon they reached his immense mouth
Così cominciarono a camminare in punta di piedi lungo la sua lingua
so they began to walk on tiptoe down his tongue
Stavano per fare il salto finale
they were about to make the final leap
Il burattino si voltò verso suo padre
the puppet turned around to his father
"Sali sulle mie spalle, caro papà", sussurrò
"Get on my shoulders, dear Papa," he whispered
"E metti le tue braccia strette intorno al mio collo"
"and put your arms tightly around my neck"
"Al resto penserò io", promise
"I will take care of the rest," he promised
ben presto Geppetto fu saldamente sistemato sulle spalle del

figlio
soon Geppetto was firmly settled on his son's shoulders
Pinocchio impiegò un momento per farsi coraggio
Pinocchio took a moment to build up courage
e poi si gettò in acqua
and then he threw himself into the water
e cominciò a nuotare lontano dal Pesce-Cane
and began to swim away from the Dog-Fish
Il mare era liscio come l'olio
The sea was as smooth as oil
La luna brillava nel cielo
the moon shone brilliantly in the sky
e il Pescecane era in un sonno profondo
and the Dog-Fish was in deep sleep
nemmeno i cannoni l'avrebbero svegliato
even cannons wouldn't have awoken him

Pinocchio finalmente cessa di essere un burattino e diventa un ragazzo
Pinocchio at last Ceases to be a Puppet and Becomes a Boy

Pinocchio nuotava veloce verso la riva
Pinocchio was swimming quickly towards the shore
Geppetto aveva le gambe sulle spalle del figlio
Geppetto had his legs on his son's shoulders
ma Pinocchio scoprì che il padre tremava
but Pinocchio discovered his father was trembling
Tremava di freddo come se avesse la febbre
he was shivering from cold as if in a fever
Ma il freddo non era l'unica causa del suo tremito
but cold was not the only cause of his trembling
Pinocchio pensò che la causa del tremito fosse la paura
Pinocchio thought the cause of the trembling was fear
e il burattino cercò di confortare il padre
and the Puppet tried to comfort his father
"Coraggio, papà! Vedi come so nuotare?"

"Courage, papa! See how well I can swim?"
"In pochi minuti saremo sani e salvi a riva"
"In a few minutes we shall be safely on shore"
Ma suo padre aveva un punto di vista più alto
but his father had a higher vantage point
"Ma dov'è questa riva benedetta?"
"But where is this blessed shore?"
E si spaventò ancora di più
and he became even more frightened
e socchiuse gli occhi come un sarto
and he screwed up his eyes like a tailor
quando infilano lo spago in un ago
when they thread string through a needle
"Ho guardato in ogni direzione"
"I have been looking in every direction"
"e non vedo altro che il cielo e il mare"
"and I see nothing but the sky and the sea"
"Ma vedo anche la riva", disse il burattino
"But I see the shore as well," said the puppet
"Devi sapere che sono come un gatto"
"You must know that I am like a cat"
"Vedo meglio di notte che di giorno"
"I see better by night than by day"
Il povero Pinocchio faceva finta di niente
Poor Pinocchio was making a pretence
Stava cercando di mostrare ottimismo
he was trying to show optimism
ma in realtà cominciava a sentirsi scoraggiato
but in reality he was beginning to feel discouraged
Le sue forze gli stavano venendo meno rapidamente
his strength was failing him rapidly
e ansimava e ansimava per respirare
and he was gasping and panting for breath
Non riusciva più a nuotare ancora a lungo
He could not swim much further anymore
e la riva era ancora lontana
and the shore was still far off

Nuotò fino a quando non ebbe più fiato
He swam until he had no breath left
e poi volse la testa verso Geppetto
and then he turned his head to Geppetto
"Papà, aiutami, sto morendo!" disse
"Papa, help me, I am dying!" he said
Padre e figlio erano sul punto di annegare
The father and son were on the point of drowning
ma sentirono una voce come una chitarra stonata
but they heard a voice like an out of tune guitar
«Chi è che sta morendo?» disse la voce
"Who is it that is dying?" said the voice
"Siamo io e il mio povero padre!"
"It is I, and my poor father!"
"Conosco quella voce! Tu sei Pinocchio!"
"I know that voice! You are Pinocchio!"
"Esattamente; e tu?» domandò Pinocchio
"Precisely; and you?" asked Pinocchio
«Io sono il Tonno» disse il suo compagno di prigione
"I am the Tunny Fish," said his prison companion
"ci siamo incontrati nel corpo del Pesce-Cane"
"we met in the body of the Dog-Fish"
"E come hai fatto a scappare?"
"And how did you manage to escape?"
"Ho seguito il tuo esempio"
"I followed your example"
"Mi hai mostrato la strada"
"You showed me the road"
"e sono fuggito dietro a te"
"and I escaped after you"
"Tonno, sei arrivato al momento giusto!"
"Tunny Fish, you have arrived at the right moment!"
"Ti supplico di aiutarci o siamo morti"
"I implore you to help us or we are dead"
"Ti aiuterò volentieri con tutto il cuore"
"I will help you willingly with all my heart"
"Dovete afferrare la mia coda tutti e due"

"You must, both of you, take hold of my tail"
"Lascia che sia io a guidarti
"leave it to me to guide you
"Vi porterò entrambi a riva in quattro minuti"
"I will take you both on shore in four minutes"
Non c'è bisogno che vi dica quanto erano felici
I don't need to tell you how happy they were
Geppetto e Pinocchio accettarono subito l'offerta
Geppetto and Pinocchio accepted the offer at once
ma afferrare la coda non era il massimo
but grabbing the tail was not the most comfortable
così salirono sul dorso del Tonno
so they got on the Tunny Fish's back

Il tonno ha infatti impiegato solo quattro minuti
The Tunny Fish did indeed take only four minutes
Pinocchio fu il primo a saltare sulla terra
Pinocchio was the first to jump onto the land
In questo modo avrebbe potuto aiutare suo padre a togliersi il pesce
that way he could help his father off the fish
Poi si rivolse al suo amico Tonno
He then turned to his friend the Tunny Fish
"Amico mio, hai salvato la vita a mio padre"
"My friend, you have saved my papa's life"
La voce di Pinocchio era piena di profonda emozione
Pinocchio's voice was full of deep emotions
"Non riesco a trovare le parole per ringraziarti come si deve"
"I can find no words with which to thank you properly"
"Permettimi almeno di darti un bacio"
"Permit me at least to give you a kiss"
"È un segno della mia eterna gratitudine!"
"it is a sign of my eternal gratitude!"
Il Tonno mise la testa fuori dall'acqua
The Tunny put his head out of the water
e Pinocchio s'inginocchiò sull'orlo della riva
and Pinocchio knelt on the edge of the shore
e lo baciò teneramente sulla bocca
and he kissed him tenderly on the mouth
Il Tonno non era abituato a un affetto così caloroso
The Tunny Fish was not used to such warm affection
Si sentiva molto toccato, ma anche imbarazzato
he felt both very touched, but also ashamed
perché si era messo a piangere come un bambino piccolo
because he had started crying like a small child
e si tuffò di nuovo nell'acqua e scomparve
and he plunged back into the water and disappeared
A questo punto il giorno era spuntato
By this time the day had dawned
Geppetto aveva a malapena fiato per stare in piedi
Geppetto had scarcely breath to stand

"**Appoggiati al mio braccio, caro papà, e andiamo**"
"Lean on my arm, dear papa, and let us go"
"**Cammineremo molto lentamente, come le formiche**"
"We will walk very slowly, like the ants"
"**E quando siamo stanchi possiamo riposare sul ciglio della strada**"
"and when we are tired we can rest by the wayside"
«**E dove andremo?**» chiese Geppetto
"And where shall we go?" asked Geppetto
"**Cerchiamo una casa o una casetta**"
"let us search for some house or cottage"
"**Là ci daranno un po' di carità**"
"there they will give us some charity"
"**Forse riceveremo un boccone di pane**"
"perhaps we will receive a mouthful of bread"
"**e un po' di paglia per servire da letto**"
"and a little straw to serve as a bed"
Pinocchio e suo padre non avevano camminato molto
Pinocchio and his father hadn't walked very far
Avevano visto due individui dall'aspetto malvagio
they had seen two villainous-looking individuals
il Gatto e la Volpe erano sulla strada a chiedere l'elemosina
the Cat and the Fox were at the road begging

ma erano a malapena riconoscibili
but they were scarcely recognizable
la Gatta aveva finto cecità per tutta la vita
the Cat had feigned blindness all her life
E ora è diventata cieca nella realtà
and now she became blind in reality
e una sorte simile deve essere toccata alla Volpe
and a similar fate must have met the Fox
La sua pelliccia era diventata vecchia e rognosa
his fur had gotten old and mangy
uno dei suoi fianchi era paralizzato
one of his sides was paralyzed
e non gli era rimasta nemmeno la coda
and he had not even his tail left
era caduto nella più squallida miseria
he had fallen in the most squalid of misery
e un bel giorno fu costretto a vendere la coda
and one fine day he was obliged to sell his tail
Un venditore ambulante ha comprato la sua bella coda
a travelling peddler bought his beautiful tail
e ora la sua coda era usata per scacciare le mosche
and now his tail was used for chasing away flies
«Oh, Pinocchio!» esclamò la Volpe
"Oh, Pinocchio!" cried the Fox
"Dare un po' in carità a due poveri infermi"
"give a little in charity to two poor, infirm people"
«Gente inferma» ripeté il Gatto
"Infirm people," repeated the Cat
"Andatevene, impostori!" rispose il burattino
"Be gone, impostors!" answered the puppet
"Una volta mi hai ingannato con i tuoi trucchi"
"You fooled me once with your tricks"
"ma non mi prenderai mai più"
"but you will never catch me again"
"Questa volta devi crederci, Pinocchio"
"this time you must believe us, Pinocchio"
"Ora siamo davvero poveri e sfortunati!"

"we are now poor and unfortunate indeed!"
"Se sei povero, te lo meriti"
"If you are poor, you deserve it"
e Pinocchio domandò loro di ricordare un proverbio
and Pinocchio asked them to recollect a proverb
"Il denaro rubato non fruttifica mai"
"Stolen money never fructifies"
"Andatevene, impostori!", disse loro
"Be gone, impostors!" he told them
E Pinocchio e Geppetto se ne andarono per la loro strada in pace
And Pinocchio and Geppetto went their way in peace
Presto avevano percorso un altro centinaio di metri
soon they had gone another hundred yards
videro un sentiero che entrava in un campo
they saw a path going into a field
e nel campo videro una bella capanna
and in the field they saw a nice little hut
La capanna era fatta di tegole, paglia e mattoni
the hut was made from tiles and straw and bricks
"Quella capanna deve essere abitata da qualcuno"
"That hut must be inhabited by someone"
"Andiamo a bussare alla porta"
"Let us go and knock at the door"
Così andarono a bussare alla porta
so they went and knocked at the door
Dalla capanna giunse una vocina
from in the hut came a little voice
«Chi c'è?» chiese la vocina
"who is there?" asked the little voice
Pinocchio rispose alla vocina
Pinocchio answered to the little voice
"Siamo un povero padre e un figlio"
"We are a poor father and son"
"Siamo senza pane e senza tetto"
"we are without bread and without a roof"
La stessa vocina parlò di nuovo:

"Gira la chiave e la porta si aprirà"
"Turn the key and the door will open"
Pinocchio girò la chiave e la porta si aprì
Pinocchio turned the key and the door opened
Entrarono e si guardarono intorno
They went in and looked around
Guardavano di qua, di là e dappertutto
they looked here, there, and everywhere
ma non riuscivano a vedere nessuno nella capanna
but they could see no one in the hut
Pinocchio fu molto sorpreso che la capanna fosse vuota
Pinocchio was much surprised the hut was empty
"Oh! Dov'è il padrone di casa?"
"Oh! where is the master of the house?"
"Eccomi, quassù!" disse la vocina
"Here I am, up here!" said the little voice
Padre e figlio alzarono lo sguardo verso il soffitto
The father and son looked up to the ceiling
e su una trave videro il piccolo Grillo parlante
and on a beam they saw the talking little Cricket
"Oh, mio caro grillo!" disse Pinocchio
"Oh, my dear little Cricket!" said Pinocchio
e Pinocchio s'inchinò cortesemente al Grillo
and Pinocchio bowed politely to the little Cricket
"Ah! ora mi chiami il tuo caro piccolo Grillo"
"Ah! now you call me your dear little Cricket"
"Ma ti ricordi quando ci siamo incontrati per la prima volta?"
"But do you remember when we first met?"
"Volevi che me ne andassi da casa tua"
"you wanted me gone from your house"
"E mi hai tirato addosso il manico di un martello"
"and you threw the handle of a hammer at me"
"Hai ragione, piccolo Grillo! Cacciate via anche me!"
"You are right, little Cricket! Chase me away also!"
"Lanciami il manico di un martello"
"Throw the handle of a hammer at me"

"**Ma ti prego, abbi pietà del mio povero papà**"
"but please, have pity on my poor papa"
"**Avrò pietà sia del padre che del figlio**"
"I will have pity on both father and son"
"**ma volevo ricordarti il mio maltrattamento**"
"but I wished to remind you my ill treatment"
"**il maltrattamento che ho ricevuto da te**"
"the ill treatment I received from you"
"**Ma c'è una lezione che voglio che tu impari**"
"but there's a lesson I want you to learn"
"**La vita in questo mondo non è sempre facile**"
"life in this world is not always easy"
"**Quando possibile, dobbiamo essere cortesi con tutti**"
"when possible, we must be courteous to everyone"
"**Solo così possiamo aspettarci di ricevere cortesia**"
"only so can we expect to receive courtesy"
"**Perché non sappiamo mai quando potremmo essere nel bisogno**"
"because we never know when we might be in need"
"**Hai ragione, piccolo Grillo, hai ragione**"
"You are right, little Cricket, you are right"
"**e terrò a mente la lezione che mi hai insegnato**"
"and I will bear in mind the lesson you have taught me"
"**Ma dimmi come hai fatto a comprare questa bella capanna**"
"But tell me how you managed to buy this beautiful hut"
"**Questa capanna mi è stata data ieri**"
"This hut was given to me yesterday"
"**Il proprietario della capanna era una capra**"
"the owner of the hut was a goat"
"**E aveva una lana di un bel colore blu**"
"and she had wool of a beautiful blue colour"
Pinocchio si fece vivace e curioso a questa notizia
Pinocchio grew lively and curious at this news
"**E dov'è finita la capra?**" chiese Pinocchio
"And where has the goat gone?" asked Pinocchio
"**Non so dove sia andata**"
"I do not know where she has gone"

"E quando tornerà la capra?" chiese Pinocchio
"And when will the goat come back?" asked Pinocchio
"Oh, non tornerà mai più, ho paura"
"oh she will never come back, I'm afraid"
"Se n'è andata ieri con grande dolore"
"she went away yesterday in great grief"
"Il suo belato sembrava voler dire qualcosa"
"her bleating seemed to want to say something"
"Povero Pinocchio! Non lo rivedrò mai più"
"Poor Pinocchio! I shall never see him again"
"A questo punto il Pescecane deve averlo divorato!"
"by now the Dog-Fish must have devoured him!"
"La capra l'ha detto davvero?"
"Did the goat really say that?"
"Allora è stata lei, la capra blu"
"Then it was she, the blue goat"
"Era la mia cara fata!" esclamò Pinocchio
"It was my dear little Fairy," exclaimed Pinocchio
e piangeva e singhiozzava lacrime amare
and he cried and sobbed bitter tears
Dopo aver pianto per un po' di tempo, si asciugò gli occhi
When he had cried for some time he dried his eyes
e preparò un comodo letto di paglia per Geppetto
and he prepared a comfortable bed of straw for Geppetto
Poi chiese al Grillo di aiutarlo di più
Then he asked the Cricket for more help
"Dimmi, piccolo Grillo, ti prego"
"Tell me, little Cricket, please"
"dove posso trovare un bicchiere di latte"
"where can I find a tumbler of milk"
"Il mio povero papà non ha mangiato tutto il giorno"
"my poor papa has not eaten all day"
"A tre campi da qui vive un giardiniere"
"Three fields from here there lives a gardener"
"il giardiniere si chiama Giangio"
"the gardener is called Giangio"
"E nel suo giardino ha anche delle mucche"

"and in his garden he also has cows"
"Ti darà il latte che vuoi"
"he will let you have the milk you want"
Pinocchio corse fino a casa di Giangio
Pinocchio ran all the way to Giangio's house
e il giardiniere gli domandò:
and the gardener asked him:
"Quanto latte vuoi?"
"How much milk do you want?"
— Voglio un bicchiere pieno — rispose Pinocchio
"I want a tumblerful," answered Pinocchio
"Un bicchiere di latte costa cinque centesimi"
"A tumbler of milk costs five cents"
"Comincia col darmi i cinque centesimi"
"Begin by giving me the five cents"
— Io non ho neppure un centesimo, rispose Pinocchio
"I have not even one cent," replied Pinocchio
ed era addolorato per essere così squattrinato
and he was grieved from being so penniless
"Questo è brutto, burattino", rispose il giardiniere
"That is bad, puppet," answered the gardener
"Se tu non hai un centesimo, io non ho una goccia di latte"
"If you have not one cent, I have not a drop of milk"
"Devo avere pazienza!" disse Pinocchio
"I must have patience!" said Pinocchio
e si voltò per andarsene di nuovo
and he turned to go again
"Aspetta un po'", disse Giangio
"Wait a little," said Giangio
"Possiamo metterci d'accordo insieme"
"We can come to an arrangement together"
"Ti impegnerai a far girare la macchina di pompaggio?"
"Will you undertake to turn the pumping machine?"
"Che cos'è la macchina di pompaggio?"
"What is the pumping machine?"
"E' una specie di vite di legno"
"It is a kind of wooden screw"

"serve ad attingere l'acqua dalla cisterna"
"it serves to draw up the water from the cistern"
"E poi innaffia le verdure"
"and then it waters the vegetables"
"Posso provare a far girare la macchina di pompaggio"
"I can try to turn the pumping machine"
"ottimo, ho bisogno di cento secchi d'acqua"
"great, I need a hundred buckets of water"
"E per il lavoro avrai un bicchiere di latte"
"and for the work you'll get a tumbler of milk"
«Abbiamo un accordo» confermò Pinocchio
"we have an agreement," confirmed Pinocchio
Giangio condusse Pinocchio all'orto
Giangio then led Pinocchio to the kitchen garden
e gli ha insegnato a far girare la macchina di pompaggio
and he taught him how to turn the pumping machine
Pinocchio si mise subito al lavoro
Pinocchio immediately began to work
Ma un centinaio di secchi d'acqua erano un sacco di lavoro
but a hundred buckets of water was a lot of work
il sudore gli colava dalla testa
the perspiration was pouring from his head
Mai prima di allora aveva subito una tale fatica
Never before had he undergone such fatigue
il giardiniere venne a vedere i progressi di Pinocchio
the gardener came to see Pinocchio's progress
"Il mio asinello faceva questo lavoro"
"my little donkey used to do this work"
"ma il povero animale sta morendo"
"but the poor animal is dying"
— Mi volete condurlo a vederlo? — disse Pinocchio
"Will you take me to see him?" said Pinocchio
"Certo, per favore, vieni a trovare il mio asinello"
"sure, please come to see my little donkey"
Pinocchio entrò nella stalla
Pinocchio went into the stable
e vide un bellissimo asinellino

and he saw a beautiful little donkey
ma l'asino era disteso sulla paglia
but the donkey was stretched out on the straw
Era esausto dalla fame e dal superlavoro
he was worn out from hunger and overwork
Pinocchio fu molto turbato da ciò che vide
Pinocchio was much troubled by what he saw
"Sono sicuro di conoscere questo asinello!"
"I am sure I know this little donkey!"
"Il suo volto non è nuovo per me"
"His face is not new to me"
e Pinocchio si avvicinò all'asinello
and Pinocchio came closer to the little Donkey
e gli parlò in lingua asinina:
and he spoke to him in asinine language:
"Chi siete?" chiese Pinocchio
"Who are you?" asked Pinocchio
L'asinello aprì gli occhi morente
the little donkey opened his dying eyes
ed egli rispose con parole spezzate nella stessa lingua:
and he answered in broken words in the same language:
"Io... sono... Stoppino per candele"
"I... am... Candle-wick"
E, chiusi di nuovo gli occhi, morì
And, having again closed his eyes, he died
— Oh, povero Lucignolo! - disse Pinocchio
"Oh, poor Candle-wick!" said Pinocchio
e prese una manciata di paglia
and he took a handful of straw
e si asciugò una lacrima che gli rigava il viso
and he dried a tear rolling down his face
il giardiniere aveva visto piangere Pinocchio
the gardener had seen Pinocchio cry
"Ti addolora per un asino morto?"
"Do you grieve for a dead donkey?"
"Non era nemmeno il tuo asino"
"it was not even your donkey"

"immagina come mi devo sentire"
"imagine how I must feel"
Pinocchio cercò di spiegare il suo dolore
Pinocchio tried to explain his grief
"Devo dirtelo, era mio amico!"
"I must tell you, he was my friend!"
«Il tuo amico?» chiese il giardiniere
"Your friend?" wondered the gardener
"Sì, uno dei miei compagni di scuola!"
"yes, one of my school-fellows!"
«Come?» gridò Giangio, ridendo fragorosamente
"How?" shouted Giangio, laughing loudly
«Avevi degli asini per i compagni di scuola?»
"Did you have donkeys for school-fellows?"
"Posso immaginare la meravigliosa scuola che hai frequentato!"
"I can imagine the wonderful school you went to!"
Il burattino si sentì mortificato a queste parole
The puppet felt mortified at these words
ma Pinocchio non rispose al giardiniere
but Pinocchio did not answer the gardener
Prese il suo bicchiere di latte caldo
he took his warm tumbler of milk
e tornò alla capanna
and he returned back to the hut
Per più di cinque mesi si alzò all'alba
for more than five months he got up at daybreak
Ogni mattina girava la macchina di pompaggio
every morning he turned the pumping machine
e ogni giorno guadagnava un bicchiere di latte
and each day he earned a tumbler of milk
Il latte fu di grande beneficio per suo padre
the milk was of great benefit to his father
perché suo padre era in cattive condizioni di salute
because his father was in a bad state of health
ma Pinocchio si accontentava di lavorare
but Pinocchio was now satisfied with working

Durante il giorno aveva ancora tempo
during the daytime he still had time
Così imparò a fare cesti di giunchi
so he learned to make baskets of rushes
e vendeva i cesti al mercato
and he sold the baskets in the market
e il denaro copriva tutte le loro spese
and the money covered all their expenses
Costruì anche un'elegante sedia a rotelle
he also constructed an elegant little wheel-chair
e portò fuori suo padre sulla sedia a rotelle
and he took his father out in the wheel-chair
e suo padre ha avuto modo di respirare aria fresca
and his father got to breathe fresh air
Pinocchio era un ragazzo che lavorava sodo
Pinocchio was a hard working boy
ed era ingegnoso nel trovare lavoro
and he was ingenious at finding work
Non solo è riuscito ad aiutare suo padre
he not only succeeded in helping his father
Ma è anche riuscito a risparmiare cinque dollari
but he also managed to save five dollars
Una mattina disse a suo padre:
One morning he said to his father:
"Vado al mercato vicino"
"I am going to the neighbouring market"
"Mi comprerò una giacca nuova"
"I will buy myself a new jacket"
"e comprerò un berretto e un paio di scarpe"
"and I will buy a cap and pair of shoes"
e Pinocchio era di buon umore
and Pinocchio was in jolly spirits
"quando tornerò penserai che sono un gentiluomo"
"when I return you'll think I'm a gentleman"
E cominciò a correre allegramente e felicemente
And he began to run merrily and happily along
All'improvviso si sentì chiamare per nome

All at once he heard himself called by name
Si voltò e cosa vide?
he turned around and what did he see?
vide una lumaca strisciare fuori dalla siepe
he saw a Snail crawling out from the hedge
"Non mi conosci?" chiese la Lumaca
"Do you not know me?" asked the Snail
"Sono sicuro di conoscerti" pensò Pinocchio
"I'm sure I know you," thought Pinocchio
"eppure non so da dove ti conosco"
"and yet I don't know from where I know you"
"Non ti ricordi della Lumaca?"
"Do you not remember the Snail?"
"la lumaca che era la cameriera di una signora"
"the Snail who was a lady's-maid"
"una fanciulla della Fata dai capelli azzurri"
"a maid to the Fairy with blue hair"
"Non ti ricordi quando hai bussato alla porta?"
"Do you not remember when you knocked on the door?"
"E sono sceso al piano di sotto per farti entrare"
"and I came downstairs to let you in"
"E tu avevi il piede incastrato nella porta"
"and you had your foot caught in the door"
«Me lo ricordo tutto!» gridò Pinocchio
"I remember it all," shouted Pinocchio
"Dimmelo presto, mia bella lumaca"
"Tell me quickly, my beautiful little Snail"
"Dove hai lasciato, mia buona Fata?"
"where have you left my good Fairy?"
"Che cosa sta facendo?"
"What is she doing?"
"Mi ha perdonato?"
"Has she forgiven me?"
"Si ricorda ancora di me?"
"Does she still remember me?"
"Mi augura ancora ogni bene?"
"Does she still wish me well?"

«È lontana da qui?»
"Is she far from here?"
"Posso andare a trovarla?"
"Can I go and see her?"
Queste erano un sacco di domande per una lumaca
these were a lot of questions for a snail
ma lei rispose nel suo solito modo flemmatico
but she replied in her usual phlegmatic manner
— Mio caro Pinocchio, — disse la lumaca
"My dear Pinocchio," said the snail
"la povera Fata giace a letto all'ospedale!"
"the poor Fairy is lying in bed at the hospital!"
«All'ospedale?» gridò Pinocchio
"At the hospital?" cried Pinocchio
"E' fin troppo vero", confermò la lumaca
"It is only too true," confirmed the snail
"E' stata sopraffatta da mille disgrazie"
"she has been overtaken by a thousand misfortunes"
"Si è ammalata gravemente"
"she has fallen seriously ill"
"Non ha nemmeno abbastanza per comprarsi un boccone di pane"
"she has not even enough to buy herself a mouthful of bread"
«È proprio così?» si preoccupò Pinocchio
"Is it really so?" worried Pinocchio
"Oh, che dolore mi hai dato!"
"Oh, what sorrow you have given me!"
"Oh, povera Fata! Povera Fata! Povera Fata!"
"Oh, poor Fairy! Poor Fairy! Poor Fairy!"
"Se ne avessi un milione correrei a portarglielo"
"If I had a million I would run and carry it to her"
"ma ho solo cinque dollari"
"but I have only five dollars"
"Stavo per comprare una nuova giacca"
"I was going to buy a new jacket"
"Prendi le mie monete, bella Lumaca"
"Take my coins, beautiful Snail"

"e porta subito le monete alla mia buona Fata"
"and carry the coins at once to my good Fairy"
«E la tua nuova giacca?» chiese la lumaca
"And your new jacket?" asked the snail
"Che importanza ha la mia nuova giacca?"
"What matters my new jacket?"
"Venderei anche questi stracci per aiutarla"
"I would sell even these rags to help her"
"Va', lumaca, e fai presto"
"Go, Snail, and be quick"
"Ritorno in questo luogo, tra due giorni"
"return to this place, in two days"
"Spero di poterti dare un po' più di soldi"
"I hope I can then give you some more money"
"Fino ad ora ho lavorato per aiutare mio padre"
"Up to now I worked to help my papa"
"da oggi lavorerò cinque ore in più"
"from today I will work five hours more"
"in modo che io possa aiutare anche la mia buona mamma"
"so that I can also help my good mamma"
"Addio, Lumaca", disse
"Good-bye, Snail," he said
"Ti aspetto tra due giorni"
"I shall expect you in two days"
A questo punto la lumaca fece qualcosa di insolito
at this point the snail did something unusual
Non si muoveva al suo solito ritmo
she didn't move at her usual pace
Correva come una lucertola sulle pietre roventi
she ran like a lizard across hot stones
Quella sera Pinocchio rimase sveglio fino a mezzanotte
That evening Pinocchio sat up till midnight
e non fece otto ceste di giunchi
and he made not eight baskets of rushes
ma quella notte si facciano sedici ceste di giunchi
but be made sixteen baskets of rushes that night
Poi andò a letto e si addormentò

Then he went to bed and fell asleep
E mentre dormiva pensava alla Fata
And whilst he slept he thought of the Fairy
vide la Fata, sorridente e bella
he saw the Fairy, smiling and beautiful
e sognò che lei gli dava un bacio
and he dreamt she gave him a kiss
"Ben fatto, Pinocchio!" disse la fata
"Well done, Pinocchio!" said the fairy
"Ti perdonerò per tutto ciò che è passato"
"I will forgive you for all that is past"
"Per ricompensarti del tuo buon cuore"
"To reward you for your good heart"
"Ci sono ragazzi che assistono con tenerezza i loro genitori"
"there are boys who minister tenderly to their parents"
"Li assistono nella loro miseria e nelle loro infermità"
"they assist them in their misery and infirmities"
"Questi ragazzi meritano grandi lodi e affetto"
"such boys are deserving of great praise and affection"
"anche se non possono essere citati come esempi di obbedienza"
"even if they cannot be cited as examples of obedience"
"anche se il loro buon comportamento non è sempre evidente"
"even if their good behaviour is not always obvious"
"Cercate di fare meglio in futuro e sarete felici"
"Try and do better in the future and you will be happy"
In quel momento il suo sogno finì
At this moment his dream ended
e Pinocchio aprì gli occhi e si svegliò
and Pinocchio opened his eyes and awoke
avresti dovuto essere lì per quello che è successo dopo
you should have been there for what happened next
Pinocchio scoprì di non essere più un burattino di legno
Pinocchio discovered that he was no longer a wooden puppet
ma invece era diventato un vero ragazzo
but he had become a real boy instead

un vero ragazzo come tutti gli altri ragazzi
a real boy just like all other boys
Pinocchio si guardò intorno
Pinocchio glanced around the room
ma le pareti di paglia della capanna erano scomparse
but the straw walls of the hut had disappeared
Ora era in una graziosa stanzetta
now he was in a pretty little room
Pinocchio saltò giù dal letto
Pinocchio jumped out of bed
Nell'armadio trovò un vestito nuovo
in the wardrobe he found a new suit of clothes
e c'era un berretto nuovo e un paio di stivali
and there was a new cap and pair of boots
e i suoi vestiti nuovi gli stavano benissimo
and his new clothes fitted him beautifully
Naturalmente mise le mani in tasca
he naturally put his hands in his pocket
e tirò fuori un borsellino d'avorio
and he pulled out a little ivory purse
Sulla borsa c'erano scritte queste parole:
on on the purse were written these words:
"Dalla Fata dai capelli azzurri"
"From the Fairy with blue hair"
"Restituisco i cinque dollari al mio caro Pinocchio"
"I return the five dollars to my dear Pinocchio"
"E lo ringrazio per il suo buon cuore"
"and I thank him for his good heart"
Aprì la borsa per guardarci dentro
He opened the purse to look inside
ma non c'erano cinque dollari nella borsa
but there were not five dollars in the purse
invece c'erano cinquanta pezzi d'oro lucenti
instead there were fifty shining pieces of gold
Le monete erano arrivate fresche di conio
the coins had come fresh from the minting press
Poi andò a guardarsi allo specchio

he then went and looked at himself in the mirror
e pensava di essere qualcun altro
and he thought he was someone else
perché non vedeva più il suo solito riflesso
because he no longer saw his usual reflection
Non vedeva più un burattino di legno nello specchio
he no longer saw a wooden puppet in the mirror
Fu accolto invece da un'immagine diversa
he was greeted instead by a different image
L'immagine di un ragazzo brillante e intelligente
the image of a bright, intelligent boy
Aveva i capelli castani e gli occhi azzurri
he had chestnut hair and blue eyes
E sembrava il più felice possibile
and he looked as happy as can be
come se fossero le vacanze di Pasqua
as if it were the Easter holidays
Pinocchio si sentì un po' sconcertato da tutto ciò
Pinocchio felt quite bewildered by it all
Non riusciva a capire se fosse davvero sveglio
he could not tell if he was really awake
Forse stava sognando con gli occhi aperti
maybe he was dreaming with his eyes open
«Dov'è mio padre?» esclamò all'improvviso
"Where can my papa be?" he exclaimed suddenly
e andò nella stanza accanto
and he went into the next room
lì trovò il vecchio Geppetto in buona salute
there he found old Geppetto quite well
Era vivace e di buon umore
he was lively, and in good humour
proprio come era stato in precedenza
just as he had been formerly
Aveva già ripreso il suo mestiere di intagliatore del legno
He had already resumed his trade of wood-carving
E stava disegnando una bellissima cornice
and he was designing a beautiful picture frame

c'erano foglie, fiori e teste di animali
there were leaves flowers and the heads of animals
— Soddisfa la mia curiosità, caro papà, — disse Pinocchio
"Satisfy my curiosity, dear papa," said Pinocchio
e si gettò le braccia al collo
and he threw his arms around his neck
e lo coprì di baci
and he covered him with kisses
"Come si può spiegare questo improvviso cambiamento?"
"how can this sudden change be accounted for?"
"Viene da tutte le tue buone azioni", rispose Geppetto
"it comes from all your good doing," answered Geppetto
"Come potrebbe venire dal mio bene?"
"how could it come from my good doing?"
"Succede qualcosa quando i ragazzi cattivi voltano pagina"
"something happens when naughty boys turn over a new leaf"
"Portano contentezza e felicità alle loro famiglie"
"they bring contentment and happiness to their families"
"E dove si è nascosto il vecchio Pinocchio di legno?"
"And where has the old wooden Pinocchio hidden himself?"
"Eccolo", rispose Geppetto
"There he is," answered Geppetto
e indicò un grosso burattino appoggiato a una sedia
and he pointed to a big puppet leaning against a chair
il Burattino aveva la testa da un lato
the Puppet had its head on one side
le sue braccia penzolavano lungo i fianchi
its arms were dangling at its sides
e le sue gambe erano incrociate e piegate
and its legs were crossed and bent
È stato davvero un miracolo che sia rimasto in piedi
it was really a miracle that it remained standing
Pinocchio si voltò e lo guardò
Pinocchio turned and looked at it
e proclamò con grande compiacenza:
and he proclaimed with great complacency:
"Com'ero ridicolo quando ero un burattino!"

"How ridiculous I was when I was a puppet!"
"E come sono contento di essere diventato un ragazzino ben educato!"
"And how glad I am that I have become a well-behaved little boy!"

www.ingramcontent.com/pod-product-compliance
Lightning Source LLC
Chambersburg PA
CBHW010019130526
44590CB00048B/3822